KB160732

스포츠
응용통계학

스포츠
응용통계학

양윤권 지음

한국학술정보

머리말

대학에 재직하며 학생들에게 강의를 시작한 지 벌써 20년이 지났고 「SPSS Statistics를 활용한 스포츠 통계학」이라는 교재를 출판한 지도 어느덧 10년이 흘렀다. 항상 매사에 최선을 다해서 강의에 임하고 연구에 매진하려고 노력하지만 돌아보면 모든 면에서 후회의 반복이다. 4차 산업혁명과 빅데이터가 범람하는 현재, 2000년 초에 처음 학생들을 가르쳤던 환경과 비교하면 요즘은 모든 면에서 큰 변화가 있다. 일선 대학에서 수업을 하는 방식 및 학생들과 소통하는 방식 등의 변화는 스포츠와 체육학 분야도 예외는 아니며 시대의 흐름에 빠른 적응과 동화력이 필요한 시점이다.

체육학 분야의 운동생리학 전공으로 처음 학위논문과 연구논문을 작성하면서 가장 고민하고 힘들게 느껴졌던 기억을 되새겨보면 당연히 연구방법이나 통계분석 과정이었던 것으로 생각된다. 특히, 통계적 연구방법은 복잡한 수리적 내용으로 인하여 학생들이 이해하기 어렵다고 느끼고 회피했던 것이 일반적이고 필자도 역시 그러했다. 그러나 정보화시대를 지나 사회의 모든 분야에서 쏟아내는 방대한 데이터를 통계적 접근 없이 정확하게 판단하고 정리하기란 거의 불가능하다.

통계학에서 우리의 관심 대상이 되는 집단은 모집단(전체)이라고 생각된다. 그러나 이 모집단에 대한 전체 정보를 구할 수 있다면 좋겠지만 그건 거의 불가능한 것이 현실이다. 따라서 모집단으로부터 일부의 자료(표본)를 얻고 이를 과학적으로 분석하여 그 결과를 활용해 올바른 의사결정을 할 수 있도록 정확한 정보를 끌어내는 방법론들을 연구하는 학문이 "통계학"이다. 따라서 통계학은 불확실한 상황에서 합리적인 사고와 의사결정을 하는 데 본질적인 기초가 되는 학문이라고 말할 수 있고 또한 "방법론"이기 때문에 경영, 경제, 자연과학, 보건, 공학, 의학 및 체육학(스포츠) 등 다양한 분야와 접목할 수 있으며 모든 학문에서 적절한 도구로써 사용할 수 있다. 다만, 응용되는 분야에 따라서 조금씩 다른 방법론이 요구되며 체육학(스포츠) 분야에 응용하는 방법론을 적용한 것이 **스포츠 응용통계학**이라 볼 수 있다.

스포츠와 체육학 분야를 위한 훌륭한 통계학 관련 교재들이 우리나라에도 이미 많이 나와 있고 많은 이들이 사용하고 있으며 대체로 이론과 실습을 잘 다루고 있지만 통계 프로그램을 적용하여 스포츠와 체육학 분야의 현장에서 적용할 수 있는 예를 들어 설명한 교재는 흔치 않은 듯싶다. 이에 필자는 누구나 쉽게 이용할 수 있는 IBM SPSS Statistics를 주로 활용하여 본 교재를 집필하였다. IBM SPSS Statistics 프로그램은 매우 이용하기 쉬운 사용자 중심의 소프트웨어이며, 예측과 분석의 기능을 담당하고 있으며 거의 모든 학문과 영역에서 활용되고 있다.

현재 IBM SPSS Statistics는 계속 새로운 버전으로 향상되면서 SPSS Statistics 27버전에까지 이르게 되었다. 필자는 처음으로 통계 프로그램을 접하는 초심자의 마음을 최대한 배려하고자 노력하였으며 체육학(스포츠) 분야에서 전공과 관계없이 인문사회 분야나 자연과학 분야에서도 모두 부담 없이 널리 활용할 수 있도록 구성하였다. 따라서 본 교재의 그림과 순서를 하나하나 실행하며 따라 하다 보면 누구나 IBM SPSS Statistics를 활용할 수 있는 자신감이 생길 것이며 스스로 다양한 통계기법을 응용하고 분석할 수 있을 것이다.

이전에 논문을 작성하기 위해 실험을 통해 얻은 자료를 어떻게 추출·정리해야 하나 근심에 쌓였던 기억이 아직도 생생하며 처음 DOS 형식으로 배운 SPSS/PC+와 SAS를 배우면서 힘들었던 것을 생각하면 누구나 쉽게 배울 수 있는 현재의 통계 소프트웨어의 발전에 깊은 감사를 느낀다. 본 교재는 스포츠와 체육학 분야 전반에 걸친 인간행동과 사회 경향 및 건강 추이와 설계의 과학적이고 체계적인 연구와 분석에 관심을 두고 있는 체육학 전공의 석·박사 원생들과 스포츠 센터관리자 및 보건소 건강관리사, 체육교사 등에게 도움을 주고자 IBM SPSS Statistics를 활용하여 통계학의 기초 이론에서부터 그 적용방법까지 쉽게 이해할 수 있도록 작성하였다. 이 책을 집필 후 살펴보니 많은 곳에서 부족함이 느껴지지만 부디 많은 분들에게 조금이나마 도움이 되기를 간절히 바라는 마음이다.

끝으로 이 책이 나오기까지 책 집필에 전념할 수 있도록 도와준 가족들과 성신여자대학교 운동생리학실 송혜리·이다은 원생에게 고마움을 느끼며 물심양면으로 도와준 한국학술정보(주) 채종준 사장님과 양동훈 선생님에게도 깊은 감사를 드린다.

2021. 7. 13
동선동 연구실에서

목차

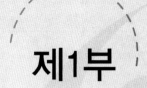

제1부

스포츠
분야에서의 통계

제1장
스포츠 응용통계학

아날로그에서 디지털로 전환되는 과정에서 다양한 변화들이 일어나고 있지만, 그중에서도 가장 주목할 만한 변화는 바로 "데이터"이다. 경제학 교과서에는 생산의 3요소를 '토지, 노동, 자본'이라 정의하지만, 이는 농경사회나 공업사회에서 해당하는 말이며 현시대에는 토지는 '데이터'로 노동은 '기술'로 대치되는 데이터 경제를 살아가고 있다. 이처럼 데이터 생태계는 데이터를 생산·수집하고 가공·유통하며 활용함으로 인해 경제적 효용을 창출하는 가치사슬 체계로 구성되어 있다(김광석, 2021).

4차 산업혁명의 대두와 빅데이터의 생산은 모든 분야에서 필요한 것과 불필요한 것들을 분리해서 판단할 수 있는 능력을 필요로 하게 된다. 이는 모든 사회나 분야에서 수많은 방대한 데이터를 쏟아내고 있는 시점에서 빅데이터와 스몰데이터를 논하면서 이것을 활용하여 가치 있는 의미를 부여해주는 역할을 하는 통계의 중요성은 빼놓을 수가 없다.

오늘날 적용되지 않는 분야가 거의 없는 통계는 여러 가지 사회현상 및 자연현상에 관해서 수량화하는 것으로 주어진 현상을 요약 기술할 뿐만 아니라 나아가서 그 현상을 보다 정확하고 광범위하게 설명하고 예언해 준다. 또한 통계는 수집된 데이터를 정리하고 분석해 객관적인 결과를 숫자로 제시한다.

인간의 신체 활동을 통해 이루어지는 체육학(스포츠) 분야도 예외는 아니다. 체육학을 발전시키기 위해서는 과학적인 연구방법이 필수적이고, 이러한 과학적 연구의 결과를 증명하기 위한 도구 역시 객관성과 신뢰성을 가져야 한다. 따라서 체육학자와 체육 교사는 물론이고 스포츠 분야에 관심이 있는 모든 이들이 과학적인 방법에 의해서 올바른 스포츠 분야의 진단과 평가가 이루어져야 한다. 또한 이를 위해서는 체육학(스포츠) 분야의 전반에 걸쳐 측정·검사된 자료에 대한 통계적인 접근이 없이는 불가능하다고 생각된다.

측정 장비의 발달로 인한 스포츠 과학화와 다양한 사회와 연관된 스포츠 분야가 더

욱 더 확장되고 세분화함으로 인해 체육학 분야는 더욱더 발전을 거듭하고 확대 개편되고 있다. 체육학을 크게 나누면 자연과학 분야와 인문사회 분야로 나누어서 볼 수 있을 것이다.

체육학에서 자연과학 분야는 운동생리학, 운동영양학, 운동역학, 스포츠의학 등의 분야일 것이고 인문사회 분야는 스포츠 사회학, 스포츠 경영학, 운동심리학, 스포츠 철학 등으로 구분할 수 있을 것이다. 이렇게 세분화된 체육학의 모든 전공에서 발전의 촉진제 역할을 하는 것이 **스포츠 응용통계**라는 것을 누구도 인정하지 않을 수 없을 것이다.

따라서 체육학을 연구하거나 종사하고 있는 모든 이들이 기본적인 통계처리 능력을 갖추는 것이 필수인 시대이다. 또한 이러한 통계처리를 좀 더 손쉽게 도와줄 수 있는 통계 software는 유료와 무료 형식으로 지속적으로 보급되며 다양화되고 있다. 특히 4차 산업혁명 시대에 데이터를 효과적으로 분석해 통계를 판단하는 능력은 경쟁력으로 인정받고 있다.

더불어 체육학(스포츠)의 모든 전공에서도 통계처리 할 때 software를 이용한다는 것은 기정사실이며 좀 더 체계적이고 누구나 쉽게 활용할 수 있는 교육 시스템과 통계 software가 끊임없이 연구·개발되어야 할 것으로 생각된다.

제2장
스포츠 현장에서의 통계 활용

코로나19로 인해 사회의 모든 환경이 급변하고 있는 현시점에서 스포츠 분야도 다양한 방식 중 비대면으로 기존에 수행한 대부분 것들을 적용하거나 또는 더 발전해 나가기 위한 방법을 다각적으로 모색하고 있다. 현재 스포츠 분야는 코로나19로 인해 무관중 시합을 실시하고 주변의 헬스장과 국공립체육관은 문을 닫는 고통을 느끼면서 감내하고 있다. 현재 스포츠 분야는 과학적인 측면에서 운동 중 또는 운동 후에 나타나는 여러 가지 반응과 생체리듬을 빅데이터 분석을 통해 건강정보를 제공하여 스포츠 온라인 스마트기기(헬스케어 장비)의 활용이 증가하는 단계에 이르렀고 시대의 흐름과 변화에 발맞추어 앞으로도 지속적인 노력이 필요하다.

오늘날 체육교육 현장 뿐만 아니라 스포츠 현장에서도 통계의 활용은 꼭 필요할 것으로 생각된다. 체육교육 현장에서의 통계 활용을 예를 들어보면, 학급을 맡은 체육 교사가 운동실기능력을 측정한 자료를 이용하여 다른 반과 서로 비교하고 학기 초의 자료를 이용하여 학기 말의 점수를 예측할 때 사용될 수 있을 것이다. 이때 필요한 것이 체육 교사의 통계 활용능력이라 할 수 있다.

스포츠 현장에서도 스포츠 센터의 관리자나 종사자들은 스포츠 회원(고객)들의 기본 인구통계학적 변인(기본 정보)을 정확하게 관리해야 할 것이며 회원들이 원하는 목표에 알맞게 운동프로그램을 작성하여 적용해야 할 것이다. 이때 중요한 것은 회원들이 처음 스포츠 센터에 입문했을 때와 일정 기간이 지난 후 측정된 신체적 자료나 정보를 서로 비교하는 데 좀 더 체계적이고 과학적인 방법이 요구될 것이다. 당연히 스포츠 센터의 관리자나 종사자들은 객관적이고 신뢰론 방법을 이용하여 회원들에게 훈련결과를 알려주어야 한다. 이 상황에서도 당연히 통계의 활용이 적용된다. 이처럼 통계의 활용은 체육교육현장과 스포츠 현장에서만 국한되지 않는다. 스포츠 용품을 제조하는 회사에서도 용품을 만들기 전에 스포츠 용품 선호도와 만족도 및 구매 의도를 정확하게 파악해야 하는 과정이 필수적으로 진행되어야 한다. 이 상황에서도 통계의 활용능력이 필요하다. 따라서 체육과 스포츠 현장의 모든 분야에서 통계의 활용이 필요할 것으로 생각되며 그에 따른 능력을 관리자나 종사자 또는 지도자가 꼭 갖추어야 할 것으로 생각된다. 이처럼 누구나 기본적인 통계적 개념만 학습한다면 쉽게 신뢰론 결과를 도출할 수 있는 방법 중 가장 많이 활용하고 있는 Software 프로그램으로 SPSS Package를 들 수 있다. 따라서 본 교재에서는 스포츠 현장에서 필요한 통계적 기본 이론과 실습을 직접 현장에 적용할 수 있도록 구성하고자 최대한 노력하였다.

특히 단계적으로 기초와 중급, 고급의 3단계로 구성하여 쉽게 이해할 수 있도록 하였으며 각 단원의 예제를 스포츠 현장이나 체육학 분야의 내용 또는 체육학전공의 연구논문을 적용하였다. 부디 체육교육 현장과 스포츠 현장에서 종사하는 모든 이들이 편하고 쉽게 본 교재를 활용할 수 있기를 기대해본다.

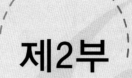

제2부

일반 통계의
기초

제3장
일반 통계의 기본개념

1. 통계의 개념과 종류

(1) 통계(Statistics)

통계의 어원은 라틴어의 국가라는 의미를 갖는 Status에서 유래된 것으로 고대 통치자들이 한 국가의 지표로서 경제, 인구, 정치적인 상황 등을 자료나 도표로 나타내는 것에서 찾을 수 있다. 통계는 여러 가지 사회현상과 자연현상에 대해 수량화하는 것으로 주어진 현상을 요약 기술할 뿐만 아니라 나아가서 그 현상을 보다 정확하고 광범위하게 설명하고 예언해 준다. 이를 위해서는 우선 한 현상에 관계되는 요인들을 정확하고 타당하게 측정해야 하며, 그 다음으로는 이 측정된 변인들 간의 관계를 정확하게 기술해야 한다. 스포츠 분야에서는 매년 실시하는 체격 검사와 체력검사 자료를 활용하여 학년별 평균 체격과 체력지표를 산출할 수 있고 이를 바탕으로 서울과 주변 지역과의 체격 차이 및 체력 차이가 있는지를 분석할 수 있다.

- 수량적 사실이나 수량적 관찰 혹은 수량적 자료의 수집
- 표본에서 나온 수량적 값
- 수량적 자료를 수집·분석·해석하고 이를 이론화하는 도구

(2) 통계의 기능

- 많은 수량적 자료를 처리하고 쉽게 이해할 수 있는 형태로 축소하는 일
- 수량적 자료의 기술(Description)과 추리(Inference)

(3) 기능에 의한 분류

·기술통계(Descriptive statistics)

관찰, 측정된 잡다한 개개의 현상을 전체적으로 파악할 수 있도록 간략하게 기술해 주는 기능이 있다. 즉 수량적 자료들을 있는 그대로 제시하는 방법으로 빈도분포, 백분율, 표준편차, 평균, 상관관계 등이 해당한다.

·추리통계(Inferential statistic)

관찰, 측정된 소수의 결과를 통해서 관찰되지 않고 관련된 전반적인 현상에 대해서 일반적인 결론을 끌어내거나 일반화하는 기능이 있다. 여기에는 물론 제한된 관찰, 측정을 통하여 일반적인 결론을 끌어내게 되므로 어느 정도의 오차를 범할 가능성이 항상 잠재되어 있다. 즉 모집단에서 추출한 표본의 자료를 통하여 모집단의 특성, 모수값 등을 측정하거나 가설을 검정하는 방법으로 T 검정, 분산분석, 회귀분석 등이 해당한다. 추리통계는 어떤 통계적 방법으로 검정하느냐에 따라 모수적 통계와 비모수적 통계가 있다.

(4) 모집단 분포의 가정에 따른 분류

·모수적 추리통계(Parametric statistics)

모집단의 특성이 정규분포를 이루고 있을 것이라는 가정하에 표본의 자료로부터 모집단의 특성을 추정하는 것으로, 측정값의 연속성과 등간격성(선형성), 모집단의 어떤 특성의 정규분포성, 분산의 동질성의 조건을 가지고 있어야 한다.

·비모수적 추리통계(Nonparametric statistics)

모집단의 특성의 분포에 대한 어떤 가정을 하지 않은 상태에서 모집단의 특성을 추정하는 것으로 선형성, 정규분포성 등의 조건이 없어도 된다. 가설 검정력이 덜 정밀하다.

(5) 변인의 수에 따른 분류

・일원적 통계분석 : 하나의 변인만을 분석하는 통계

・다원적 통계분석 : 둘 이상의 변인을 동시에 분석하는 통계

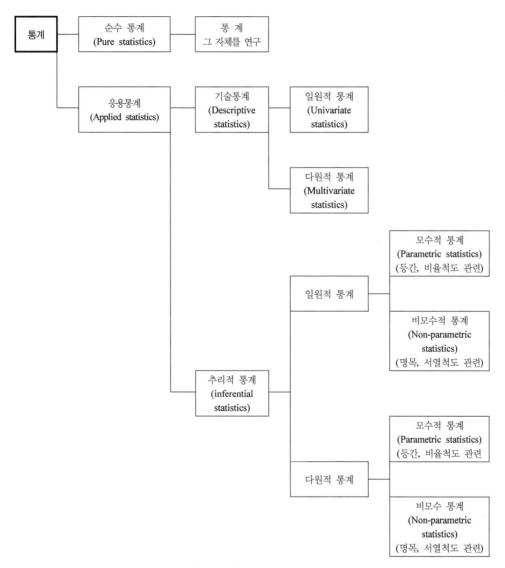

〈그림 3-1〉 통계분석의 분류

2. 표본추출

연구자가 구하고자 하는 관심의 집단을 전집(Population)이라고 한다. 다시 말해서 전집이란 연구대상 집단의 전체 구성원을 뜻한다. 그러나 이를 조사, 측정하기에는 많은 제약이 뒤따른다. 따라서 이러한 전집으로부터 소수를 추출하여 이 소수집단의 결과를 통하여 전집의 어떤 특성을 추정하게 된다. 이처럼 전집으로부터 선발하여 실제로 조사되는 대상을 표본(Sample)이라고 한다. 예를 들면 서울 소재 S 여자대학교에서 여학생들의 평균 체지방률(%Fat)을 구하려고 한다. 그러나 전체 구성원(전집)을 측정하기에는 시간과 비용 등 많은 제약이 뒤따른다. 이를 해소하기 위해 각 학과에서 무선표집으로 50명(표본)씩 측정(표집)하여 평균 체지방률을 구한다. 즉 표본이란 전집의 어떤 특성을 추정하기 위하여 전집으로부터 뽑은 소수의 집단을 말한다. 따라서 표본에서 얻어진 수치를 표집 값, 통계값 또는 추정값이라고 부른다. 표본에서 가장 중요한 것은 표본에서 나온 결과들이 모집단의 속성을 얼마만큼 정확하게 반영해 주느냐 하는 대표성의 문제이다. 왜냐하면 대표성이 없으면 표본에서 나온 결과들은 단지 표본의 특성이지 일반화될 수 없기 때문이다. 따라서 표본을 추출할 때 어느 정도의 규모를 표집할 것인가 하는 **표본의 크기(Sample size)**가 현실적으로나 이론적으로 매우 중요하다.

(1) 표집 방법

· **단순 무작위 표집(Simple random sampling, 임의추출법, 무선표집, 무작위추출법)**
표집 확률이 동등하고, 표집할 때 모집단 자체에 아무런 변동이 없으며, 한 사례를 표집한다고 해서 다른 사례의 표집 될 확률에 영향을 주지 않는다. 모든 표집 방법의 기본이 되는 것으로 마치 제비뽑기를 하는 것처럼 전집의 모든 사례가 표본으로 뽑힐 확률이 동일하다는 가정 아래에서 표집하는 방법이다. 환원표집, 비환원표집, 난수표의 활용이 이에 속한다.

· **계통적 표집(Systematic sampling, 체계적 표집)**
일종의 확률적 표집 방법으로, 측정 조사되는 모든 사례를 임의의 순서로 배열하여 일련번호를 배정하고, 거기에서 우선 난선적으로 출발점을 정한다. 그다음 그 점으로부터 일정한 간격으로 표본을 추출한다.

· 유층표집(Stratified sampling, 층화표집)

모집단을 의미 있는 하위집단으로 나누고, 하위집단별 정해진 수만큼 무작위로 표본을 추출하는 방법으로 표본과 모집단의 동질성을 확보하고 표본의 대표성을 높인다. 즉, 연구하고자 하는 요인에 영향을 줄 수 있는 요인들, 즉 성별, 연령별, 지역별 등을 표집하기 전에 구분한 다음 각 유층에서 무선적으로 표본을 추출하는 방법을 말한다.

· 집락표집(Cluster sampling, 단계적 표집, Stage sampling)

모집단을 집락이라는 많은 수의 집단으로 분류하고 그 집락 중 표집 대상의 집락을 추출하고, 그 집락에서만 표본을 추출하는 방법을 말한다. 이는 전집이 대단히 클 때 모집단을 여러 개의 동질적인 부분집단으로 구분한 다음 여기에서 1차로 몇 개의 표본 집단을 임의 추출한 다음 선택된 각 표본 집단에서 다시 단순 무작위 표집으로 표본을 추출하는 방법을 말한다. 예를 들면 최종단위인 표본을 추출하기 위하여 지역, 학교, 학급이라는 상위단위의 표본추출과정을 거치는 표집 방법이다.

· 지역표집(Area sampling)

유층표집(층화표집)의 한 형태로 다단계 층화표집을 말한다.

· 유의추출법(Purposive sampling)

이 방법은 고도의 전문적인 지식과 기능을 갖춘 전문가의 판단에 의해서 전집을 가장 대표한다고 생각되는 일부 대표적인 지역(집단)을 임의로 표집하는 방법으로 전문가의 주관적 판단이 개입되는 방법이다.

(2) 표본의 크기

모집단의 크기, 이질성 또는 동질성의 정도, 신뢰도 범위, 통계 방법 등에 영향을 받는다. 다음은 모집단의 크기에 따라 사용하는 적정표본의 크기를 말한다.

<표 3-1> 모집단의 크기에 따른 적정표본 수

모집단의 크기	적정표본의 크기							
	95% 신뢰도 수준에서의 허용 표집오차				99% 신뢰도 수준에서의 허용 표집오차			
	±1%	±2%	±3%	±5%	±1%	±2%	±3%	±5%
1,000	-	-	473	244	-	-	-	360
3,000	-	1,206	690	291	-	-	1,021	470
5,000	-	1,437	760	303	-	2,053	1,182	502
10,000	4,465	1,678	823	313	-	2,584	1,341	527
20,000	5,749	1,832	858	318	8,213	2,967	1,437	542
50,000	6,946	1,939	881	321	10,898	3,257	1,502	551
100,000	7,465	1,977	888	321	12,231	3,367	1,525	554
500,000 이상	7,939	2,009	895	322	13,557	3,460	1,544	557

3. 변인(변수, Variable)

변인(Variable)이란 연구대상이 되는 집단 구성원이 층성(계층 성격)에 있어서 서로 구별 지어질 수 있을 때 이 속성을 말한다. 여기에서 구성원이라 함은 관심거리가 되는 분석의 단위를 의미한다. 만약 개인이라면 성별, 연령, 학력, 종교, 생활 수준 등과 같은 조건들은 개인을 구별해 주는 속성이 되며, 이 속성 하나하나가 곧 변인이다.

변인들 간의 관계 속에서 변인 위치에 따라 독립변인, 종속변인, 매개변인, 선행변인 등으로 나누며, 또한 변인을 측정하는 척도에 따라 변인의 종류를 명목(명명)변인, 서열(순서)변인, 등간(동간)변인, 비율변인으로 나눈다. 명목변인과 서열변인은 질적인 변인이며, 등간변인과 비율변인은 양적인 변인으로 분류한다.

(1) 질적 변인

수량화할 수 없는 것들을 말하며 눈의 색깔, 성별, 취미, 직업 등이 여기에 속한다.

(2) 양적 변인

수량화할 수 있는 것들을 말하며 체중, 신장, 성적 등이 여기에 속한다.

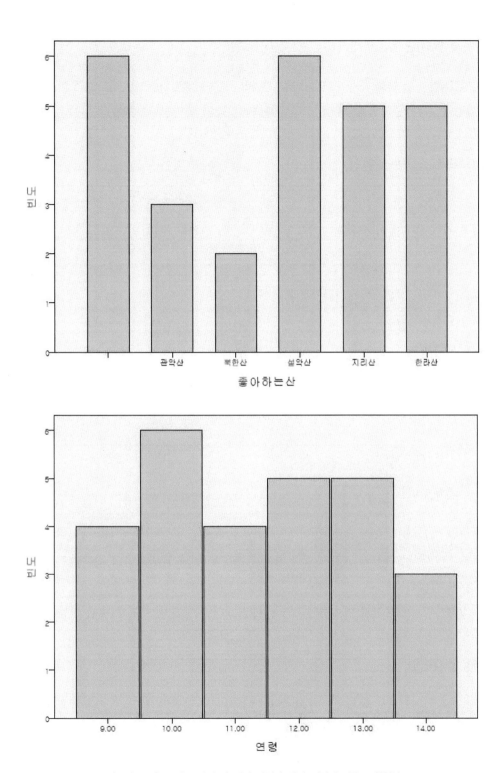

〈그림 3-2〉 그래프 작성 시 질적 변인과 양적 변인의 다른 표현형식

(3) 독립변인(설명변인, X)

어떤 변인에 영향을 주는 변인, 변인 자체로서 독립적인 성격을 띤다. 즉 다른 변인에 영향을 주는 변인으로 원인이 되며 종속변인과의 인과적 관계를 갖는다.

(4) 종속변인(반응변인, $\hat{Y}$)

다른 변인의 영향을 받는 변인으로, 이 변인의 해석은 독립변인이나 매개변인과의 인과적 관계에서 실시해야 한다. 즉, 다른 변인에 영향을 받는 변인으로 결과가 된다.

예) $\hat{Y}$=f(X)
100미터 기록($\hat{Y}$)=f(순발력X_1)+(민첩성X_2)+(근력X_3)+(지구력X_4)

(5) 선행변인

독립변인보다 먼저 발생한 변인으로 ①독립·종속변인과 연관이 있으며 ②선행변인이 통제되어도 독립변인과 종속변인과의 관계는 유지되고, ③독립변인이 통제되면 종속변인과는 아무런 관계가 없어야 한다는 3가지 조건을 만족해야 한다.

(6) 매개변인

독립변인과 마찬가지로 종속변인에 영향을 주지만 순서적으로 볼 때, 독립변인과 종속변인 사이에 존재한다. 따라서 독립변인에 의하여 영향을 받으면서 종속변인에 영향을 준다.

매개변인은 독립변인과 종속변인과의 관계를 보다 자세하게 설명해 주는 기능이 있다.

(7) 통제변인

제2의 독립변인으로 독립변인이 종속변인에 미치는 영향의 정도를 보다 정확하게 파악하기 위하여 통제되는 변인을 말한다.

(8) 연속적 변인(Continuous variable)

신장, 몸무게 등과 같이 일정한 범위에서 무한히 여러 가지 값을 가질 수 있는 변인을 말한다.

(9) 비연속적 변인 (Discrete variable)

가족의 수, 자동차 대수 등과 같이 일정한 수치이며 그 사이에는 어떠한 값도 가질 수 없는 변인을 말한다.

4. 변인 측정

한 변인이 수리적인 특성에 관해서 어느 정도의 정보를 갖고 있느냐에 따라 명목(명명)척도, 서열(순서)척도, 등간(동간)척도, 비율척도로 나눈다. 질적인 부분을 측정(정성적, Qualitative, Nonmetric)하는 명목척도(Nominal scale)와 서열척도(Ordinal scale)는 대체로 평균을 구할 수 없다. 양적인 부분을 측정(정량적, Quantitative, Metric)하는 등간척도(Interval scale)와 비율척도(Ratio scale)는 평균과 빈도를 구하는 데 그리 큰 문제가 되지 않는다. 또한 비모수 통계는 명목, 서열척도와 관련이 깊고, 모수통계는 등간과 비율척도와 관련이 깊다.

(1) 명목(명명)척도(분류)

한 변인이 측정 또는 분류되었을 때 그 변인이 수리적인 특성과 서열성 및 비율성의 특성을 전혀 갖지 않고 두 개체가 서로 같거나 다르다는 정도의 정보만을 가진 것을 말한다. 즉 어떤 사물, 사람 또는 속성을 분류하기 위한 목적으로 숫자나 기호를 부여하는 방법으로, 숫자나 기호의 계량적 의미가 없으며, 질적인 성격을 가진다. 예를 들면 성별, 종교, 취미 등이 이에 속한다. 분석방법으로는 빈도분석, 비모수 통계분석, 교차분석의 카이(χ^2)검정 등이 있다.

(2) 서열(순서)척도(분류, 순위)

한 변인이 측정 또는 분류되었을 때 "같다, 다르다(분류)"라는 정보뿐만 아니라 "보다 크다, 보다 작다"라는 서열에 관한 정보를 제공해주는 척도를 말한다. 즉, 어떤 사물의 속성에 대하여 크기나 양의 많고 적음, 크고 작음의 순서를 비교해 주는 척도로 계속되는 두 수치의 사이의 거리는 반드시 같지는 않다. 예를 들면 테니스 선수의 랭킹 순위, 성적 석차 등이 이에 속한다. 분석방법으로는 서열 상관관계, 비모수 통계분석의 순위 비교 등이 있다.

(3) 등간(동간)척도(분류, 순위, 동간격)

서열성뿐만 아니라 얼마만큼 차이가 있는가 하는 동간성에 관한 정보를 가진 척도를 말한다. 즉, 서열화된 척도이며, 동시에 척도 간의 간격이 같다. 예를 들면 온도와 IQ 지수 등이 여기에 속하는데 절대영점을 갖고 있지는 않다. 우리가 사용하고 있는 온도에 관한 단위는 온도가 없는 상태를 0으로 정한 것이 아니기 때문에 비율성에 관한 정보를 갖고 있지 않다. 분석방법으로는 평균, 표준편차 등 모수통계, 정규분포 검정 등이 있다.

(4) 비율척도(분류, 순위, 동 간격, 절대영점)

서열성, 동간성의 정보를 제공해 줄 뿐만 아니라 절대영점(0)을 가진 척도로 한 측정값은 다른 측정값의 두 배, 세 배 또는 10배 등의 비율에 관한 정보를 가진 척도를 말한다. 예를 들면, 거리, 시간, 무게, 신장, 수입, 연령 등으로 수치 간의 가감승제가 가능하다. 분석방법으로는 평균, 표준편차, 모수통계, 정규분포 검정 등 등간척도와 같다.

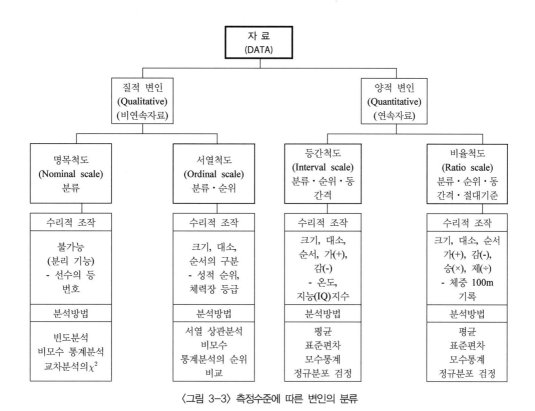

〈그림 3-3〉 측정수준에 따른 변인의 분류

(5) 척도에 따른 통계 방법

독립변인 종속변인	명목척도	서열척도	등간/비율척도
명목척도	교차분석(χ^2) 독립성 검정	교차분석(χ^2) 독립성 검정	로짓, 프로빗 분석 판별분석
서열척도	교차분석(χ^2) 범주형 분산분석 비모수 통계분석	교차분석(χ^2) 범주형 분산분석 비모수 통계분석 서열 상관관계	더미 정준상관분석 로짓, 프로빗분석 서열 상관관계
등간/비율척도	**t-test** 분산분석 다차원분석	**t-test** 분산분석 다차원 분산분석	피어슨 상관분석 다변량 분산분석 회귀분석 (경로, 구조 방정식 등)
종속변수 없음			요인분석, 군집분석

5. 정규분포곡선

(1) 정규분포곡선(Normal distribution curve)

정규분포곡선은 통계이론에 있어서 대단히 중요한 의의가 있는 수학적 개념의 하나로서, 통계적 모형으로 사용되는 몇 가지 분포곡선 중에서도 가장 많이 사용되는 모형이다. 어떤 자료가 정상적으로 분포되었다는 것과 정규분포 그 자체와는 구별되어야 한다. 정규분포곡선은 수리적으로 유도된 곡선으로 단지 그것이 현실적인 자료를 설명하는 데 적합하기 때문에 이 정상분포의 수리적 모형을 이용하게 된다.

현실적인 어떠한 자료의 분포도 엄격한 의미의 정규분포를 이루는 것은 없지만, 정규분포의 원리를 적용한 결과는 별로 큰 오차가 없다. 따라서 우리가 얻은 어떤 자료를 정규분포 곡선의 법칙에 의하여 처리하고 해석하는 것은 어디까지나 편의상 그 자료의 분포를 정규분포로 가정하는 것에 지나지 않는다, 그러나 이 가정이 때로는 들어맞지 않는 경우가 생기기도 한다. 그래서 정규분포의 법칙을 실제의 자료에 적용할 때에는 그 자료의 특성, 종류 및 표집 등에 따라 달라질 수 있는 것이므로 주의해야한다.

(2) 정규분포곡선의 특성

정규분포곡선은 대개가 종과 비슷한 모양을 이루고 있으며 하나의 꼭지(Unimodel)를 가진 좌우대칭의 분포이다. 좌우대칭이고 하나의 꼭지를 가진 분포이므로 평균(M), 중앙값(Mdn) 및 최빈값(Mo)이 일치하는 분포이다. 정규분포곡선을 빈도의 분포라고 볼 때 중앙에는 많은 사례가 몰려있는 반면 양 끝으로 갈수록 사례 수는 극히 적어짐을 알 수 있다. 또한 정규분포곡선은 연속적 변인의 분포라는 특성이 있다.

(3) 정규분포곡선의 여러 가지 형태

평균과 표준편차가 다르고, 또한 곡선 안에 포함된 면적이 다른 경우에 정규분포는 여러 가지 형태를 이루게 된다. 따라서 정규분포곡선은 유일한 어떤 곡선을 의미하진 않는다.

즉, 사례 수(N)가 변하면 이 곡선의 모양은 좌우로 퍼지게 되나 전체적 모양은 변하지 않고, 표준편차가 커지면 그 곡선의 형태를 변화시켜 곡선의 모양이 평평하게 된다.

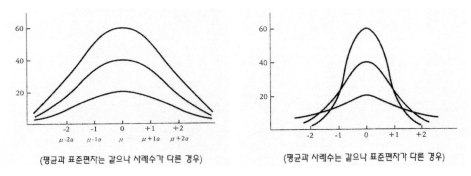

(평균과 표준편차는 같으나 사례수가 다른 경우)   (평균과 사례수는 같으나 표준편차가 다른 경우)

〈그림 3-4〉 세 가지 다른 모양의 정규분포

(4) 정규분포곡선의 경험적 검정

· 연구대상이나 특성에 따라 L, V, J 등의 형태로 나타날 수 있다.
· 분포의 정규성 여부는 표집의 방법에 달려 있다(무작위 표집을 전제로 한다).
· 자료의 분포는 측정의 결과이므로 측정의 척도에 의하여 분포의 모양이 좌우될 수 있다.
· 모든 조건이 완벽해도 실제로 완전한 정규분포를 얻긴 어렵다.

6. 가설(Hypothesis) : 영가설과 대립가설, 유의도

(1) 가설의 뜻과 종류

· **가설**(Hypothesis)

아직 경험적으로 검정 되지 않은 일종의 예비적 이론을 말하며, 둘 혹은 그 이상의 변인들 간의 관계에 대한 추측성 진술을 말한다. 이 가설은 연구문제의 해답, 변인 관계의 간단·명료·뚜렷함·실증적으로 검정 가능, 가설 내용의 긍정 또는 부정이 가능하도록 진술되어야 한다.

· 대립가설(H$_a$ Alternative hypothesis, 상대가설)과 영가설(H$_0$ Null hypothesis)

대립가설 H$_a$는 변수 간의 차이를 긍정적인 형태로 진술하는 가설이며, 영가설 H$_0$은 두 변수 간의 차이가 없다는 부정적 형태로 진술하는 가설이다.

(2) 가설검정에서의 오류

표본에 의한 모수 값 추정의 오차를 가설검정의 오류라고 한다. 제1종 오류는 실제로 영가설이 참인데 이를 부정하는 오류(컴퓨터 통계의 기각방법)이고, 제2종 오류는 실제로 영가설이 거짓인데, 이를 긍정하는 오류이다. 정확한 결론은 두 종류가 있으며, 이는 영가설을 잘못 해석하여 오류를 범할 때 그 판단이 100% 틀린 것이 아니라, α%, β% 정도 틀리는 확률적 오류이다. 정확한 결론이 될 수 있는 확률은 오류의 확률을 뺀 1-α(β)가 된다. 즉 오류 α=5% (α=0.05)인 경우 정확한 결론을 내려도 이 판단이 참일 확률은 95% 정도이다. 앞의 정규분포 곡선에서 설명했듯이, 0.05 즉, 5%의 확률은 정규분포곡선 내에서도 극단적인 값을 가지고 있는 경우이다. 이런 경우에는 일반적인 값을 가진다고 볼 수 없으며, 정규분포곡선의 극단 값으로 볼 수 있다.

〈표 3-2〉 제1종 오류와 제2종 오류

	영가설이 참인 경우	영가설이 거짓인 경우
영가설 긍정	정확한 결론(1-α)	제2종 오류(β)
영가설 부정	제1종 오류(α)	정확한 결론(1-β)

(3) 유의도 수준(Sig. Significant level)의 결정

유의도 수준은 제1종 오류에 기초를 두고 있으며 가설검정에서 유의도 수준을 α=0.10 또는 p<0.10(90%), α=0.05 또는 p<0.05(95%), α=0.01 또는 p<0.01(99%), α=0.001 또는 p<0.001(99.9%)로 나타낸다. 예를 들면 0.05의 경우 표본의 결과가 모집단의 본질과 관계없이 표본의 특성에 의해 우연히 나타났을 확률이 100번 가운데 5번 이하라는 뜻이다. 즉 통계값이 모수 값을 대표하는 정도에 있어서 오차가 5%이며, 표본 통계값의 신뢰도가 95% 라는 뜻이다. 만약 가설검정에서 영가설이 발생할 확률이 5% 미만인 경우라면, 그 영가설을 부정해도 대립가설이 맞을 확률이 95% 이상이기 때문에 제1종 오류가

발생할 확률은 현실적으로 매우 낮은 것으로 보며, 따라서 통계적으로 발생하지 않는다고 가정한다. 물론 그 가정에는 제1종 오류가 일어날 확률을 포함하고 있기 때문에 $p<0.05$라고 제시해 주는 것이다. 따라서 영가설을 기각한다고 결론을 내려도 제1종 오류가 발생할 확률($p<0.05$)을 같이 제시해 주어야 한다.

(4) 자유도 (df, Degree of Freedom)

자유도는 보통 df로 표기되며 주어진 조건 아래에서 자유롭게 변화할 수 있는 점수나 변인의 수를 뜻한다. 즉, 사례 수(N)-1이라고 생각하면 된다. 예를 들면 4명의 학생에게 자신이 좋아하는 한 명을 선택하라고 하면, 선택대상은 자신을 제외한 3(4-1)명이며 이때 자유도는 3이다.

(5) 영가설을 부정하는 한계영역

가설1 : 월수입에 있어서 남·여 간의 차이가 없을 것이다 ▶ 양방적 검정
가설2 : 남자들은 여자들보다 월수입이 더 많을 것이다 ▶ 일방적 검정

양방검정은 남자의 월급이 많을 수도, 적을 수도 있기 때문에 일방적 검정에 비해 발생 확률이 2배이다. 즉, $p<0.05$수준에서 영가설을 부정하는 한계영역은 양방적 검정의 경우 정규분포곡선의 양쪽 극단 값 0.025%씩이나 일방적 검정은 한쪽이 0.05%이다.

7. 일방적 검정과 양방적 검정

어떤 종류의 상대적 가설을 세우느냐에 따라 제2종의 오류를 범할 가능성은 달라진다. $H_0 : \mu \leq \mu_0$에 대하여 $Ha : \mu > \mu_0$라는 일방적 가설을 $\alpha=0.05$ 수준에서 검정하는 경우, $Z \geq +1.645$면 H_0을 부정하게 된다. 반면에 양방적 검정에서는 $|Z| \geq 1.96$이어야 H_0을 부정하게 된다. 다음 그림에서 검은색 부분은 μ_2가 참이라고 할 때 H_0에 설정된 μ을 오류도 받아들일 가능성에 대한 면적비율이다. 아래 그림에서 보면 동일한 조건에서는 양방적 검정이 일방적 검정보다 제2종의 오류를 범할 가능성이 더 크다.

따라서, 일방적 검정이 전집에 정말로 차이가 있을 때(대립가설, 상대적 가설, 연구가설이 참일 때), H_0을 올바르게 부정할 가능성은 더 커지게 된다. 그러므로 연구문제의 성격이 차이의 방향을 분명히 밝혀야 하는 경우에는 일방적 검정을 적용하는 것이 더 타당하다고 말할 수 있다.

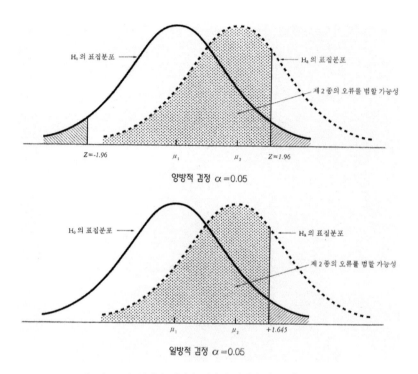

〈그림 3-5〉 양방적 검정과 일방적 검정에 따른 제2종 오류

8. 모수 값의 추정

(1) 모수 값 추정의 기본원리

통계값의 신뢰도(Reliability)는 표본에서 나온 통계값이 모수 값과 얼마나 일치하나 하는 문제로 표집오차를 포함하고 있다. 이 모수 값은 이론적인 값이고 실제 경험적인 값이 아닌 경우가 대부분이다. 일반적으로 모집단이 정규분포일 때 그 모집단에서 무작위로 추출된 여러 표본들에서 나오는 평균값들의 표집분포도 정규분포가 된다.

(2) 표준오차(Standard Error)

하나의 표집분포에 나타난 여러 통계값들의 표준편차, 대체로 사례 수가 많을수록 표준오차는 줄어들고, 표준편차가 클수록 표준오차는 커지는 경향이 있다. 따라서 표본의 사례 수가 많을수록 표집오차가 적어지고, 표집오차가 적을수록 표본에서 나온 통계값은 모수 값에 더 가깝게 된다.

(3) 모수 값의 추정방법

모집단 평균값 μ(mu) 표본의 평균값 $M, \overline{X}$
모집단의 표준편차 σ 표본의 표준편차 S.D, S
평균값의 표준오차 σM

평균값의 표집분포		표준편차의 표집분포	
분포의 범위	사례 수	분포의 범위	사례 수
$M \pm 1.00\sigma M$	68.26%	$\sigma \pm 1.00\sigma\sigma$	68.26%
$M \pm 2.00\sigma M$	95.44%	$\sigma \pm 2.00\sigma\sigma$	95.44%
$M \pm 3.00\sigma M$	99.74%	$\sigma \pm 3.00\sigma\sigma$	99.74%

신뢰도 수준별 평균값과 표준편차의 신뢰 한계		
신뢰도 수준	평균값의 신뢰 한계	표준편차의 신뢰 한계
90%	$M \pm 1.65\sigma M$	$\sigma \pm 1.65\sigma\sigma$
95%	$M \pm 1.96\sigma M$	$\sigma \pm 1.96\sigma\sigma$
99%	$M \pm 2.58\sigma M$	$\sigma \pm 2.58\sigma\sigma$

(4) 추정 예

모집단 100만 명, 표집 크기 10,000명, 표본 1인당 평균 월수입 100만 원(M), 표본 1인당 평균 월수입의 표준편차 10만 원(σ)일 때 모집단 평균 월수입(μ)은 다음과 같은 구간의 값을 가진다.

평균치의 표준오차 $\sigma M = 10/\sqrt{1,000} = 0.1$

95% 신뢰도 수준 : $M \pm 1.96\sigma M = 100 \pm 1.96 \times 0.1 \rightarrow 99.804 < \mu < 100.196$

99% 신뢰도 수준 : $M \pm 2.58\sigma M = 100 \pm 2.58 \times 0.1 \rightarrow 99.742 < \mu < 100.258$

제4장

기초통계

1. 백분위와 백분 점수

백분위(Percentile rank)는 주어진 어느 집단 내에서 한 개인의 위치를 나타내는 것으로 전체 사례에 대한 백분율을 말한다. 이에 대해서 백분 점수(Percentile Score)란 점수의 분포 상에서 어떤 점수가 분포의 위나 아래로부터 몇 %에 해당하느냐를 나타낸 점수를 말한다. 예를 들면, A가 교내 영어 테스트에서 300점을 받았는데 백분위가 85%이었다면 이것은 A의 영어 테스트 성적이 교내 집단 내에서 상위로부터 15%의 위치에 있다는 뜻이다. 백분위를 P로, 백분 점수를 X로 나타낼 경우, 어떤 한 점수 X에 대한 백분위는 P_X로 나타낼 수 있고 백분위에 해당하는 백분 점수는 X_P로 나타낸다. 따라서 앞의 A의 점수는 $X_{0.85}$로 나타낼 수 있으며 $X_{0.85}$에 해당하는 A의 점수는 $X_{0.85}=300$이 된다. 또한 백분 점수 $X_{0.85}=300$에 해당하는 백분위를 P_{300}으로 나타내면 이에 해당하는 A의 백분위는 $P_{300}=85$가 된다.

2. 집중경향

한 집단의 어떤 특성은 개개의 여러 가지 특성이 종합되어 그 집단의 특성을 이루게 된다. 그러므로 한 집단의 전체적인 특성을 이해하기 위해서는 그 집단에 속해 있는 개개의 특성을 낱낱이 파악하지 않으면 안 된다. 개개의 특성을 측정하여 점수화하였을 때 이 집단의 특성을 하나의 수치로 대표하고자 하는 것이 집중경향(central tendency)의 목적이다.

한 집단의 특성을 단일한 수치로 의미 있게 기술해 주는 대표 값 가운데 흔히 사용하고 있는 것으로 평균값(Mean), 중앙값(Median), 최빈값(Mode) 등이 있다.

(1) 평균값(Mean)

평균값은 한 집단에 속해 있는 모든 측정값의 합을 이 집단의 전체 인원수 또는 사례 수로 나눈 값을 의미한다. 흔히 $\overline{X}$, M으로 표시하며 집중경향 값으로 가장 많이 사용되는데 가장 쉽고도 유용한 통계값이다. 추리통계에서 전집의 평균과 표집의 평균을 구별하는 것은 중요하다. 일반적으로 표집의 평균은 $\overline{X}$, M으로 표기하고 전집의 평균은 μ(mu)로 구별하여 사용한다.

① 평균값의 평균

서울시 중학교의 A반의 체력검사 평균성적은 78점이었고, B반의 평균성적은 92점, C반의 평균성적은 86점이었다. 학생 수는 A반이 54명, B반이 62명, C반이 76명이었다. 이때 이 3개 반의 체력검사 평균성적은 몇 점인가?

$$\overline{X} = \frac{78 \times 54 + 92 \times 62 + 86 \times 76}{54 + 62 + 76} = 85.69$$

② 평균의 특징

· 평균값으로부터 모든 점수의 차(差)의 합은 0이 된다.

$$\sum_{i=1}^{n} \text{xi} = 0$$

· 평균은 점수 분포의 균형을 이루는 점이 된다.

(2) 중앙값(Median)

중앙값이란 한 집단의 측정값 또는 점수를 크기의 순으로 배열을 했을 때 중앙에 있는 값을 말한다. 즉 이 중앙값을 중심으로 전체 사례의 반이 이 점수의 상위에, 나머지 반이 이 점수의 하위에 놓인다. 이것은 백분위와 백분 점수에서 $X_{0.50}$에 해당하는 점수를 의미한다.

(3) 최빈값(Mode)

최빈값이란 한 분포에서 빈도가 가장 많은 측정값(점수)을 말한다. 따라서 최빈값은 집중경향을 계산하지 않고 대강 빨리 짐작하려는 경우에만 사용된다.

집중경향을 판단하는 평균값, 중앙값, 최빈값은 통계학습에 있어서 기초가 되는 내용이므로 완전히 이해가 되도록 그 내용을 숙지해야 한다. 다음은 집중경향 값들을 분포상에서 비교해보자. 측정값의 분포가 정규분포곡선을 이룰 경우에는 평균값($\overline{X}$), 중앙값(Mdn) 및 최빈값(M_o)의 값이 일치하게 된다. 아래 그림처럼 왼쪽으로 편포를 이룬 경우 부적 편포(Negative skewed)라 하고 오른쪽으로 편포된 경우는 정적 편포(Positive skewed)라 하며 두 개의 최빈값을 가진 분포를 쌍봉 분포라고 한다.

한 분포가 정규분포곡선에서 얼마나 이탈되었는가를 대략 간단하게 알아보는 방법으로는 $\overline{X}$-Mdn의 값이 0에 좌우대칭인 정상분포를 이루고, 그 값이 -(음)으로 나오면 부적 편포, +(양)으로 나오면 정적 편포를 이루고 있다고 본다.

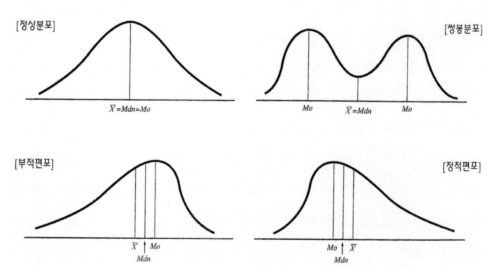

〈그림 4-1〉 여러 가지 분포상태에서의 $\overline{X}$. Mdn. M_o의 관계

3. 분산도(산포도)

평균값, 중앙값, 최빈값 등과 같은 집중경향 값들은 자료의 대표적 경향을 나타내 주기는 하지만 점수의 분포상태, 즉 전체적인 모습에 대한 정보는 제공해주지 못한다. 예를 들어, 두 집단 학생들의 평균값이 각각 70점이라고 할 때 두 집단 학생들의 성적 분포상태는 전혀 알 수 없다. 아래 그림과 같이 두 학급의 평균값은 동일하지만 그 분포의 정도가 다른 경우도 흔히 나타날 수 있다.

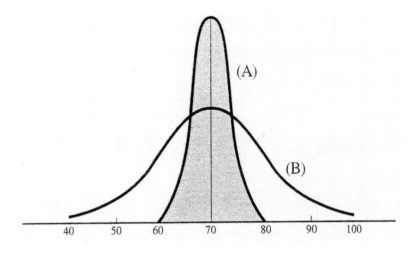

〈그림 4-2〉 두 집단의 평균은 같으나 분산도가 다른 경우

따라서 두 개 이상의 집단을 비교할 때에는 그 집단의 집중 경향값을 살펴보는 것 이외에도 각 점수 또는 측정값들이 평균값에서 어떻게 분산되어 있는가를 알 필요가 있다. 두 집단의 평균값이 같으면서 분산의 정도가 다를 수 있을 뿐만 아니라 반대로 그 분산의 정도는 같으면서 평균값은 다를 수 있기 때문에 두 집단을 보다 정확하게 설명하려면 집중경향 값과 함께 분산의 정도를 알아야 한다. 이 분산의 정도, 즉 분산도를 나타내는 지수에는 여러 가지가 있는데 그 특징과 제한점은 각각 다르다.

(1) 범위(Range)

범위는 분산도를 측정하는 데 가장 간단하고 빠른 방법으로서 어떤 한 분포의 최고점수에서 최하점수까지의 거리를 의미한다.

$$R = 최고점수 - 최하점수 + 1$$

범위는 이처럼 단 두 개의 측정값만을 사용하기 때문에 가장 큰 단점은 극단의 점수에 영향을 받게 되므로 분산도 값으로서 안정성과 신뢰성이 떨어진다는 점이다. 따라서 어떤 집단의 분산도를 한 눈에 빨리 파악하는 정도로 사용하고 그 이상 통계적 처리의 방법으로는 사용이 불가능하다.

(2) 사분편차(Quartile deviation)

사분편차는 얻어진 측정값을 작은 점수부터 큰 점수의 순으로 늘어놓았을 경우 작은 쪽에서 세어 전체 사례 수의 1/4(25%)에 해당하는 측정값인 Q_1과 3/4(75%)의 위치에 해당하는 측정값인 Q_3와 차이를 반분한 값을 의미한다.

$$Q = \frac{Q_3 - Q_1}{2}$$

사분편차는 중앙값 주위의 동산에 모여 있는 50%의 측정값이 어느 정도의 범위로 분포되어 있는가를 알아보는 것이다. 따라서 사분편차가 크면 중앙값을 중심으로 분포되어 있는 정도가 큰 것이며, 반대로 그 값이 작으면 측정값이 중앙값으로부터 분포되어 있는 정도가 작다는 것을 의미한다. 다시 말해서 동일한 변인에 대한 사분편차가 작은 집단은 큰 집단에 비해서 측정값들이 중심으로 더 모여 있다는 것을 알 수 있다.

(3) 평균편차(Average deviation)

평균편차는 한 집단의 산술평균으로부터 모든 점수까지의 거리의 절대값을 합하여 구한 평균값을 의미한다. 즉 평균편차는 각 점수 또는 측정값이 평균값에서 얼마나 떨어져 있는가를 살펴보는 방법으로서 범위나 사분편차보다 신뢰할 수 있는 분산도 값이다.

그러나 평균편차는 분산도 값으로서 매력이 있는 것처럼 보이지만 수리적인 조작에 한계가 있기 때문에 추리통계에서는 잘 사용하지 않는다.

$$A \cdot D = \frac{\Sigma |X - \overline{X}|}{N}, \ \text{또는} \ \frac{\Sigma |x|}{N}$$

(4) 표준편차(Standard deviation)

표준편차는 여러 가지 분산도 값 가운데서 가장 널리 사용될 뿐만 아니라 가장 신뢰할 수 있는 지수이다. 이것은 각 측정값들이 평균값으로부터 떨어져 있는 편차를 기초로 하여 한 분포의 분산의 정도를 나타내고 있는 것을 의미한다. 표준편차는 집단의 개인차 정도나 오차의 범위를 지시해 주는 데 이용되기도 하며 또 척도로도 사용된다. 표준편차는 측정에서 얻어진 자료가 동간적이거나 비율적인 것일 때만 계산할 수 있으며, 점수 분포가 좌우대칭일 때 합리적으로 적용할 수 있다. 그리고 집단의 사례 수가 될 수 있는 한 많아야 안정된 값을 얻을 수 있다. 측정된 점수의 분포가 정규분포곡선을 이룰 때 표준편차는 표준점수를 산출하는 데 기초가 되며, 표준편차의 수치는 평균값으로부터 떨어진 일정한 거리를 의미하기 때문에 비교하고자 하는 집단에서 얻어진 표준편차들은 상대적으로 해석된다. 즉 표준편차가 큰 집단은 작은 집단에 비해서 개인차가 크거나 이질적이라고 해석할 수 있다. 표준편차는 **S.D** 또는 **S**로 표기하며, 일반적으로 전집의 표준편차는 그리스 문자인 σ(sigma)로 표기한다.

$$S = \sqrt{\frac{\sum (X - \overline{X})^2}{N}}, \ \text{또는} \ \sqrt{\frac{\sum x^2}{N}}$$

▷ **표준편차의 의미와 해석**

표준편차는 통계적으로 가장 유용한 지수이다. 따라서 표준편차의 기능과 특성을 보면 다음과 같다.

·**표준편차는 그 분포 상에 있는 모든 점수의 영향을 받는다.**

표준편차는 그 계산과정에서 모든 점수를 대상으로 할 뿐만 아니라 분포상의 점수변화에 예민하게 영향을 받는다. 따라서 어떤 분포가 극단의 점수를 갖고 있다든지 또는 편포를 이룬 경우에는 분산도 지수로서 표준편차의 적용은 적절하지 않다.

· 한 집단의 모든 점수에 일정한 점수를 빼거나 더해도 표준편차는 변하지 않는다.

따라서 측정된 점수의 크기가 지나치게 클 때에는 각 측정치에서 일정한 점수를 뺀 다음 계산하면 매우 편리하다.

· 표준편차는 분산의 정도를 제시하여 준다.

표집을 통하여 분산도 지수를 계산하여 그 변화를 알아보면 표준편차가 그 변화의 폭, 즉 표집의 정도가 가장 작은 안정성이 있는 분산도 지수가 되기 때문에 어느 집단의 분산도를 이해하는 데 매우 유용한 지수이다.

· 한 점수의 분포가 정규분포곡선을 이루고 있고 그 분포의 산술평균($\overline{X}$)과 표준편차(S.D)를 알면 일정한 점수와 거기에 포함되는 **정규분포곡선의 면적(빈도)**과의 관계를 알 수 있다.

4. 표준 점수(Standard score)

(1) 표준점수의 의미

우리는 평소 둘 또는 그 이상의 측정·검사성적을 정확하게 비교해야 할 경우가 흔히 발생한다. 이때 문제는 서로 간단하게 비교할 수 없기 때문에 통계 지식이 요구된다. 예를 들면, 한 학생의 성적을 비교할 경우, 수학 성적 90점과 국어성적 70점을 받았다면 이 학생의 수학 성적 90점은 국어성적 70점보다 우수하다고 결론지을 수 있는가? 여기에서 두 과목의 성적을 간단히 비교할 수는 없다. 이 학생의 수학과 국어성적을 의미 있게 비교하기 위해서는 각각의 성적이 평균점으로부터 얼마나 떨어져 있는가를 어떤 공통된 수치로 표시함으로써 가능한 것이다. 이와 같은 점수를 표준점수(Standard score)라고 하며, 이는 하나의 측정값이 분포의 중심이 되는 평균($\overline{X}$)으로부터 얼마나 떨어져 있느냐는 것이다.

따라서 두 가지 다른 검사에서 얻은 점수를 비교하기 위해서는 원점수를 표준점수로 바꾸어야 한다. 한 분포의 원점수를 표준점수로 바꾼다는 것은 평균이 0이고 표준편차가 1인 분포로 바꾼다는 것이다. 즉 원점수 분포의 표준편차를 하나의 단위 척도로 사용하고 있다는 것을 의미한다. 따라서 표준점수는 각기 다른 두 점수에 대하여 평균이 0이고 표준편차가 1인 같은 수준의 척도로 전환하여 줌으로써 두 분포상의 점수 간의 비교가 가능하게 된다. 이러한 점이 표준점수의 가장 유용한 점 중의 하나이다.

(2) 표준점수(Z)의 계산

앞에서 설명한 바와 같이 표준점수란 평균으로부터의 편차점수를 그 분포의 표준편차로 나누어 얻어지는 점수로서 이를 흔히 z 점수라고 부른다.

$$Z = \frac{X - \overline{X}}{S} = \frac{x}{S}$$

X : 원점수, $\overline{X}$: 평균, S : 표준편차, x : $X - \overline{X}$

이처럼 z 점수로 환산한다는 것은 검사나 측정에서 얻어진 점수를 평균=0, 표준편차=1로 바꾸는 것으로 비교할 근거가 생기고 원점수의 단위도 같아진다.

이와 같은 표준점수의 장점은 다음의 두 가지로 요약될 수 있다.

· 원점수를 의의 있게 비교할 수 있다.
Z=0은 중간, -1.00은 중간보다 아래에 있으며 +1.00은 중간보다 위에 있다고 해석을 할 수 있으며 동시에 평균에서의 거리를 알려 준다.

· z 점수는 동간적이다.
z 점수는 동간적이기 때문에 비교되는 점수를 서로 가감승제를 할 수 있어서 비교가 용이하다.

(3) 표준점수(T)

z 점수는 앞에서 설명한 바와 같이 평균=0, 표준편차=1인 이유로 평균을 중심으로

좌측에는 -(음), 우측에는 +(양)가 있고 또 소수점이 있어서 사용하기가 불편한 점이 있다. 이를 보완하기 위하여 T 점수가 사용된다. 다시 말해 T 점수는 z 점수에 표준편차 10을 곱해주고 여기에 50을 더해주면 된다.

$$T = 10Z + 50$$

(4) 표준점수(H)

T 점수는 그 단위가 세밀하기 때문에 비교적 단위가 간단한 표준점수가 필요할 때가 있다. 이때 사용되는 것이 H 점수이다. H 점수는 평균이 50이고, 표준편차가 14인 척도이다.

$$H = 14Z + 50$$

(5) 표준점수(C)

C 점수는 평균이 5인 표준점수이고 표준편차는 2인 척도이다.

$$C = 2Z + 5$$

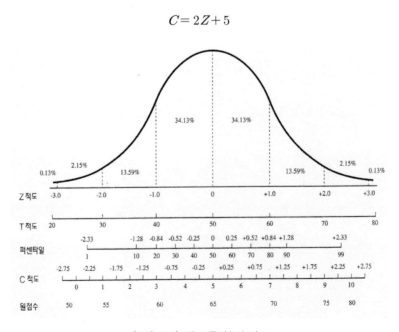

〈그림 4-3〉 각 표준점수의 비교

제3부

IBM SPSS Statistics 25의 사용법

제5장

IBM SPSS Statistics 25의 데이터 편집

1. IBM SPSS Statistics 25이란?

(1) IBM SPSS Statistics 25

SPSSWIN은 18.0(Ver)버전 이후부터 명칭이 PASW로 변경되었다가 다시 SPSS Statistics로 정정되었다. 원래 SPSS는 Statistics Package for Social Science로 사회과학조사를 위해 개발되었으나 지금은 그 밖의 모든 분야에서 광범위하게 사용된다. 현재 SPSS는 통계처리뿐만 아니라 PASW(the Predictive Analytics Software)의 의미로 즉, 예측과 분석에 활용할 수 있는 소프트웨어로 불린다. 명칭이 변경된 이유로는 IBM이 SPSS를 합병하면서 새로운 마케팅 전략으로 실시되었다고 한다.

현재 IBM SPSS Statistics는 강력한 통계 소프트웨어 플랫폼으로 기업이 자체 데이터에서 실행 가능한 인사이트를 추출할 수 있도록 강력한 기능 세트를 제공하고 있다.

(2) IBM SPSS Statistics의 수행 가능 영역

① 사용자 친화적인 인터페이스를 통해 데이터를 분석하고 보다 잘 파악하여 복잡한 비즈니스 및 연구문제를 해결한다.
② 높은 정확성과 고품질의 의사결정을 보장하도록 도와주는 고급 통계 절차를 통해 빠르게 대형의 복잡한 데이터 세트를 파악한다.
③ 확장기능, Python 및 R 프로그래밍 언어 코드를 사용하여 공개 소스 소프트웨어와 통합한다.
④ 유연한 배치 옵션을 사용하여 소프트웨어를 손쉽게 선택하고 관리한다.
⑤ IBM SPSS Statistics는 Microsoft Windows 및 Mac 운영 체제용으로 제공한다.

(3) IBM SPSS Statistics 25의 변화

① IBM SPSS Statistics 25는 컴퓨터 운영체제인 윈도(Windows)나 맥(Mac)의 설치 언어에 따라 언어사용이 가능하다. 즉, SPSS Statistics를 설치할 때 옵션에서 컴퓨터 운영체제와 동일한 언어를 선택하면 된다.

② 변수 이름 지정 시 64바이트(한글 32글자)까지 가능하며 고급통계기능이 강화되었다.

③ IBM SPSS Statistics 25는 흔글 워드프로세서와 연동이 가능하다. 즉, 흔글로 보고서를 작성하면서 필요한 통계분석을 보고서의 흐름과 맞추어서 실행할 수 있으며, 그 결과를 흔글에서 불러온 다음 표 편집이 가능하다.

④ 출력 결과인 피벗 테이블을 사용자가 임의로 수정할 수 있으며, 통계 결과의 행과 열의 위치를 바꾸거나 재구성이 가능하다.

⑤ IBM SPSS Statistics 25는 척도와 그래프 기능이 향상되었다. 특히, 명목, 서열, 등간·비율척도별로 각각 다른 아이콘을 지정할 수 있도록 한 기존의 기능을 보다 강화하여 실제 통계나 그래프 작업에 드래그(Drag)를 이용하여 편리하면서 유용하게 활용할 수 있도록 구성되었다. 따라서 변수 정의를 정할 경우에 측도(척도, Measure)에서 아이콘을 지정하여야 한다.

⑥ IBM SPSS Statistics 25는 데이터 편집 창과 출력 결과로 나누어져 있으며, 도스(DOS)에서 사용하던 명령어를 직접 입력하여 실행할 수 있는 Syntax Editor(명령어 입력창)도 내재해 있어서 도스 이용에 능숙한 분들도 별 어려움 없이 활용할 수 있다. 데이터 편집 창은 설문결과 자료들을 입력하고, 재가공하고 통계명령을 실행하는 기능이 있다. 출력 결과는 통계분석 명령을 실행하고 난 후, 통계 결과가 나타나는 화면을 말한다.

⑦ IBM SPSS Statistics 25는 Pull Down 메뉴방식으로 흔글과 비슷한 구성을 가지고 있다. F10키를 누르면 메뉴가 나오고, 메뉴를 누르면 그에 해당하는 명령이 실행되는 아주 간편한 구조로 되어있다.

· PASW® Statistics Certification?

PASW Statistics를 이용한 개인의 전문 능력을 확인할 수 있는 새로운 공인 자격증을
일컫는다. 이 공인 자격 프로그램은 모든 산업 분야의 분석가, 통계학자 및 통계 관련
관리자들의 활용능력을 증진할 수 있도록 만들어졌으며, 기업 입장(SPSS Inc)에서 세계
적으로 선도적인 통계 프로그램을 능숙하게 다루는 사람들을 고용할 수 있도록 하였다.

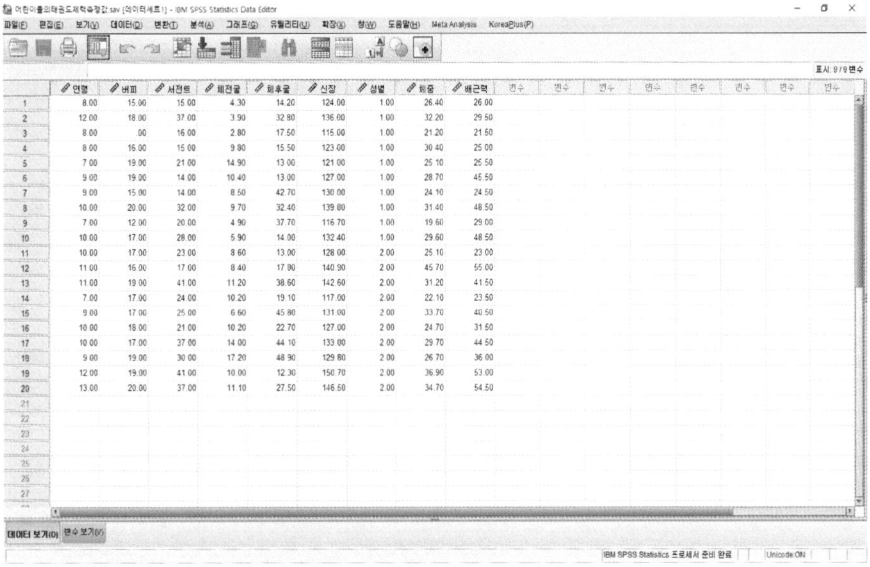

〈그림 5-1〉 데이터 편집 창 화면(SPSS Statistics Data Editor)

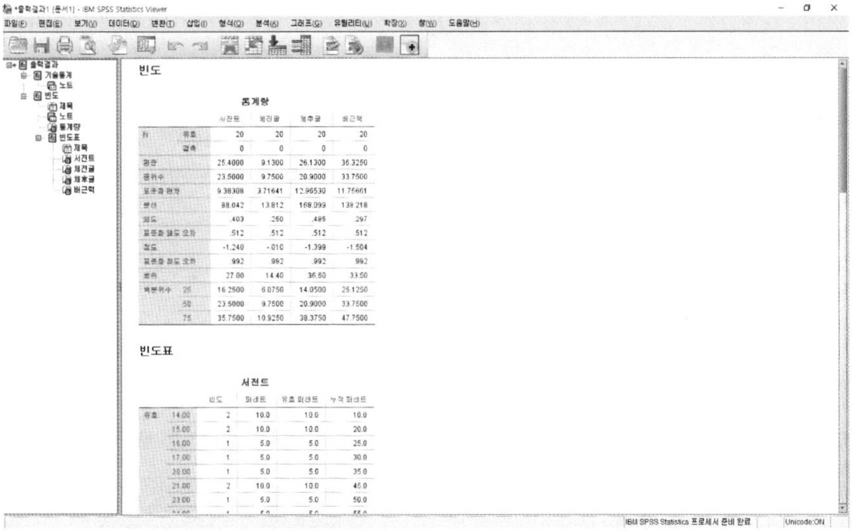

〈그림 5-2〉 통계 결과 화면(Output)

2. IBM SPSS Statistics 25의 종류

① Base

다양한 공통 분석 기능과 고급 데이터 준비 툴을 제공한다.

② Standard

분석의 신뢰성을 높이고 보다 정확한 결론에 도달하기 위해 필요한 핵심 통계 프로시저를 제공한다. 또한 Standard에 Base를 추가하여 데이터 준비, 고급통계, 커스텀 테이블 및 모듈이 포함된다.

③ Professional

데이터 품질 문제, 데이터 복잡도, 자동화 및 예측 기능 제공을 처리하는 고급통계 프로시저가 포함된다. Professional에 Standard를 추가하여 예측, 카테고리, 결측값 및 의사결정 모듈이 포함된다.

④ Premium

사용 가능한 가장 정교한 프로시저를 사용하여 분석 프로세스의 모든 단계에 걸쳐 모든 유형의 분석을 수행할 수 있도록 지원한다. Premium에는 Professional을 추가하여 정확 검정, 복합 샘플, 신경망, 컨조인트, 직접 마케팅 및 AMOS 구조 방정식 모형 모듈이 포함된다.

3. IBM SPSS Statistics 25의 사용방법

IBM SPSS Statistics 25를 올바로 설치하였다면 실행 아이콘을 더블클릭하거나 시작 메뉴의 프로그램에서 프로그램을 선택하면 다음과 같은 SPSS Statistics 25 초기 대화상자가 나타난다.

IBM SPSS Statistics 25를 처음 시작하면 [IBM SPSS Statistics] 대화상자가 나타난다.

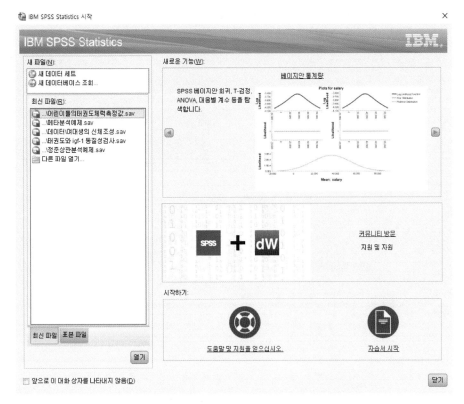

〈그림 5-3〉 IBM SPSS Statistics 25 대화상자

(1) 새 파일(N)

이 옵션은 새로운 데이터 세트를 불러내기 위해 적용된다.

(2) 최근 파일(R)

최근에 사용된 데이터 파일이 최근 파일로 나타난다.

(3) 새로운 기능(W)

이 옵션은 IBM SPSS Statistics 25의 새로운 기능을 소개한다.

(4) 커뮤니티 방문과 도움말 및 자습서 시작

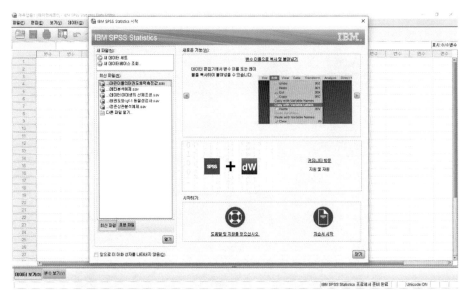

〈그림 5-4〉 SPSS Statistics 25의 초기 화면

4. IBM SPSS Statistics 25의 데이터 입력

통계분석을 실행하기 위하여 데이터 편집 창에 코딩된 자료를 입력해야만 한다. IBM SPSS Statistics 25의 데이터 편집 창에 데이터를 입력하는 방법은 크게 두 가지다. 하나는 그냥 셀에다 입력하는 것이고, 다른 하나는 **호글** 등에서 입력한 코딩된 데이터를 텍스트 문자로 저장하여 불러오기 하는 방법이다.

엑셀, 로터스 123 등의 자료는 탑 메뉴 파일에서 열기(O)를 선택하면 아래쪽에 파일 형식이 있는데, 여기서 엑셀이나 로터스 123 등 해당 파일을 선택하고 열기(O)를 선택 하면 된다.

여기에서는 데이터 편집 창에 바로 입력하는 방법을 실행해 보자.

· 바로 입력할 때 주의할 사항은 셀(Cell) 한 칸에 하나의 변수값이 입력된다는 것이다.
  즉, 성별(한 자릿수, 남자:1, 여자:2)과 연령(두 자릿수, 65) 및 신장(세 자릿수, 176) 등

변수의 자릿수에 관계없이 한 셀에 하나의 변수값이 들어간다.

· 코딩된 데이터(변수값)를 입력할 때 01, 02는 1, 2로 바뀌지만 신경 쓰지 않아도 된다.
  IBM SPSS Statistics 25는 01과 1은 모두 1로 인식을 한다.

VAR00001	VAR00002	VAR00003	VAR00004	VAR00005
ID 일련번호	**Gender** 성별	**Age** 연령	**Height** 신장	**Weight** 체중

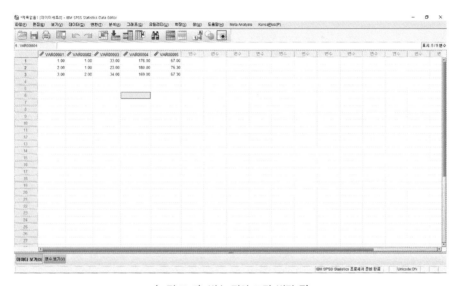

〈그림 5-5〉 변수 정의 코딩 변경 **전**

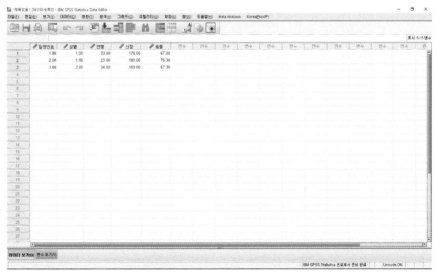

〈그림 5-6〉 변수 정의 코딩 변경 **후**

5. IBM SPSS Statistics 25의 변수 정의

(1) 변수 정의(Define Variable) 살펴보기

변수 정의를 위해서는 화면 아래의 변수보기 창을 선택하여 이동을 한다. 각 내용을 우선 구체적으로 살펴보도록 하자.

경로 ☞ 마우스로 변수보기(V) 창을 바로 클릭 > 마우스로 변수를 더블클릭

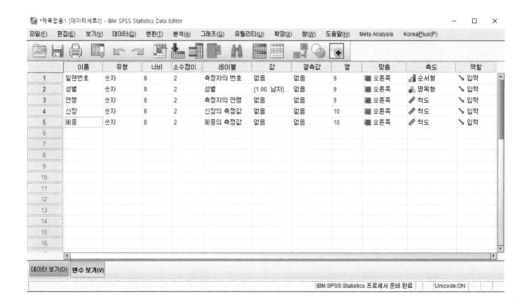

변수보기		내용
이름	Name	변수 이름의 지정 알파벳 64글자, 한글 32자 이내, 특수문자(&,*,- 등)·띄어쓰기 사용 불가, 숫자로부터 시작 불가, 밑줄(_)과 마침표(.)는 사용 가능
유형	Type	변수 유형과 자릿수를 지정 - 숫자(기본값), 문자, 날짜 등 8가지
너비(자릿수)	Width	변수 유형에서 지정된 자릿수로 여기서도 수정 가능
소수점 이하 자리	Decimals	변수 유형에서 지정된 소수점 이하 자릿수로 여기서도 수정 가능
레이블	Label	변수 이름에 대한 구체적인 설명과 내용 입력
값	Values	변수값에 대한 구체적인 설명과 내용 입력
결측값	Missing	무응답한 자료에 대한 결측값 지정, 무응답 지정
열	Column	열 자릿수를 의미
맞춤	Align	셀(Cell) 내에서 변수와 데이터의 위치를 지정
측도(척도)	Measure	변수의 측정수준인 척도를 지정, 명목, 순서(서열), 척도(등간, 서열)의 3가지 종류
역할	Role	통계분석에는 사용하지 않고 데이터 모델링(Modeling)을 수행할 때 필요한 설정

(2) 이름(Name)

· 알파벳 64자 이내, 또는 한글 32자 이내로 변수 이름을 입력할 수 있다. 한글로 모든 변수를 입력할 경우 변수가 많은 경우 혼란스러울 수 있다. 따라서 인구 사회학적 특성이나 중요한 변수만 한글로 입력하고, 나머지 변수들은 설문지 번호를 V04, V05 등과 같은 방식으로 입력해 주는 것이 용이하다. 이 경우 변수 설명 (Variable Label)을 변수의 정의에서 입력할 수 있으므로 통계처리 시 전혀 불편함이 없으며, 설문지의 번호를 바로 알 수 있으므로 매우 편리하다.

· 변수의 정의에서는 특수문자 *, &, %, - 등은 사용할 수 없다. 그러나 밑줄(_)과 마침표(.)는 사용할 수 있다. 예를 들면 스포츠 센터의 만족도를 파악하고자 할 때 사용되는 문항 V01의 3개 하위변수를 표현할 때 V01_1, V01_2, V01_3과 같은 방식으로 표현해주면 모두 동일한 문항의 하위변수인 것으로 쉽게 구분하여 알 수 있다. 이때 밑줄(_)로 구분하는 것은 하이픈(-)이 변수 이름에서 사용할 수 없는 문자이기 때문이다.

· 복수응답이나 우선순위가 있는 경우는 V031, V032와 같이 붙여 사용하면 편리하다. 통계 처리하는 사람이 하위변수나 복수응답변수 등을 쉽게 구분하고 사용할 수 있어야 한다.

• 변수 이름에서 입력하거나 수정하고 싶은 변수 이름을 마우스로 클릭하면 커서가 위치하게 되고, 그 자리에서 바로 새로운 변수 이름을 입력하여 엔터 치면 된다. 만약 한두 글자만 수정하고 싶다면 해당 변수 이름을 더블클릭해서 셀(Cell) 안으로 입력한 후 엔터를 치면 된다. 엑셀에서 자료 입력하듯 그냥 클릭 후 입력하면 된다.

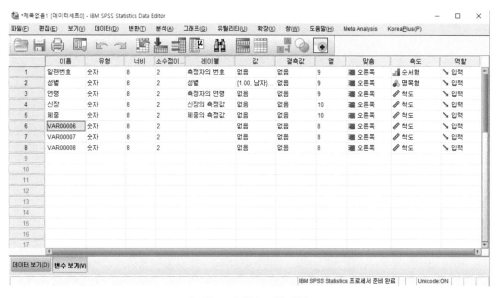

〈그림 5-7〉 변수 이름 설정

(3) 유형(Type)

• 변수 유형은 모두 8가지로 변수가 숫자로 되어있는지, 문자인지, 날짜인지 변수의 유형과 자릿수가 몇 자리인지를 선택한다. 기본 값이 지정되어 있다.

• 사용방법은 변수 유형(Type)에서 수정하고자 하는 셀(Cell)의 변수 유형, 즉, 화면에서 숫자(Numeric)의 하얀 여백을 마우스로 클릭하면 사용자 정의(…)가 나타나고 다시 회색 부분을 마우스로 클릭하면 변수 유형 대화창이 나타난다. 여기서 해당하는 변수 유형을 클릭하고, 자릿수와 소수점 이하 자릿수를 지정해주고 확인을 하면 된다.

• 성별의 경우 자릿수(W)가 1, 소수점 이하 자릿수는 없으므로 0이 된다. 체중 값

65.33을 입력할 경우 자릿수 (W)는 3, 소수점 이하 자릿수는 2가 된다. 자릿수(W)가 2가 아니고 3이 되는 이유는 소수점 이하 자릿수보다는 꼭 자릿수가 하나 이상 더 많아야 하기 때문이다. 자릿수(W)를 정확하게 설정하면 분석 속도가 빨라지는 이점이 있다.

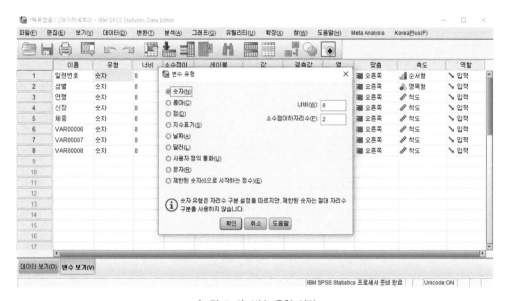

〈그림 5-8〉 변수 유형 설정

변수 유형	사용방법
숫자(N)	변수의 척도에 관계없이 변수값이 숫자로만 입력될 때 사용하며, 소수점 이하도 입력할 수 있다.
콤마(C)	숫자와 같은 기능으로 변수값의 1,000단위마다 콤마(,)가 표시된다.
점(D)	소수점 표시를 할 때 사용된다.
지수 표기(S)	특수문자, 부호, 지수 등의 데이터를 입력할 때 사용한다.
날짜(A)	연월일 등의 날짜를 데이터로 입력할 때 사용한다.
달러(L)	미국 통화인 달러($)로 된 데이터를 입력할 때 사용한다.
사용자 정의 통화(U)	달러 이외의 사용자 정의 통화를 입력할 때 사용한다.
문자(R)	성명, 기관 명칭 등 문자를 입력할 때 사용할 수 있으며, 최고 225개(한글 112개) 글자를 입력할 수 있다. 단, 8글자(한글 4글자)가 넘으면 교차분석을 할 수 없다.
	제한된 숫자(0으로 시작하는 정수)(E)

(4) 너비(자릿수, Width)와 소수점 이하 자릿수(Decimals)

너비와 소수점 이하 자릿수는 마우스로 클릭하면 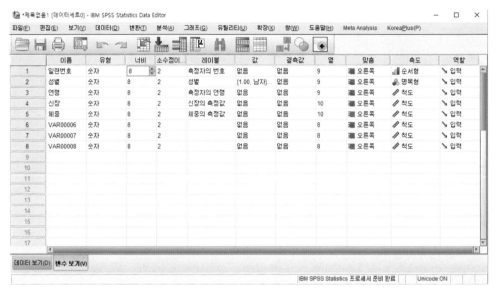와 같이 너비를 지정할 수 있는 이동키가 나타난다. 그냥 자릿수를 입력해도 되고, 마우스로 클릭하여 조정할 수도 있다.

〈그림 5-9〉 너비와 소수점 이하 자릿수

(5) 설명(Label)

· 변수에 대한 설명을 입력하는 것으로 마우스 클릭 후 변수 설명을 입력한다. "체지 방률인 경우 체지방률 또는 Percent fat"이라고 하면 된다. 변수의 설명이 같을 경 우 셀을 선택하거나 블록으로 지정해서 마우스로 복사한 다음, 붙이기 하면 된다.

· 변수 설명을 입력할 경우 코드북을 보고 입력하면 매우 빠르고 편리하게 입력할 수 있다. 즉, 바로바로 변수 설명을 입력하고, 엔터 치고, 다음 변수 설명 입력하고 하면 편리하다.

· 통계분석 시 변수의 설명은 표 제목으로 출력된다.

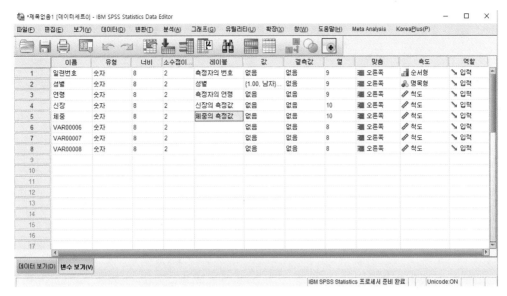

〈그림 5-10〉 설명(Label)

(6) 값(Values)

· 변수값으로 1, 2 등의 입력된 숫자를, 변수값의 설명이나 내용(남자, 여자)을 입력
한다. 변수값(U)과 변수값의 설명(E)은 한 번에 하나씩 입력하되 Tab 키를 사용하
면 편리하다.

· 우선 성별의 값(Values)인 없음(None)을 마우스로 선택해 보자. 없음이라고 표시
된 끝에 …가 나타난다. 이것을 마우스로 선택하면 변수값 설명을 입력할 수 있는
대화창이 나타난다.

· 성별의 변수값에는 1과 2가 있다. 변수값 설명은 숫자 1과 2에 설명을 붙이는 것
이다. 1은 남자이고, 2는 여자이다. 이것을 한 번에 하나씩 입력하면 된다. 즉, 변
수값에 1을 입력한 후 Tab 키나 마우스를 이용하여 변수값 설명으로 이동한다. 남
자라고 입력한 후 추가(Add)를 선택한다. 그리고 같은 방식으로 변수값에 2, 변수
값 설명에 여자를 입력한 후 추가하면 된다.

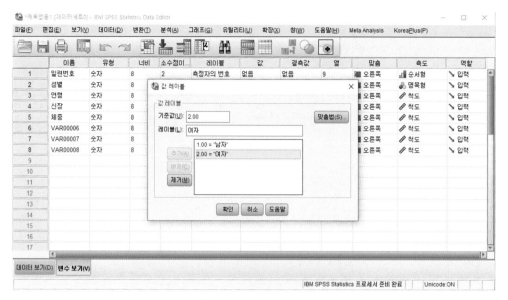

〈그림 5-11〉 값(Values)

(7) 결측값(Missing, 무응답 지정)

· 결측값을 정의하는 것으로 결측값 없음을 마우스로 선택한 후 …를 선택하면 대화
창이 뜬다. 기본 값은 결측값 없음(N)으로 되어있다.

· 본 데이터의 경우 결측값을 모두 0으로 입력했다. 이 경우 3종류의 서로 다른 결
측값을 입력할 수 있는 이산형 결측값(Discrete Missing Values)을 선택하여 0을
입력하면 된다. 이때 0, 00, 000은 모두 0과 같이 하나만 입력해도 괜찮으나 9,
99, 999는 서로 다른 결측값으로 인식을 하므로 모두 따로따로 입력해 주어야 하
므로 주의해야 한다. 그리고 한 개의 선택적 이산형 결측값을 더한 범위(R)를 선
택하여 입력할 수 있으나 거의 사용하지 않는다.

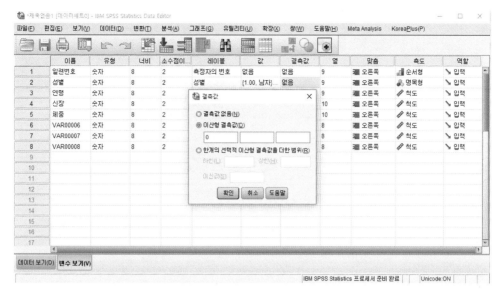

〈그림 5-12〉 결측값(Missing)

(8) 열(Column)과 맞춤(Align)

· 열은 변수의 자릿수를 의미하는 것으로 기본값을 그냥 사용하면 된다. 맞춤은 데
이터의 위치를 왼쪽, 가운데, 오른쪽 정렬을 하는 것으로 기본 값을 그냥 사용하면
된다.

(9) 측도(Measure, 척도)

· 변수의 척도 수준을 지정해주는 것으로 척도의 수준으로는 명목(Nominal), 순서
(서열척도, Ordinal), 척도(등간·비율척도, Scale)로 나누어져 있다.

· 마우스로 측도를 선택한 후 ▾을 선택한다. 해당 척도의 수준을 마우스로 클릭하
면 된다.

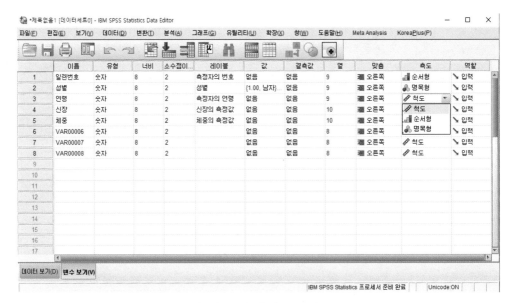

〈그림 5-13〉 측도(Measure)

제6장

IBM SPSS Statistics 25의 메뉴 사용법

1. 데이터 편집 창(IBM SPSS Statistics Data Editor)에 있는 TOP 메뉴

편집 창에는 모두 13개의 TOP 메뉴가 있다.

〈표 6-1〉 편집 창에서의 TOP 메뉴

TOP 메뉴	내용
파일(F)	불러오거나 저장하기, 인쇄, 종료 등 기본적인 메뉴이다.
편집(E)	잘라내기, 복사하기 등 편집할 수 있는 메뉴, 찾기와 옵션이 중요
보기(V)	상태 표시줄이나 도구 모음, 글꼴, 변수값 설명 등을 보여준다.
데이터(D)	데이터 정의·관리와 관련된 기능이 있다.
변환(T)	변수값을 바꾸거나 변환시키는 기능이 있다.
분석(A)	각종 통계처리를 수행할 명령어들로 구성되어 있다.
다이렉트 마케팅(M)	접촉유형과 CRM을 통한 고객 관계 분석을 수행한다.
그래프(G)	그래프 그리기·수정과 관련된 기능이 있다.
유틸리티(U)	변수에 대한 정보나 메뉴편집 등 유용한 기능이 있다.
창(W)	데이터 입력창과 결과 창, 명령문 창 등을 표시해 주고, 이동이 가능하다.
도움말(H)	도움말 제공 기능이 있다.
Meta Analysis	메타분석
Korea Plus(P)	코리아 플러스 정보

(1) 파일(File)

호글의 파일과 같은 기능이 있다. 아래 설명은 한글용 SPSS Statistics의 메뉴 내용이다.

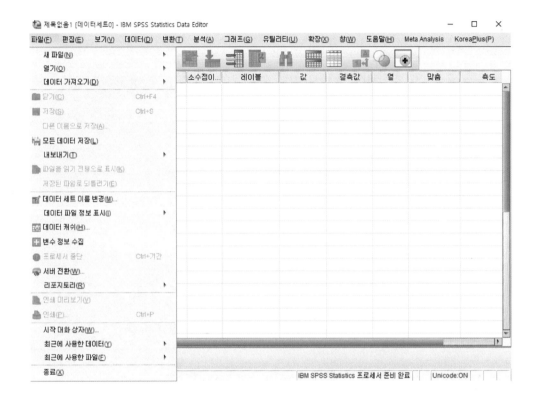

파일(File)의 메뉴 내용

새 파일(N)
호글의 새 문서와 동일한 기능을 한다. 비어있는 새로운 데이터 창이나 새로운 결과 창을 만들어준다. 새 데이터 창을 열 경우 데이터 편집 창에 있던 기존의 데이터는 별도 창으로 남아있게 된다.

열기(O)(단축키 Ctrl+O)
불러오기 기능을 한다. 여기에서는 SPSS Statistics에서 사용한 파일뿐만 아니라, 데이터베이스, 로터스 123, 엑셀 등의 파일을 불러올 수 있다. 불러오기를 할 경우 불러올 파일이 위치한 경로를 잘 알고 있어야 한다.

데이터 가져오기(D)
데이터베이스, 로터스 123, 엑셀 등의 파일을 불러올 수 있다.

저장(S)(단축키 Ctrl+S)
저장하기를 말한다.

다른 이름으로 저장(A)
USB에 파일을 옮기거나 다른 이름으로 바꾸어 저장할 때 사용하며, 기존에 있던 파일은 그대로 남는다. 단, 다른 이름으로 저장을 하더라도 결과 창의 경우 SPSS Statistics OUTPUT의 형태가 그대로 남아있다. 텍스트 문서파일이나 인터넷 문서파일로 저장할 경우 추출, 내보내기(Export)를 사용한다.

파일(File)의 메뉴 내용

모든 데이터 저장(L)

동시에 작업하는 여러 개의 데이터 집합(IBM SPSS Statistics Data Editor)의 데이터들을 모두 저장한다.

내보내기(E)

SPSS Statistics의 결과들을 인터넷 문서파일, 또는 텍스트 문서파일로 저장할 수 있는 기능으로 흔글에서 결과를 불러올 때 편리하다. 새 창에서는 보이지 않지만, 통계분석을 실행하면 결과 창에만 나타난다.

데이터 세트 이름 변경(M)

데이터 세트의 이름 변경을 할 수 있다.

데이터 파일 정보표시(I)

SPSS Statistics의 데이터 정보를 알려주는 기능이 있다. 이것을 선택한 후 SPSS Statistics의 데이터로 저장된 파일을 선택하면 그 파일에 입력되어 있는 변수 이름(Name), 설명(Label), 자릿수, (Column) 등의 구체적인 정보를 제공한다.

변수 정보 수집

인쇄 미리 보기(V)

출력된 용지에 데이터나 출력 결과의 모습을 미리 보여줌으로써 잘못된 출력을 예방해 주고, 미리 볼 수 있어 편리하다.

인쇄(P)(단축키 Ctr+P)

인쇄를 의미하며 이때 마우스로 블록을 지정하여, 블록만 인쇄할 수 있으며, 전체를 인쇄할 수도 있다.

최근에 사용한 데이터(T)

최근에 SPSS Statistics에서 사용한 데이터들을 손쉽게 정리하여 쉽게 불러올 수 있도록 하는 기능이다.

최근에 사용한 파일(F)

최근 사용한 통계 결과 창(Output), 명령어 입력창(Syntax) 등을 불러올 수 있도록 목록을 보여준다.

종료(X)

SPSS Statistics를 끝내는 기능을 한다.

내보내기(E)

SPSS Statistics의 결과들을 인터넷 문서파일, 또는 텍스트 문서파일로 저장할 수 있는 기능으로 흔글에서 결과를 불러올 때 편리하다. 새 창에서는 보이지 않지만, 통계분석을 실행하면 결과 창에만 나타난다.

(2) 편집(Edit)

TOP 메뉴 편집(Edit)은 잘라내기, 복사하기 등 편집기능이 있다. 마우스로 블록을 지정한 이후에 사용할 수 있다.

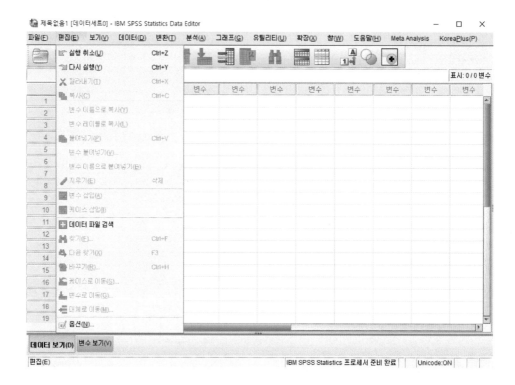

편집(Edit)의 메뉴 내용
실행취소(U)
바로 직전 실행을 취소한다.
다시 실행(Y)
바로 직전 실행을 다시 실시한다.
잘라내기(T)
블록지정 후 사용할 수 있다.
복사(C)
블록지정 후 사용할 수 있다.
변수 이름으로 복사(Y)
변수 이름으로 복사한다.
변수 레이블로 복사(L)
변수 레이블로 복사한다.
붙여넣기(P)
붙여넣기의 기능이 있다.
변수 이름으로 붙여넣기
변수 레이블로 붙여넣기
지우기(E)
블록지정 후 지우는 기능
변수삽입(I)/ 케이스삽입(I)
입력 도중 새로운 변수나 사례를 중간에 삽입하는 기능
찾기(F)
데이터 찾기로 잘못 입력된 변수값이나 특정 값 또는 설명을 찾을 때 사용된다.

편집(**E**dit)의 메뉴 내용
케이스로 이동(S)
데이터 입력창의 맨 왼쪽 일련번호의 해당 사례로 이동
변수로 이동(G)
특정변수로 커서를 이동
옵션(O)
SPSS Statistics에서 사용되는 여러 가지 옵션을 설정한다.

(3) 보기(**V**iew)

TOP 메뉴 보기의 기능은 글꼴(Font)의 종류나 크기를 지정하거나, 툴바(Toolbar)의 선택, 변수값 설명(Values Labels) 등을 보여준다. 그냥 마우스로 누르기를 반복하면 선택되었다가 해제되었다가 한다. 특히 변수값 설명(Values Labels)은 입력된 데이터의 숫자 대신에 변수값 설명으로 입력한 한글이 나타나게 되므로 SPSS Statistics에 바로 입력할 때 매우 편리하다.

(4) 데이터(**D**ata)

TOP 메뉴 데이터는 데이터를 관리하거나 케이스 선택 등을 할 수 있으며 데이터와 관련된 매우 중요한 기능이 있다.

데이터(Data)의 메뉴 내용
변수특성 정의(V) 변수값에 라벨(Label)을 추가하거나 다른 변수의 특성을 복사하여 사용할 수 있다.
알 수 없음에 대한 측정 수준 설정(L)
다중응답 변수군 정의(M) 다중응답으로 측정된 변수들을 하나로 묶어 변수군을 만들 수 있으며, 그래프 그리기 등으로 활용할 수 있다.
중복 케이스 식별(U) 대응되는 케이스 정의하기, 서로 다른 두 변수의 값(데이터)이 얼마나 많이 중복되는지 확인하는 방법으로, 동일한 설문지가 실수로 잘못 입력된 경우 찾아주는 기능을 한다. 대응되는 케이스 정의하기에 비교하고자 하는 두 변수를 넣은 후 확인을 선택하면, 중복되는 변수값의 비율을 보여주며, 데이터 창에는 **Primary Last**라는 변수가 생성된다. 이 변수값이 0이면 중복되는 값을 의미한다.
케이스 정렬(O) 정렬(Sort) 기준 변수 또는 변수값을 기준으로 가나다 또는 1, 2, 3 등의 순서로 정렬하는 기능이 있다.
파일 합치기(G) 설문자료가 A.sav, B.sav 두 개의 파일에 나누어 저장되어 있을 때, 이 두 파일을 하나로 합할 경우 사용된다.
케이스 선택(C) 변수의 특정 값만을 골라내거나 조건을 부여하여 조건에 부합하는 케이스만 분석할 수 있도록 해 주는 조건문 만들기이다.
가중 케이스(W) 가중치 부여, 변수값의 가중치를 부여한다.

(5) 변환(Transform, 변수의 변환)

변수값을 코딩 변경하거나 가감승제(+, -, ×, ÷) 등의 조합을 할 때 사용하는 중요한 기능이다. 본 교재에서는 코딩 변경(Recode)과 변수계산(Compute) 두 가지만을 따로 제8장과 제9장으로 나누어 중점적으로 다룰 것이다.

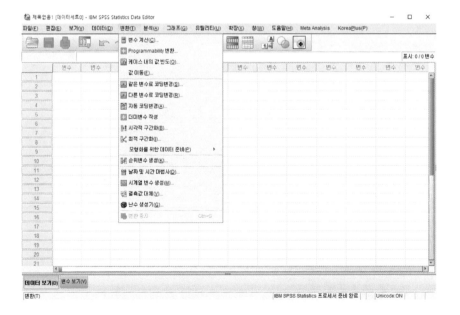

변환(Transform)의 메뉴 내용

변수 계산(C)

변수 간의 가감승제, 새로운 변수의 생성 등을 할 수 있다.

Programmability 변환

케이스 내의 값 빈도(O)

변수값 중 특정 값이 포함되어 있는 경우, 그 개수를 표시하여 준다. 예를 들면 변수 B1, B2, B3에서 변수값 3이 몇 개씩 포함되어 있는지를 알고 싶다면 대상변수에 새로운 변수명을 지정한 다음, 왼쪽 하단 변수에 B1, B2, B3를 이동한다. 이동 후 값 정의를 선택한 후 값(Value)에 3을 지정한 후 추가(Add) 후 확인을 누르면 된다.

같은 변수로 코딩변경(S)

코딩변경 시 변수명은 변하지 않고 그대로 사용하고 변수값만을 코딩 변경할 때 사용한다.

다른 변수로 코딩변경(R)

코딩변경 시 새로운 변수를 하나 더 생성하고, 그 변수의 값으로 기존의 변수값을 코딩 변경할 때 사용한다.

자동 코딩 변경(A)

불특정 다수 또는 시작이 1이 아닌 변수값을 1부터 다시 코딩해 주는 기능을 말한다.

더미 변수 작성

데이터 편집 창에서 더미 변수를 작성한다.

시각적 구간화(B)

최적 구간화(I)

순위변수 생성(K)

날짜 및 시간 마법사(D)

시계열 변수 생성(M)

결측값 대체(V)

결측값이 발생한 변수가 있을 때, 결측값을 계열 평균이나 중위 수 등의 특정 값으로 대체시켜 주는 메뉴이다.

난수 생성기(G)

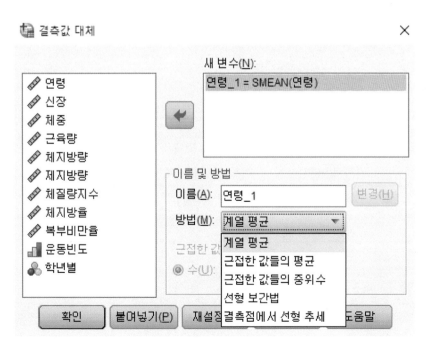

(6) 분석(Analysis)

IBM SPSS Statistics 25의 통계처리 명령이 내려지는 곳이다. IBM SPSS Statistics 25에서 가장 중요한 핵심적인 곳이다.

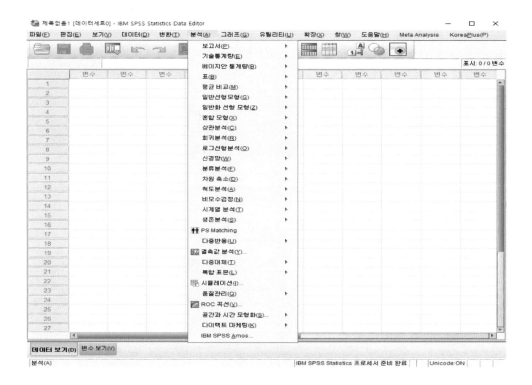

(7) 그 밖의 메뉴

그래프를 그리고 편집할 수 있는 그래프(G), 변수의 정보, 유용한 기능이 있는 유틸리티(U), 확장(X), 결과와 데이터 창, 그래프 창 등을 서로 이동할 수 있는 창(W), 도움말을 제공하는 도움말(H)이 있다. 또한 새로 추가된 메타분석(Meta Analysis)과 KoreaPlus(P)가 있다.

(8) 데이터 편집 창(IBM SPSS Statistics Data Editor)에 사용되는 아이콘

 데이터 문서 열기
(Open File)

 파일분할
(Split File)

 최근 사용한 대화상자 다시 호출
(Dialog Recall)

 가중케이스
(Weight Case)

 케이스로 이동
(Go to Case)

 케이스선택
(Select Case)

 변수로 이동
(Go to Variable)

 변수값 설명
(Value Label)

 변수 관련 정보제공

 변수군 사용
(Use Set)

 케이스삽입
(Insert Case)

 맞춤법 검사
(Spell Check)

 변수삽입
(Insert Variable)

 도구 모음
사용자 정의

IBM SPSS Statistics 25의 자료 입력 오류 수정방법

목적

자료 입력(코딩)을 마친 후 자료 분석하기 전에 반드시 거쳐야 할 단계가 있다. 이는 입력된 측정자료(data)가 정확히 입력되었는지 검토하는 단계이다. 자료의 정확한 입력은 매우 중요한 의미를 갖는다. 설문지의 자료나 측정값의 자료는 입력한 후 다시 한번 재확인하여 자료(data) 입력의 정확성을 기해야 한다. 입력 오류의 수정은 그다음 단계의 통계로 들어가기 전에 최종점검의 의미로 활용해야 한다. 예를 들어 응답자의 성별을 빈도 분석하였는데 남자(1), 여자(2), 변수값(3)이 나왔다. 여기에서 변수값(3)은 잘못 입력된 변수값이라고 볼 수 있다.

1. 오류 수정

(1) 빈도분석

• 잘못 입력된 데이터를 찾기 위해서는 우선 빈도분석을 실시해야 한다. 빈도분석의 결과를 유심히 살펴보고 잘못 입력된 데이터 값을 찾아낸다. 예를 들면, 성별에서 3은 분명히 잘못 입력된 값이다. 이러한 잘못 입력된 값과 같은 입력 오류를 찾아내는 것이다.

• 정확성을 높이기 위해서 빈도분석 결과를 검토할 때 원자료(설문지나 측정결과지)를 옆에 두고 대조해가면서 오류를 찾아 수정해야 한다.

• 빈도분석은 ID를 제외한 모든 변수를 대상으로 실시한다.

2. 입력 오류 찾기(Find)

• 잘못 입력된 데이터를 찾기 위한 아이콘은 🔍 이며 오류를 발견했을 때에는 변수와 변수값과 그 개수를 적어 놓은 것이 용이하다. 예를 들어 성별의 결과를 살펴보면 성별은 남자(1)와 여자(2)의 값만이 나와야 정상이다. 하지만 Valid 3 이 2개 나와 있는 것을 볼 수 있다. 바로 이 2개의 값이 오류를 범한 값이라 말할 수 있다.

		빈도	퍼센트	유효 퍼센트	누적 퍼센트
유효	남자	7	46.7	46.7	46.7
	여자	6	40.0	40.0	86.7
	3.00	2	13.3	13.3	100.0
	합계	15	100.0	100.0	

• 다음과 같이 표를 만들어 잘못 입력된 변수값 모두를 기록해 두는 것이 좋다. 다음의 표를 활용하면 입력 오류를 찾아 고치는 데 매우 편리하다. 만약 아래와 같이 연습용 설문지가 1번 문항에서는 2점, 나머지 문항에서는 4점 척도로 설정하였는데 1번 문항에서 3이 나왔다든지, 나머지 문항에서 5나 6이 나왔다면 이 또한 오류를 범한 값일 것이다.

설문지의 예
1. 귀하의 성별은? (   )
① 남자   ② 여자
2. 귀하의 학력은? (   )
① 중졸 이하   ② 고졸 이하   ③ 대졸 이하   ④ 대학원 이상
3. 다음의 만족도에 대하여 귀하의 생각을 응답해 주세요.
1) 회사에서 내가 담당하는 업무에 대하여 만족한다. (   )
① 매우 불만   ② 불만   ③ 보통   ④ 만족   ⑤ 매우 만족
2) 회사에서 동료들과의 생활에 만족한다. (   )
① 매우 불만   ② 불만   ③ 보통   ④ 만족   ⑤ 매우 만족

변수	잘못 입력된 값	개수	일련번호	수정될 값
성별	3	2		
학력	5	2		
3-1 업무 만족도	6	2		
3-2 동료 만족도	6	1		

· 잘못 입력된 변수값을 찾기 위한 순서를 보면 찾고자 하는 변수 문항을 클릭(click)
하여 선택을 하고, 아이콘을 클릭하거나 탑 메뉴에서 편집(Edit)으로 들어가서 찾
기(Find)로 이동하면 찾기 대화창이 나타난다. 여기에 찾고자 하는 잘못 입력된 변
수값을 입력하고 바꾸고 싶은 값을 입력한다. 그런 후 다음 찾기(Find Next)를 선
택하면 커서는 자동으로 잘못 입력된 변수값을 찾아가서 멈춘다.

경로☞ 편집 > 찾기(F) > 변수에서 데이터 찾기** > 찾을 데이터 > 다음 찾기(F)

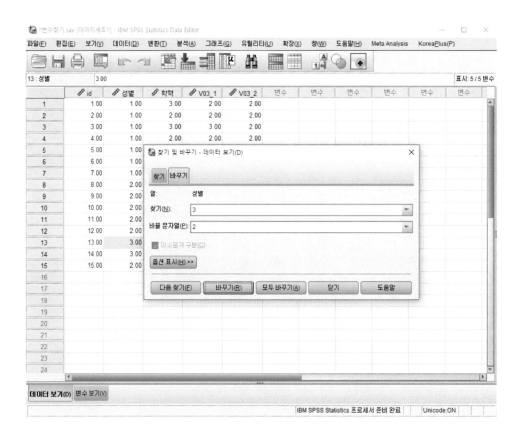

- 커서가 잘못 입력된 변수값에 가서 멈추면 잘못 입력된 변수값이 기록되어 있는 일련번호(설문지 고유번호)를 확인할 수 있다. 일련번호는 설문지에 반드시 기록해 놓아야 한다. 커서가 멈춘 변수값이 위치한 일련번호를 찾아 앞서 만들어 놓은 표에 기록한다. 그런 다음 다시 한번 다음 찾기(F)를 선택한다. 잘못 입력된 변수값이 또 있으면 그 변수값으로 이동할 것이고, 없다면 "검색문자 3을(를) 찾지 못했습니다."라는 확인이 나타난다.

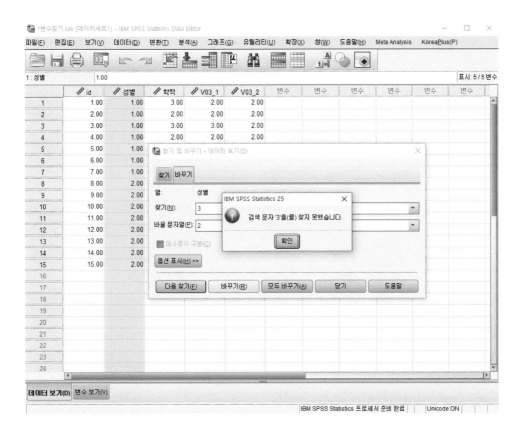

변수	잘못 입력된 값	개수	일련번호	수정될 값
성별	3	2	13	2
			14	2
학력	5	2	8	3
			12	2
3-1 업무 만족도	6	2	7	3
			13	3
3-2 동료 만족도	6	1	14	3

· 잘못 입력된 값의 일련번호 기록이 끝나면, 그 일련번호에 해당하는 설문지를 찾아, 올바른 값을 확인한 후 다시 수정된 값에 기록을 한다. 이런 방식으로 모두 찾아 기록한다.

· 일련번호 확인 후 해당 설문지를 꺼내 수정될 변수값을 모두 정리하면, 다시 잘못 입력된 변수로 돌아가 수정을 실시하고 저장한다.

· 본격적인 통계분석을 실행한다.

제8장

IBM SPSS Statistics 25의 데이터 변환

목적

데이터 변환(코딩변경(Recoding))은 원자료의 코딩 입력한 내용을 정확한 통계분석을 할 수 있는 코딩 형태로 수정 변경할 때 사용하는 방법이다. 예를 들면, 20대 이상 성인을 대상으로 스포츠 센터 만족도 조사를 실시하였다. 스포츠 센터 만족도를 위한 척도는 "매우 불만족①, 불만족②, 보통③, 만족④, 매우 만족⑤"의 5점 척도로 구성하였다. 그러나 설문지를 수거해보니 유독 "매우 불만족①"과 "매우 만족⑤" 항목이 너무 적게 분포됨을 알 수 있었다. 따라서 통계분석의 신뢰성 확보를 위해 "매우 불만족①" 항목은 "불만족②"으로 "매우 만족⑤"항목은 "만족④"으로 변경하고자 한다. 이때 사용할 수 있는 방법이 코딩변경방법이다. 이외에도 역점수로 질문한 경우 다시 원점수로 환원할 경우에도 사용할 수 있다.

---

1. 코딩 변경(Recode)의 사용방법

코딩 변경방법에는 같은 변수로 코딩변경(Recode Into Same Variables)과 다른 변수로 코딩변경(Record Into Different Variables)이 있다. 대체로 다른 변수로 코딩변경은 기존의 변수값은 그대로 남아있고 다른 변수로 코딩변경을 하나 더 만들어내기 때문에 대체로 더 편리하다.

경로 ☞ 탑 메뉴 > 변환 > 다른 변수로 코딩변경(R)

(1) 다른 변수로 코딩변경(Recode Into Different Variables)

▷ 다른 변수로 코딩변경을 하는 경우는 기존의 변수가 가지고 있는 정보가 손실되어서는 안 되는 경우에 많이 사용한다.

・변환할 변수를 우측으로 이동하여 출력변수(Output Variable)에 코딩변경을 통하여 새로 만들어낼 변수 이름, 이름(Name)과 레이블(Label)을 입력하고 변경(Change)을 마우스로 클릭한다. 예를 들면 "보통③" 항목은 그대로 두고 "매우 불만족①"은 "불만족②"으로 "매우 만족⑤"은 "만족④"으로 변경한다. 즉, 출력변수(Output Variable)에 센터만족도를 "수정센터만족도"로 설정한다. 출력변수의 이름(Name)에 "수정센터만족도"로 설정하고 설명(Label)에 수정한 센터만족도로 입력한 다음 바꾸기(Change)를 마우스로 클릭한다. 그다음 기존 값(V) 및 새로운 값(L)을 선택한다.

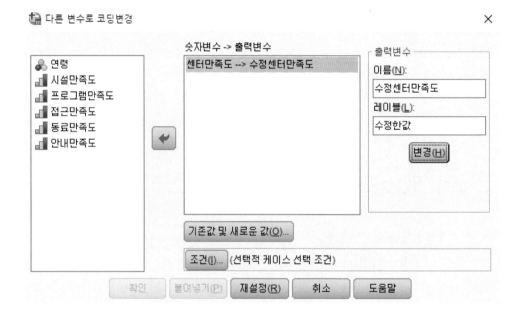

・코딩변경의 각 영역별을 살펴보면 기존 값(Old Value)과 새로운 값(New VaLue) 두 영역으로 나누어져 있다. 기존 값(Old Value)은 코딩변경 이전의 원래 변수가 가지고 있는 값을 의미하고, 새로운 값(New VaLue)은 새로 만들어질 값, 즉 코딩변경의 결과로 새로 생성될 변수의 값을 의미한다.

・성인의 스포츠 센터의 만족도를 파악하고자 설문지 조사를 실시한 결과 "매우 불만족①"과 "매우 만족⑤" 항목이 너무 적게 분포되어 각각 "불만족②"과 "만족④"

항목으로 변경하고자 한다. 이런 경우 다음과 같은 순서로 변경하면 된다. 수정할 내용이 없는 값에 "보통③" 항목은 그대로 기존 값과 새로운 값에 입력하면 된다. 그러나 변경해야 할 "매우 불만족①"과 "불만족②" 항목은 기존 값 밑에 있는 범위(N)에 ①에서(T)② 삽입하고 오른쪽 새로운 값의 기준값(L)에 ②를 삽입해서 추가(A)를 클릭한다. "매우 만족⑤"과 "만족④" 항목도 마찬가지로 실시하면 된다. 이러한 순서로 실시하면 데이터 창에 새로운 변수인 "수정센터만족도"가 생겨남을 알 수 있다. 이 척도는 기존 5점 척도에서 3점 척도로 변경되었다. "수정센터만족도"에 대한 변수 정의(데이터 편집 창)의 변수보기(Variable View)로 이동하여 정의한 후 분석을 실시하면 된다.

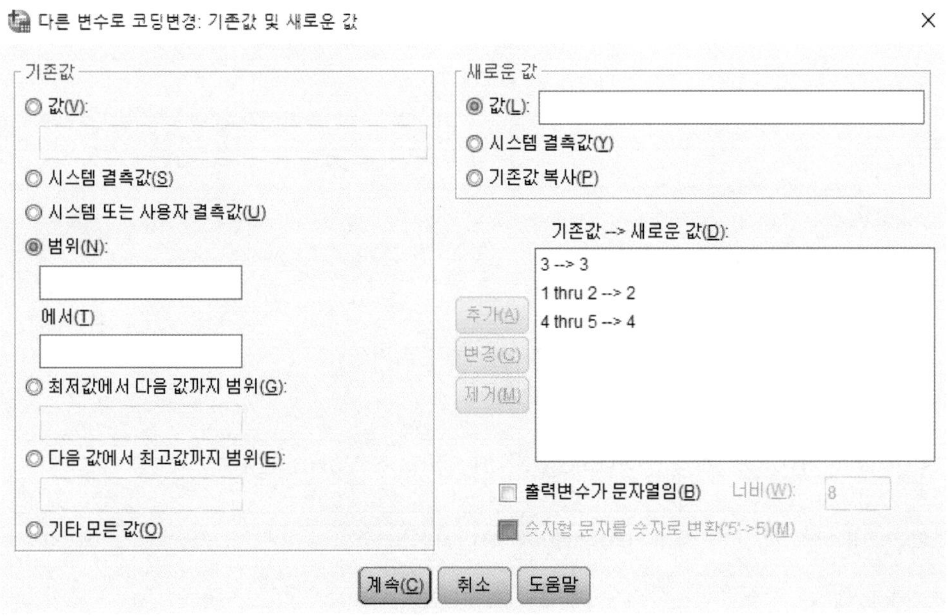

아래 그림에서는 센터만족도의 "5"로 표기한 데이터가 수정센터만족도의 "4"로 변경된 것으로 볼 수 있다. 따라서 수정센터만족도의 항목을 "불만②→①" "보통③→②" "만족④→③"의 3점 척도로 다시 변경하여야 할 것이다.

경로 ☞ **탑 메뉴 > 변환 > 같은 변수로 코딩변경(S)**

(2) 같은 변수로 코딩변경(Recode Into Same Variables)

같은 변수로 코딩 변경하기는 기존에 있던 변수값이 필요가 없는 경우 많이 사용한다. 예를 들면 스포츠 센터의 시설만족도와 프로그램만족도를 실시할 때 설문지 2번 문항의 하위문항 5개를 설정할 때 ⑤가 매우 만족이고 ①이 매우 불만족으로 정하였다. 즉, 점수가 높을수록 만족도가 높아지는 결과를 나타낸다. 이런 경우 기존의 점수를 역점수로 바꾸어 ①이 매우 만족, ⑤가 매우 불만족으로 만들 경우 점수가 높을수록 불만족도가 높다고 말할 수 있다. 이런 경우에는 기존에 있던 점수(변수값)가 필요 없어진다. 새로 바뀐 점수(변수값)만이 필요하기 때문에 같은 변수로 코딩변경이 더 쉽게 변경이 가능하다.

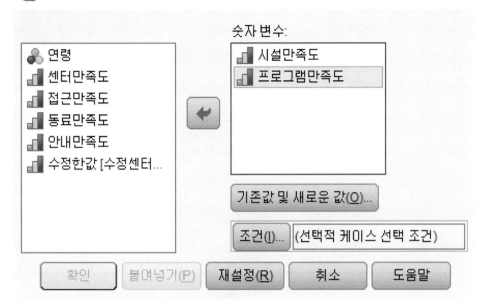

- 역점수로 바뀔 스포츠 센터의 시설만족도와 프로그램만족도 2개의 변수를 이동한 후 "**기존값 및 새로운 값(O)**"을 선택한다.

- 역점수로 변수를 바꾸려면 기존 값(Old Value) 1점은 새로운 값(New VaLue) 5점으로, 기존 값 2점은 새로운 값 4점으로 계속해서 변경하여 준다.

- 역점수로 아래 그림과 같이 모두 바꾸어 주면, 계속을 선택한 후, 확인(OK)을 클릭하면 된다. 그러면 새로 생성되는 변수는 없지만, 화면이 한 번 깜빡이면서 기존의 변수값들이 바뀌는 것을 확인할 수 있다.

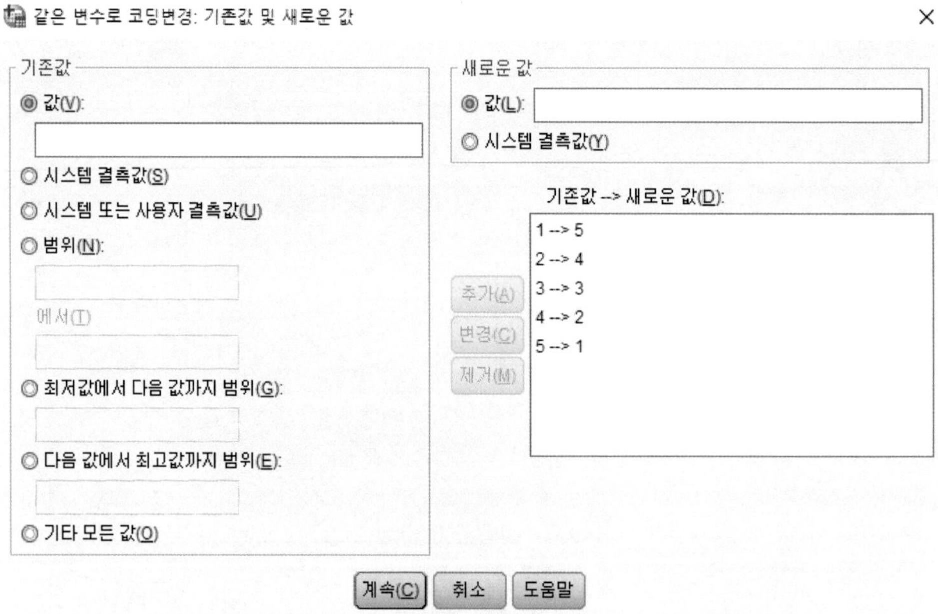

![같은 변수로 코딩변경: 기존값 및 새로운 값 대화상자]

같은 변수로 코딩변경: 기존값 및 새로운 값

기존값
- ◉ 값(V):
  [   ]
- ○ 시스템 결측값(S)
- ○ 시스템 또는 사용자 결측값(U)
- ○ 범위(N):
  [   ]
  에서(T)
  [   ]
- ○ 최저값에서 다음 값까지 범위(G):
  [   ]
- ○ 다음 값에서 최고값까지 범위(E):
  [   ]
- ○ 기타 모든 값(O)

새로운 값
- ◉ 값(L): [   ]
- ○ 시스템 결측값(Y)

기존값 --> 새로운 값(D):

1 --> 5
2 --> 4
3 --> 3
4 --> 2
5 --> 1

추가(A)
변경(C)
제거(M)

[계속(C)] [취소] [도움말]

제9장

IBM SPSS Statistics 25의 데이터 변수계산

목적

데이터 변수계산(Compute)은 계산한다는 의미로, 변수값을 변환하여 변수와 변수 간 새로운 계산을 하거나, 변수 간의 가감승제(+ - × ÷), 특정의 변수값 변경 등을 할 때 사용할 수 있다. 예를 들면, 스포츠 센터에서 실시하고 있는 "프로그램의 만족도"를 파악하고자 문항 1번부터 5번까지 조사하였다. 이 5개의 하위변수는 스포츠 센터의 "프로그램만족도"라는 하나의 변수로 만들고자 할 경우 사용할 수 있는 방법이 변수 계산(Compute Variable)이다. 물론 하위문항 5개를 스포츠 센터의 "프로그램만족도"라는 하나의 동일한 개념으로 볼 수 있는지 신뢰도 분석을 통하여 파악할 수 있다. 그러나 여기에서는 변수계산의 역할만을 다룬다.

1. 변수 계산(Compute Variable)의 사용방법

경로 ☞ **탑 메뉴 > 변환 > 변수 계산(C)**

(1) 목표변수(Target Variable)

· 우선 목표변수(Target Variable)를 입력한다. 여기에서는 "스포츠 센터의 프로그램 만족도"를 나타내는 변수 "프로그램만족도 전체"라 정하고 입력한다. 그리고 아래에 있는 유형 및 레이블(Type & Label)을 선택하여 "프로그램만족도 전체"라고 레이블(L)에 입력한다. 이때 변수 이름은 한글로 32글자까지 표현 가능하기 때문에 구체적으로 변수를 지정하여도 무방하다. 만약에 숫자 표현식(Numeric Expression)에 표현된 변수들 간의 조합을 변수 이름으로 사용하고자 할 경우 "표현식을 레이블로 사용(U)"을 선택한다.

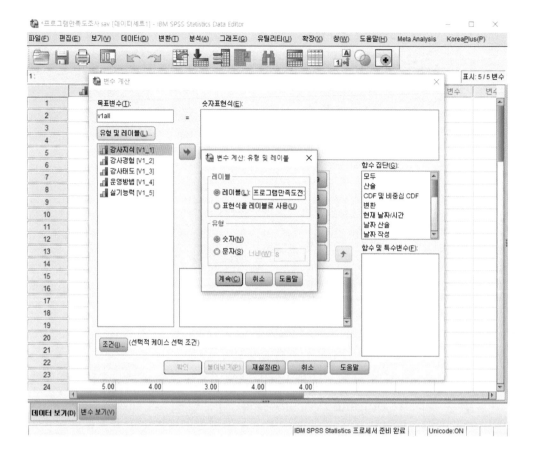

(2) 숫자 표현식(Numeric Expression)

· 목표변수를 계산하기 위한 수식을 입력한다. 예를 들면 스포츠 센터에서 실시되고 있
는 프로그램의 만족도를 나타내는 하위변수인 "강사지식(V1_1), 강사 경험(V1_2), 강
사 태도(V1_3), 운영방법(V1_4), 실기 능력(V1_5)"을 하나의 변수 "프로그램만족도
전체(V1all)"로 묶어서 만들려고 한다. 즉, 숫자 표현식(Numeric Expression)에 5개의
변수를 더하고, 이를 5로 나누어 스포츠 센터 프로그램만족도의 평균을 구하고자 하는
수식(V1_1+V1_2 +V1_3+V1_4+V1_5)/5를 입력한 후 확인(OK)을 선택하면 된다. 이
때 데이터 보기에는 "V1all"이라는 변수가 새롭게 생성된다.

(3) 변수계산 내의 If 조건문 사용

· 변수계산(Compute Variable) 내의 If 조건문은 케이스 선택(Select Cases)과 동일
한 기능을 가지고 있다. 예를 들면 스포츠 센터의 프로그램만족도 "V1all"을 만들
고자 할 때 여자는 제외하고, 남자만을 대상으로 한 변수를 만들고자 한다면 변수
계산 대화창 아래에 있는 조건을 선택하면 된다.

· ◉모든 케이스 포함(Include **All** cases)은 기본설정으로 모든 사례가 변환대상에 해
당하는 경우이고, ◉다음 조건을 만족하는 **케이스 포함(F)**은 조건식을 지정하고,
그 조건식에 맞는 경우만 변수 계산하면 된다. ◉다음 조건을 만족하는 케이스 포
함(F)을 선택한 후 빈 공간에 성별=1이라는 조건을 만들어주면 된다. 이때 주의할
점은 성별=1이 남자로 지정되어 있어야 한다.

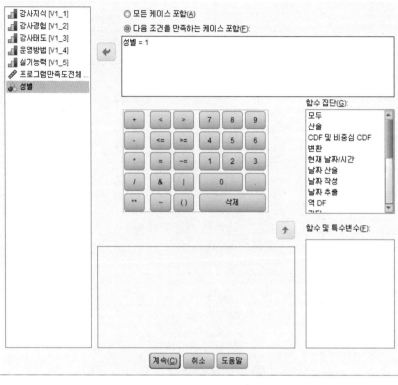

(4) 결측값을 예방할 수 있는 함수 이용

· 변수 계산으로 새로운 목표변수를 만든 경우 간혹 데이터 보기 창에 결측값으로 빈 셀이 나타나는 경우가 발생한다. 이때 너무 많은 빈 셀이 발생할 경우 통계처리가 불가능하게 될 수 있다. 이는 수식에(V1_1+V1_2+V1_3+V1_ 4+V1_5)/5 라고 입력한 경우 V1_1부터 V1_5까지 5개의 변수 모두가 입력되어 있는 때(응답자 또는 설문지)에 한해서 변수계산의 결과가 나타난다. 만약 하나의 변수라도 결측값이 있는 경우 숫자 표현식의 조건에 맞지 않음으로 그 사례 자체가 제거된다.

· 이를 해결할 수 있는 방법 중 가장 적절한 방법은 함수를 활용하는 것이다. 함수를 이용하면 (V1_1+V1_2+V1_3+V1_4+V1_5)/5의 계산을 Mean(V1_1, V1_2, V1_3, V1_4, V1_5)과 같이 설정하면 된다. 만약 5개의 변수 중 하나라도 결측값이 있는 경우 전자는 그 변수값 자체가 결측값이 되지만, 함수는 경우의 수에 따른 모든 계산을 자동으로 반복하기 때문에 결측값이 발생하지 않는다. 단, 모든 변수값이 결측값일 경우 결측값이 발생한다. 즉, 변수값이 4개가 입력되어 있다면 자동으로 4개의 변수값을 모두 더한 후 4로 자동으로 나누어 주고 변수값이 2개가 입력되어 있다면, 자동으로 2로 나누어 준다.

사용방법 (예시)
▶ **평균** 구하기 함수의 숫자 표현식
Mean(V1_1, V1_2, V1_3, V1_4, V1_5)

▶ **총합** 구하기 함수의 숫자 표현식
Sum(V1_1, V1_2, V1_3, V1_4, V1_5)

제4부

IBM SPSS Statistics 25의 활용(기초)

제10장
정규성 검정

목적

정규분포곡선(Normal Distribution Curve)은 통계이론에서 매우 중요한 의미를 가진 수학적 개념의 하나로서 통계적 모형으로 사용되는 분포곡선 중 가장 많이 사용되는 모형이다. 그리고 정규분포곡선에서의 면적은 그 값이 발생할 확률을 알려준다. 정규성 검정(Normality Test)은 모집단의 확률분포가 정규분포곡선을 따르고 있는지를 검사하는 것인데, 측정된 관측값들이 정규분포의 가정을 만족하고 있는지를 검정하는 방법이다.

대부분 정규분포의 확인은 데이터의 히스토그램과 정규분포 그래프를 통해 **대략 추정**하지만 이것을 좀 더 통계적으로 정확하게 검정해볼 필요가 있다. 정규성 검정은 일부 통계검정(예를 들면, T 검정)에서 정규분포를 가정하고 있기 때문에 정규분포를 따르지 않는다면 검정 자체가 의미가 없고 분석방법도 달리 적용해야 하므로 매우 중요한 의미를 지닌다. 따라서 **정규성 검정은 가능한 주(main) 통계분석 전에 실행하여 통계분석 결과의 신뢰성을 높이는 것이 좋다.**

1. 정규성 검정(Normality Test)의 경로

경로 ☞ 탑 메뉴 > 분석 > 기술 통계량 > 데이터 탐색(E)

	연령	신장	체중	근육량	체지방량	제지방량	체질량지수	체지방율	복부비만율	운동
1	20.20	163.20	52.40	21.50	11.60	40.80	19.70	22.10	.76	
2	22.20	165.20	65.70	24.90	19.90	45.80	24.10	30.20	.81	
3	21.20	164.10	49.30	20.20	10.40	38.90	18.30	21.10	.75	
4	20.80	172.20	55.20	23.50	11.50	43.70	18.60	20.80	.73	
5	22.50	166.20	63.70	25.60	16.70	47.00	23.10	26.30	.78	
6	20.20	160.50	49.60	19.50	11.70	37.90	19.30	23.50	.76	
7	19.90	169.40	57.60	22.00	16.00	41.60	20.10	27.70	.78	
8	19.80	167.50	54.70	21.70	13.60	41.10	19.50	24.90	.76	
9	21.20	159.30	49.10	20.00	10.50	38.60	19.30	21.40	.76	
10	20.40	163.00	51.20	20.50	11.80	39.40	19.30	23.10	.76	
11	20.70	165.50	54.60	22.00	13.10	41.50	19.90	24.00	.77	
12	20.40	170.50	60.70	23.10	17.40	43.30	20.90	28.70	.78	
13	20.70	155.70	52.20	20.30	13.20	39.00	21.50	25.20	.79	
14	21.30	169.10	54.90	23.30	11.40	43.50	19.20	20.80	.75	
15	20.40	171.20	73.70	28.90	22.00	51.70	25.10	29.80	.82	
16	20.20	169.50	61.90	27.50	12.20	49.70	21.50	19.70	.75	
17	19.90	178.50	84.10	33.20	26.00	58.10	26.40	30.90	.83	
18	21.30	157.10	54.90	19.90	16.40	38.50	22.20	29.80	.82	
19	20.20	167.60	62.10	25.10	15.90	46.20	22.10	25.70	.80	
20	20.20	165.70	59.90	24.90	14.10	45.80	21.80	23.50	.77	
21	20.40	171.70	84.00	31.50	28.40	55.60	28.50	33.90	.88	
22	20.70	168.00	55.30	23.00	12.30	43.00	19.60	22.30	.74	
23	21.20	177.00	77.80	33.00	20.00	57.80	24.80	25.70	.81	
24	20.30	164.90	49.40	18.70	12.70	36.70	18.20	25.80	.75	

정규성 검정에서 영가설은 "정규분포에 적합하다는 뜻"이며 대립가설은 자료가 "정규분포에 적합하지 않다는 것"을 의미한다.

즉, 대부분의 가설검정이 보통 대립가설을 채택하는 것이 일반적이지만 정규성 검정은 영가설을 채택하기 위한 가설이라고 할 수 있다.

① Kolmogorov-Smirnov 검정

K-S 검정은 관측값을 Z 점수로 전환한 예측값과 실제 정규분포와 비교해서 검정하는 방법인데 자료 수가 많을 때(약 2000개 이상) 사용하는 방법이다.

② Shaprio-Wilk 검정

임의표본 X_1, X_2, … X_n이 정규분포로부터 나왔는지를 검정하는 방법으로 자료 수가 작을 때(약 3개 이상) 사용하는 방법이다.

③ 히스토그램(Histogram)

분포의 형태에 관한 추정을 히스토그램의 형태로 확인하는 방법이다.

④ 줄기(Stem)와 잎(Leaf) Plot

⑤ P-P Plot

정규성 가정을 시각적으로 확인하는 과정 중 하나이며 실제 Z 점수와 예측된 Z 점수와의 비교를 통해서 확인하는 방법이다. 여기에서 예측된 Z 점수라는 것은 우리가 얻은 관측값을 z 점수로 변환한 것을 의미하며 실제 z 점수는 완전한 정규분포를 의미한다. 따라서 정규성을 가정한다면 시각적인 그래프로 그렸을 때 완벽하게 일치한 경우를 말한다.

⑥ Q-Q Plot

분포의 형태에 관한 추정으로 히스토그램이나 P-P Plot과 같은 그래프를 이용한다.

2. 정규성 검정의 실행

다음은 여자대학생들의 신체조성을 측정한 측정값들이다. 그중 체지방률과 제지방량 변수의 정규분포성을 확인하기 위하여 정규성 검정을 실시하였다.

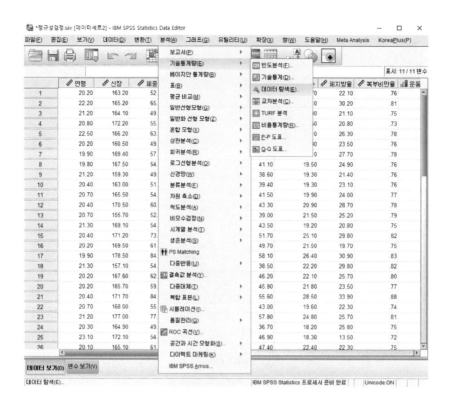

왼쪽에서 정규성 검정할 변수(측정값)를 선택을 한 후 중간의 화살표를 클릭하여 오른쪽 종속변수(D)로 보낸다. 여기에서는 여대생의 체지방률과 제지방량의 변수를 대상으로 실시하였다.

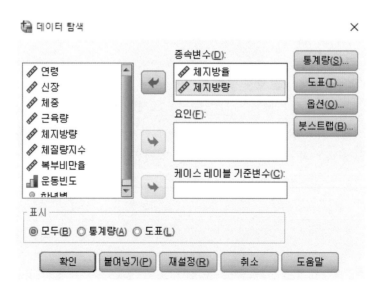

3. 정규성 검정의 선택

(1) 통계량(S)에서는 기술통계(D)를 선택한다(기본).

(2) 도표(T)에서는 기술통계에서 '줄기와 잎 그림(S)(기본)'과 히스토그램(H)을 선택한다. 그리고 상자도표에서는 '요인 수준들과 함께(F)(기본)'를 선택한다. 또한 그 아래에 있는 『검정과 함께 정규성 도표(O)』를 꼭 선택하여 준다.

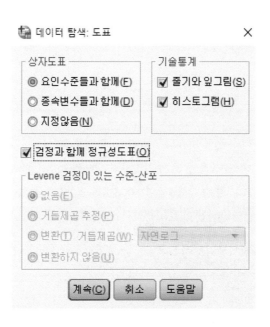

(3) 옵션(O)에서는 따로 선택할 필요는 없다.

여대생의 신체조성 측정값 중 체지방률과 제지방량 변수를 대상으로 정규성 검정을 실시하였다. 검정 결과는 다음과 같이 출력되었다.

4. 정규성 검정의 결과해설

(1) 케이스 처리 요약

케이스 처리 요약

	케이스					
	유효		결측		전체	
	N	퍼센트	N	퍼센트	N	퍼센트
체지방률	40	100.0%	0	0.0%	40	100.0%
제지방량	40	100.0%	0	0.0%	40	100.0%

여대생의 체지방률과 제지방량의 정규성 검정을 실시한 결과 사용된 데이터 개수를 나타내고 있다. 체지방률 값과 제지방량 값의 총 40개 데이터 중 유효한 개수는 40개이고 결측값은 없는 것으로 나타났다.

(2) 기술통계

여대생의 체지방률과 제지방량 값의 평균값과 중앙값, 분산, 표준편차, 범위, 왜도, 첨도 등을 나타내고 있다. 여대생의 체지방률은 평균 25.2175%를 나타냈고 표준편차는 4.08116으로 나타났다. 또한 여대생의 제지방량은 평균 43.5925kg이고 표준편차는 6.12918로 나타났다. 체지방률의 분산 값은 16.656이고 제지방량의 분산 값은 37.567로 제지방량이 더 큰 분산을 나타냈다.

기술통계

			통계량	표준화 오류
체지방율	평균		25.2175	.64529
	평균의 95% 신뢰구간	하한	23.9123	
		상한	26.5227	
	5% 절사평균		25.2278	
	중위수		25.2500	
	분산		16.656	
	표준화 편차		4.08116	
	최소값		13.50	
	최대값		33.90	
	범위		20.40	
	사분위수 범위		5.40	
	왜도		-.093	.374
	첨도		.740	.733
체지방량	평균		43.5925	.96911
	평균의 95% 신뢰구간	하한	41.6323	
		상한	45.5527	
	5% 절사평균		43.3583	
	중위수		43.1500	
	분산		37.567	
	표준화 편차		6.12918	
	최소값		32.10	
	최대값		58.10	
	범위		26.00	
	사분위수 범위		8.30	
	왜도		.603	.374
	첨도		.066	.733

(3) 정규성 검정

정규성 검정

	Kolmogorov-Smirnov[a]			Shapiro-Wilk		
	통계량	자유도	유의확률	통계량	자유도	유의확률
체지방율	.084	40	.200[*]	.976	40	.530
제지방량	.102	40	.200[*]	.963	40	.211

*. 이것은 참 유의성의 하한입니다.

a. Lilliefors 유의확률 수정

Kolmogorov-Smirnov test와 Shapiro-Wilk test의 결과를 살펴보면 체지방률 값과 제지방량 값은 유의수준 $\alpha=0.05$에서 두 검정 결과 모두 영가설을 기각할 수 없으므로 정규분포를 따른다고 볼 수 있다. **여기에서 영가설(H_0)은 "측정값은 정규분포를 이룬다."**이고 상대가설(H_a)은 "측정값은 정규분포를 이루지 않는다."이다. 따라서 체지방률과 제지방량 값 모두 정규분포를 이룬다고 결론 내릴 수 있다.

(4) 히스토그램(Histogram)

여대생의 체지방률 값과 제지방량 값의 히스토그램 결과 아래의 그림과 같이 평균값을 중심으로 값들이 가운데로 모여 있고 평균값에서 떨어질수록 작게 분포되어 있는 것을 알 수 있다. 마치 체지방률 값과 제지방량 값들이 정규분포를 나타내는 종 모양과 비슷한 형태를 나타내는 것을 알 수 있다.

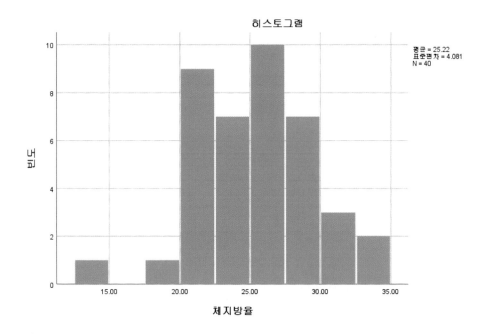

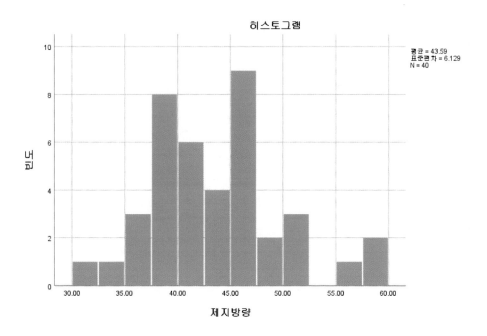

(5) 줄기(Stem)와 잎(Leaf) Plot

여대생의 체지방률 값과 제지방량 값의 줄기와 잎 그림에서도 아래의 그림과 같이
평균값을 중심으로 값들이 가운데로 모여 있고 평균값에서 떨어질수록 작게 분포되어
있는 것을 알 수 있다. 히스토그램과 다른 점은 종 모양을 우측에서 보았다는 차이점이
있다.

체지방률 줄기와 잎그림 도표

구매빈도 Stem & 잎

```
    1.00  Extremes    (=<14)
    1.00      1  .  9
   16.00      2  .  0001112223333344
   17.00      2  .  55555555667778899
    5.00      3  .  00133
```

줄기 너비: 10.00
각 잎: 1 케이스

제지방량 줄기와 잎그림 도표

구매빈도 Stem & 잎

```
    2.00      3  .  24
   11.00      3  .  56777888899
   10.00      4  .  0011113333
   11.00      4  .  55555667789
    3.00      5  .  011
    3.00      5  .  578
```

줄기 너비: 10.00
각 잎: 1 케이스

(6) P-P Plot의 해설

일반적으로 정규성 가정을 확인하는 그래프들은 포물선(종) 모양의 분포와 형태로서 확인하는 것이 대부분이지만 **P-P Plot**의 경우에는 아래와 같이 사선에 일치하는 정도로서 정규성을 확인하게 된다. 완벽한 직선의 사선과 일치하는 경우 이상적인 정규성을 나타낸다고 볼 수 있다. 따라서 여대생의 체지방률 값과 제지방량 값은 어느 정도 사선에 일치하여 정규성을 나타낸다고 볼 수 있다.

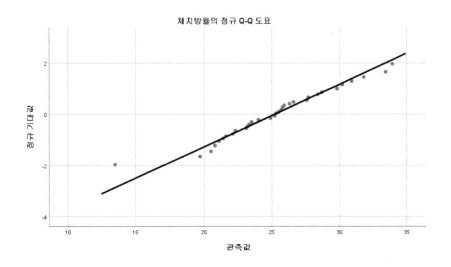

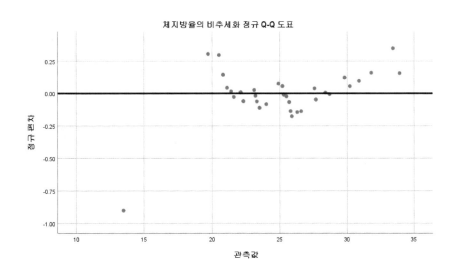

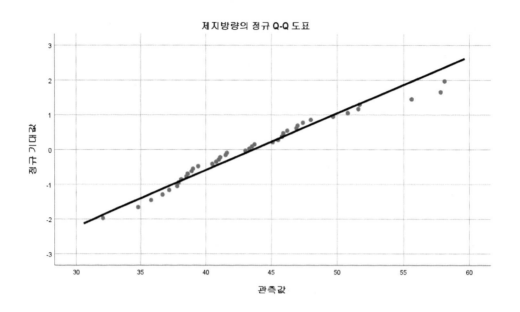

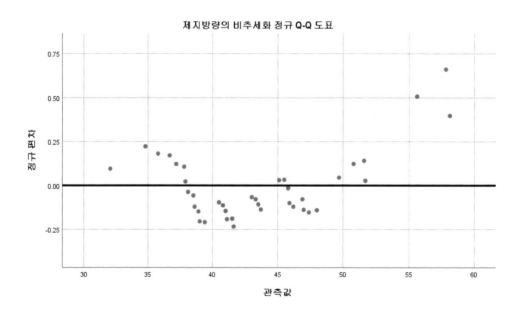

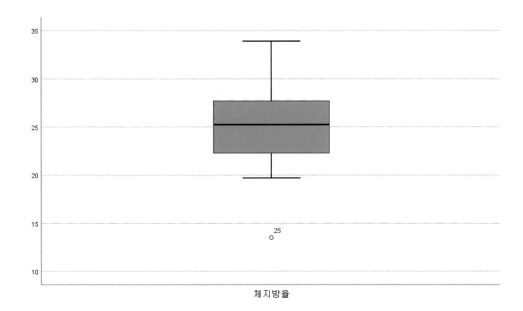

체지방율

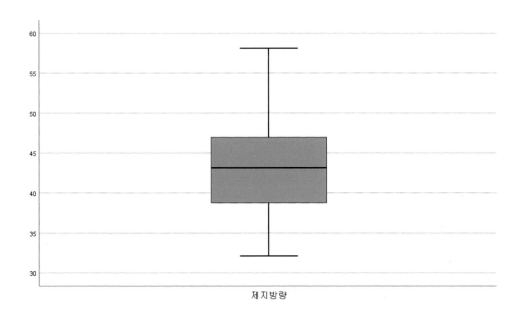

제지방량

제11장

빈도분석

목적

빈도분석은 측정결과에 대한 정보를 가장 간편하게 중요한 기초 정보를 파악할 때 사용한다. 측정결과에서 특정 측정값이 몇 명에 몇%인지 등을 알려주는 기능을 한다. 즉, 한 변수 내의 각 범주들에 속해 있는 측정값이 얼마인지를 알려주는 것(빈도)이며, 이들 각 측정값들이 전체 측정값 중에 차지하고 있는 비율(percentage, %)을 동시에 보여준다. 빈도분석은 척도에 관계없이 모든 변수에 사용할 수 있는 가장 기본이 되는 분석이다.

평균과 표준편차도 구할 수 있으며, 가장 중요한 기능은 측정 후 입력한 분산되고 체계적이지 않은 생 자료를 요약·정리하는 기능(Summarize)을 가지고 있고 코딩을 잘못 입력했을 때 입력 오류를 찾을 수 있는 기술통계의 한 방법이다.

IBM SPSS Statistics 25를 이용하여 빈도분석의 대화창에서 옵션을 선택하면 각 변수의 평균, 중앙값, 최빈값은 물론 표준편차, 최소값, 최대값 등을 구할 수 있으며, 사분편차, 첨도와 왜도까지도 구할 수 있어 매우 유용하게 사용할 수 있다. 또한 막대 도표, 히스토그램 등 다양한 도표를 그릴 수도 있으며 빈도분석과 함께 바로 다양한 도표가 나타난다.

1. 빈도분석(Frequency Analysis)의 경로

경로 ☞ 탑 메뉴 > 분석 > 기술 통계량 > 빈도분석(F)

2. 빈도분석의 실행

· 다음은 여자대학생의 신체조성을 측정하여 백분위 수 값과 중심경향 및 산포도, 분포 등을 알아보고자 한다. 이를 분석하기 위해서 다음과 같은 순서로 빈도분석을 실시하였다. 우선 빈도분석 대화상자에서 왼쪽에 있던 신체조성을 나타내는 변수들을(체지방량, 제지방량, 근육량 등) 변수(V)로 화살표를 이용하여 이동시킨다. ☑ 빈도표 표시(D)를 선택한다.

빈도분석의 옵션은 크게 통계량(**S**), 차트(**C**), 형식(**F**), 유형(**L**), 붓스트랩(**B**)의 다섯 종류가 있다.

옵션	내용
통계량(Statistics)	백분위 수 값, 중심경향, 산포도, 분포의 통계량 선택
차트(Charts)	막대 도표(**B**), 원 도표(**P**), 히스토그램(**H**), 정규곡선(정상 분포곡선)을 선택
형식(Format)	빈도분석의 결과를 변수값 또는 응답자가 많은 순서에 따라 출력하도록 선택
유형(**L**)	조건에 따라 셀 값을 기반으로 표 내에 셀 배경과 텍스트 형식을 지정할 수 있다. (표 유형)
붓스트랩(**B**)	붓스트랩 수행(**P**)

(1) 통계량(Statistics)의 내용

통계량은 크게 백분위 수 값(Percentage Values), 중심경향(Central Tendency), 산포도 (Dispersion), 분포(Distribution) 등으로 나누어져 있다. 통계량은 분석대상이 등간, 비율 척도로 된 경우에 사용할 수 있다.

① 백분위 수 값(Percentage Values)

한 집단의 분포에서 나타나는 일정한 누적 백분율에 해당하는 점수를 말한다. 즉 한 집단(측정값) 중에서 5%, 10%, 20%, 50%, 100% 등에 해당하는 변수값이 얼마인지 알려주는 기능을 한다.

백분위 수 값의 메뉴 내용
사분위 수(Quartiles)
사분편차라고도 하며, 25%, 50%, 75%에 해당하는 변수값이 얼마인지 알려준다.
절단점(CUt points for Equal groups) > 동일 크기 집단 수
사례들을 똑같은 크기의 집단으로 나누어 각 집단별 변수값이 얼마인지 알려준다. 기본값은 10%로 10개의 집단으로 나누어 각 집단의 변수값을 알려준다.
백분위 수(Percentile(s))
사용자 정의 백분(위) 수로, 1~100% 사이에 알고 싶은 %의 변수값을 알고자 할 때 사용한다. 알고 싶은 백분위 수의 값을 입력한 후 추가(Add)하면, 결과로 출력된다.

② 중심경향

중심경향(Central Tendency)은 집중경향이라고도 한다. 이는 평균과 같이 한 집단의 분포에서 나타나는 특성을 종합하고 요약하여, 그 집단의 전체적인 경향을 알려주는 통계적 방법을 말한다. 예를 들면 체력측정 집단의 연령이 20세부터 60세까지 분포되었을 때, 평균이 40세라고 하는 것과 같이 그 집단이 가지고 있는 성격을 요약해서 알려준다. 그리고 이런 결과는 '다른 집단의 연령 평균 30세보다 크다'와 같이 다른 집단과의 차이가 있는지, 없는지를 비교할 수 있는 자료가 된다.

중심경향의 메뉴 내용
평균(Mean) 산술평균, 흔히 사용하는 평균값을 말한다.
중위 수(MeDian) 중앙(中央)값, 전체 사례 중 50%에 해당하는 값
최빈값(MOde) 전체 사례 중에서 가장 빈도가 높은 값을 말한다.
합계(Sum) 각 사례 수가 가진 값을 모두 합한 값

③ 산포도

산포도(Dispersion)는 분산도라고도 한다. 한 집단의 분포가 평균과 같은 중심으로부터 어느 정도 분포(분산)되어 있는가를 알려준다. 표준편차와 분산이 매우 중요한 의미를 지닌다.

산포도의 메뉴 내용
표준화 편차(STd. Deviation) Standard Deviation, 분산의 평방근($\sqrt{}$)한 값으로 평균으로부터 개별 값의 떨어진 거리를 표준화한 값
분산(Variance) 변량이라고도 하며, 평균에서 개별값까지의 떨어진 거리(편차)의 제곱의 합을 전체 사례 수로 나눈 값으로 표준편차의 제곱(SD^2)이다. 매우 중요한 개념을 갖는다.
최소값(MInimum) 변수값 중 가장 낮은 값을 나타낸다.
최대값(MaXimum) 변수값 중 가장 높은 값을 나타낸다.
범위(RaNge) 최대값에서 최소값 사이의 거리를 나타낸다.
S.E.평균(S.E.Mean) 각 표본 평균들의 표준편차를 의미한다.

④ 사후 분포 특성화(Z)

사후 분포(Distribution) 특성화는 정상분포 곡선의 성향을 알려준다.

사후 분포 특성화의 메뉴 내용
왜도(SkeWness) 정상분포 곡선이 좌·우로 기울어졌는지 알려준다. 정상분포 곡선에서는 왜도의 값이 0을 나타낸다. 좌측으로 기울어지면 0보다 큰 값을, 우측으로 기울어지면 0보다 작은 값을 나타낸다.
첨도(Kurtosis) 정상분포 곡선이 뾰족한지 평평한지 알려준다. 정상분포 곡선에서 첨도의 값은 0이며, 뾰족하면 0보다 큰 값을, 평평하면 0보다 작은 값을 나타낸다.

(2) 도표 선택하기

빈도분석의 도표는 3가지를 선택할 수 있다. 또한 빈도에 따라 도표를 구성할 것인지, 비율(%)에 따라 도표를 구성할 것인지도 선택할 수 있다.

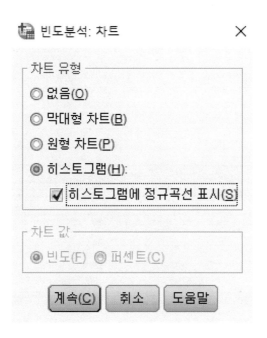

3. 빈도분석의 결과해설

(1) 통계량

빈도분석의 결과가 화면에 출력되면 통계량(Statistics)이 먼저 출력되고, 빈도분석의 결과가 이어져 나타난다. 다음은 기술 통계량 분석의 결과 중 평균을 구할 수 있는 비율척도로 된 변수들 중 일부를 나타냈다.

통계량

		연령	신장	체중	근육량	체지방량	제지방량	체질량지수	체지방율	복부비만율
N	유효	40	40	40	40	40	40	40	40	40
	결측	0	0	0	0	0	0	0	0	0
평균		21.0100	165.9300	58.5475	23.3625	14.9550	43.5925	21.1700	25.2175	.7803
중위수		21.0000	165.8500	55.5500	23.0500	13.6000	43.1500	20.9000	25.2500	.7800
최빈값		22.00	167.50	54.90	24.90	11.40[a]	45.80	19.30[a]	20.80[a]	.76
표준화 편차		.84301	5.35418	9.68869	4.15061	4.48850	6.12918	2.60268	4.08116	.03301
분산		.711	28.667	93.871	17.228	20.147	37.567	6.774	16.656	.001
왜도		.509	.013	1.129	.607	1.282	.603	.859	-.093	.855
표준화 왜도 오차		.374	.374	.374	.374	.374	.374	.374	.374	.374
첨도		-.634	-.122	1.037	.078	1.543	.066	.446	.740	1.043
표준화 첨도 오차		.733	.733	.733	.733	.733	.733	.733	.733	.733
범위		3.30	22.80	41.00	17.60	21.10	26.00	11.30	20.40	.16
백분위수	25	20.2250	163.0500	51.2500	20.0500	11.7250	38.6750	19.3000	22.3000	.7600
	50	21.0000	165.8500	55.5500	23.0500	13.6000	43.1500	20.9000	25.2500	.7800
	75	22.0000	169.8750	63.3000	25.6000	16.7000	46.9750	22.4000	27.7000	.7975

a. 여러 최빈값이 있습니다. 가장 작은 값이 나타납니다.

기술 통계량 분석의 해설

※ 여대생의 신체조성 중 근육량과 체지방률의 경우를 살펴보자.

N
통계분석에 사용된 측정자 수를 말한다. 유효는 유효한 측정자 수를 결측은 결측자 수를 나타낸다. 모든 변수에서 결측값이 없다.

평균
측정자 평균 근육량은 23.36kg이고 평균 체지방률은 25.22%이다.

중위 수(값)
근육량 23.05kg이 전체 근육량의 50%에 해당하는 중앙에 위치한 값이다(중앙값). 또한 체지방률 25.25%도 전체 체지방률 50%에 해당한다.

최빈값
근육량의 최빈값은 24.90kg이고 체지방률의 최빈값은 20.80[a]%이다([a]=최빈값이 여러 개이고 그중 가장 작은 값이 나타났다).

표준화 편차
근육량은 4.15kg이고 체지방률은 4.08%이다.

기술 통계량 분석의 해설			

분산
근육량은 17.23kg이고 체지방률은 16.66%이다.

왜도
근육량의 왜도는 0.61이고 체지방률은 -0.09이다. 즉 근육량은 정상분포 곡선이 좌측으로 체지방률은 정상분포 곡선이 우측으로 기울어져 있다.

표준화 왜도 오차
근육량과 체지방률의 표준화 왜도 오차는 0.374이다.

첨도
근육량의 첨도는 0.08이고 체지방률은 0.74이다. 즉 근육량과 체지방률의 정상분포 곡선이 모두 뾰족한 형태를 나타낸다.

표준화 첨도 오차
근육량과 체지방률의 표준화 첨도 오차는 0.733이다.

범위
최소값과 최대값 사이의 거리를 말한다. 즉 근육량은 17.60이고 체지방률은 20.40이다.

백분위 수
사분편차의 값을 나타낸다. 측정된 근육량 중에서 아래에서부터 25%에 해당하는 값은 20.05kg이며, 50%에 해당하는 값은 23.05kg, 75%에 해당하는 값은 25.60kg이다. 75%는 상위 25%와 동일한 개념이다.

a
여러 개의 값이 동시에 존재할 경우, 가장 낮은 변수값을 보여준다.

(2) 빈도분석

운동빈도

		빈도	퍼센트	유효 퍼센트	누적 퍼센트
유효	주 0회	8	20.0	20.0	20.0
	주 2회	9	22.5	22.5	42.5
	주 4회	13	32.5	32.5	75.0
	주 6회이상	10	25.0	25.0	100.0
	전체	40	100.0	100.0	

일주일에 운동한 횟수를 조사하여 빈도 분석한 결과 결측값에 해당하는 응답자는 1명도 없으며 유효 값에 해당하는 응답자는 총 40명임을 알 수 있다. 일주일에 운동한 횟수(운동빈도)의 **빈도**는 주 0회에서부터 주 6회 이상까지 조사되었으며 주당 4회 이상으로 답한 응답자가 가장 많이 분포되어 있는 것으로 알 수 있다.

퍼센트는 총 응답자 수에 대한 각 변수값의 응답자 비율을 말한다. 운동빈도의 경우 40명이 100%이므로 주 4회에 해당하는 인원은 13명이고 32.5%에 해당한다는 것을 알 수 있고 두 번째로 주 6회 이상으로 10명이 분포되어 있으며 25%에 해당하는 것으로 알 수 있다.

유효 퍼센트는 결측값이 없을 때 퍼센트와 유효 퍼센트는 동일하게 나타나지만, 결측값이 있을 때 결측값을 제외한 나머지만을 가지고 다시 백분율을 나타낸다.

누적 퍼센트는 유효 퍼센트의 누적 비율을 말한다. 누적 퍼센트는 대부분 서열척도 이상에서만 의미를 가지므로 유의해야 한다.

(3) 막대 도표와 히스토그램

히스토그램의 경우 정규분포곡선을 같이 나타내는 옵션을 선택하였다.

다음은 여대생의 신체조성 중 근육량에 대한 막대 도표와 히스토그램을 제시하였다.

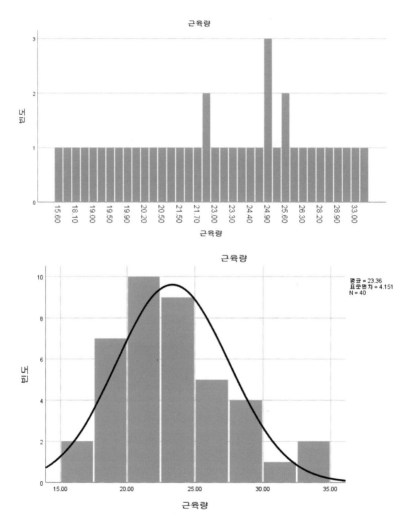

제12장

기술통계

목적

평균과 표준편차는 등간 · 비율척도의 정보를 가장 잘 요약해주는 기능이 있다. 다시 말해 어떤 조사에서 "S 고등학교 3학년 최우수반의 영어 평균성적은 72점이다"라고 한다면 이해하기 쉬울 것이다. 물론 이런 기능은 기초적이기는 하지만 매우 중요하다고 할 수 있다. 또한 기술통계 분석을 통하여 정규분포성을 검정할 수도 있으며, 각 변수값들을 표준화할 수 있다. 이 표준화된 값은 하나의 변수로 데이터 창에 저장할 수도 있다. 기술통계분석의 경우 빈도분석과 비슷하지만, 주로 사용 척도에 따라서 약간의 차이가 있다. 빈도분석의 경우 명목변수나 서열변수와 같은 이산적(Discrete) 데이터를 분석할 때 사용하지만, 기술통계분석의 경우 주로 등간변수와 비율변수와 같은 연속적(Continuous) 데이터를 분석할 때 주로 사용된다.

1. 기술통계(Descriptive Analysis)의 경로

경로 ☞ 탑 메뉴 > 분석 > 기술 통계량 > 기술통계(D)

2. 기술통계의 실행

기술통계(<u>D</u>)를 마우스로 클릭(Click)하면 기술통계 대화창이 나타나고, 대화상자에서 기술통계분석을 실행할 변수들의 옵션(<u>O</u>)을 선택한다. 기술통계분석을 실행할 변수들은 등간, 비율척도로 평균을 구할 수 있는 변수들이어야 한다. 즉, 성별이나 학력, 직위 등은 명목, 서열척도이므로 평균을 구하는 것이 큰 의미가 없으나 연령, 신장, 체지방률 등은 모두 평균을 구할 수 있는 변수들이므로 기술통계분석을 실시할 수 있다. 다음은 여자대학생의 신체조성을 측정한 측정값으로 기술통계분석을 실시하였다.

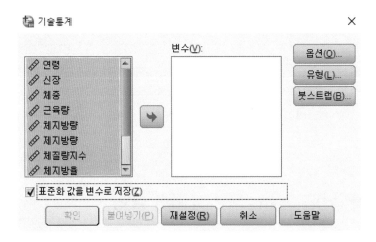

기술통계 대화상자의 왼쪽에 있는 측정변수를 선택한 후 중간에 화살표를 이용하여 변수(<u>V</u>) 오른쪽으로 보낸다.

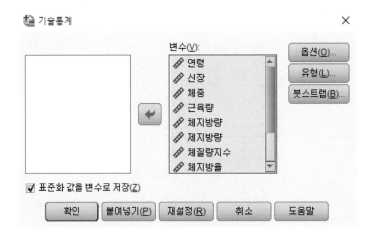

이때 표준점수(Z)를 파악하고자 할 때 아래에 위치한 『□표준화 값을 변수로 저장 (Z)』을 선택한다.

3. 기술통계의 옵션

옵션의 내용을 살펴보면 다음과 같다. 빈도분석(제11장)에서 설명된 내용은 제외하였다.

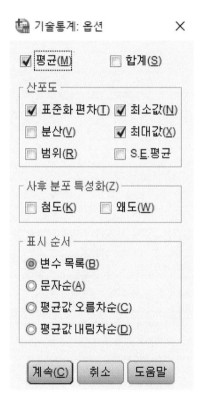

(1) 평균(Mean)과 합계(Sum)(해설 제11장 빈도분석 참조)

· 산술평균(Mean)

· 합계(Sum)

(2) 산포도, 분산도(Dispersion)(해설 제11장 빈도분석 참조)

한 집단의 분포가 평균 같은 중심으로부터 어느 정도 분산되어 있는가를 알려준다.
표준편차와 분산(변량)이 가장 중요하며, 빈도분석을 참조하기 바람.

· 표준화 편차(Std. deviation)

· 분산(변량)(Variance)

· 최소값(Minimum)

· 최대값(Maximum)

· 범위(Range)

· S.E. 평균(S.E. mean)

(3) 사후 분포 특성화(Z)(Distribution) (해설 제11장 빈도분석 참조)

사후 분포 특성화는 정상분포 곡선의 성향을 알려준다.

· 첨도(Kurtosis)

· 왜도(Skewness)

(4) 표시 순서(Display Order)

결과출력순서의 메뉴 내용
변수목록(VariaBle list)
변수들이 배열된 순서로 결과가 출력
문자 순(Alphabetic)
변수들이 알파벳 순으로 배열되어 출력
평균값 오름차순(AeCending means)
평균값이 오름차순으로 변수가 배열출력
평균값 내림차순(Descending means)
평균값이 내림차순으로 변수가 배열출력

4. 기술통계 분석의 결과해설

(1) 기술 통계량

선택한 모든 변수에 대한 측정자 수 또는 분석대상의 개수(N), 최소값, 최대값, 평균, 표준편차가 각각 얼마인지 보여준다. 예를 들면 측정된 체질량지수(BMI)는 총 40개다. 최소값은 17.20, 최대값은 28.50이다. 평균 체질량지수는 21.17이고 표준편차는 2.60이다. 또한 복부비만율도 총 40개고 최소값은 0.72, 최대값은 0.88이다. 평균 복부 비만율(WHR) 값은 0.78이고 표준편차는 0.33이다.

기술동계량

	N	최소값	최대값	평균	표준편차
연령	40	19.80	23.10	21.0100	.84301
신장	40	155.70	178.50	165.9300	5.35418
체중	40	43.10	84.10	58.5475	9.68869
근육량	40	15.60	33.20	23.3625	4.15061
체지방량	40	7.30	28.40	14.9550	4.48850
체지방량	40	32.10	58.10	43.5925	6.12918
체질량지수	40	17.20	28.50	21.1700	2.60268
체지방율	40	13.50	33.90	25.2175	4.08116
복부비만율	40	.72	.88	.7803	.03301
운동빈도	40	1.00	4.00	2.6250	1.07864
학년별	40	1.00	2.00	1.5000	.50637
유효 N(목록별)	40				

(2) 표준화된 값을 변수로 저장

기술통계분석은 옵션 중 『☐표준화 값을 변수로 저장(Z)』을 선택하면, 통계분석이
실행된 이후에 다음과 같이 데이터 창에 표준화된 값이 변수로 저장된 것이 나타난다.

· 표준화된 값이 변수로 저장된다. 연령의 경우 Z 연령으로 앞에 Z가 붙어서 표준화
  된 변수라는 것을 알려주며 저장된다. 또한 개별 값의 경우 평균이 0이므로, 0보다
  큰 값인지, 작은 값인지에 따라 각 개별 값이 평균보다 큰 값인지 작은 값인지도
  알 수 있다.

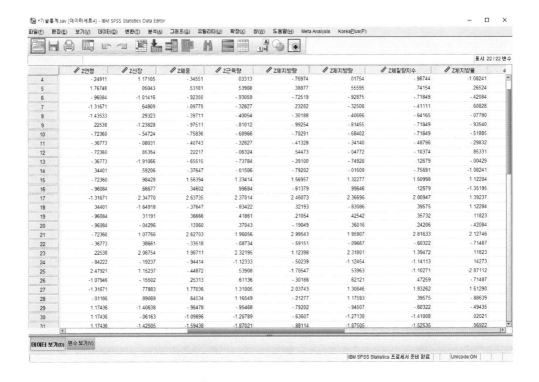

제13장

교차분석

목적

빈도분석은 하나의 변수에 대한 빈도와 비율(%)을 알 수 있었지만 교차분석은 두 개의 변수를 동시에 교차 (Cross)하는 교차표로 만들어 각각에 해당하는 빈도와 비율의 경우의 수까지 모두 구할 수 있다. 예를 들면, 성별에 따라 회사의 만족도를 구한다면 성별이 남자인 경우의 회사의 만족도 빈도와 비율, 성별이 여자인 경우의 회사의 만족도 빈도와 비율, 여자이면서 동시에 회사의 만족도가 높은 사람의 빈도와 비율 등을 모두 구할 수 있다.

---

1. 교차분석(Cross-tabulation Analysis)의 경로

경로 ☞ 탑 메뉴 > 분석 > 기술 통계량 > 교차분석(C)

다음은 성별에 따른 회사의 만족도를 조사하여 교차분석을 실시하였다.

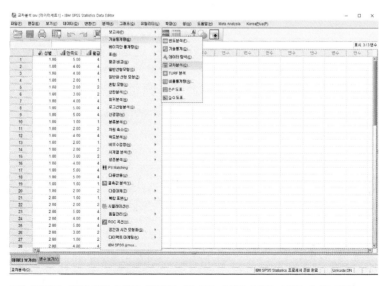

코딩 부연설명: 성별(1-남자, 2-여자), 만족도(1-매우 불만, 2-불만, 3-보통, 4-만족, 5-매우 만족)

2. 교차분석의 실행

(1) 변수의 이동

교차분석의 변수를 이동하는데 보통 행(W)에는 종속변수를, 열(C)에는 독립변수를 보낸다. 그러나 교차분석에서는 비교할 두 변수는 꼭 인과관계(독립변수와 종속변수)의 관계가 아니어도 상관은 없다. 그리고 행이나 열에는 여러 개의 변수를 보낼 수 있으며, 모두 한 번에 통계처리 할 수 있다.

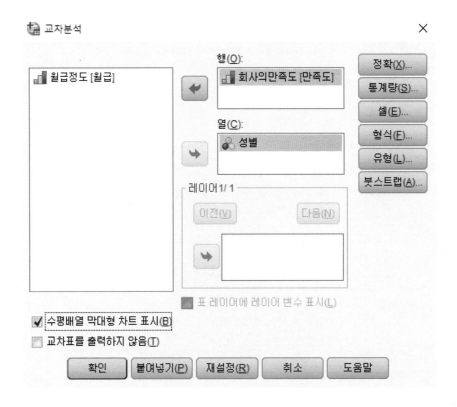

예를 들면 성별에 따른 회사의 만족도를 분석하기 위해서 열(C)에는 독립변수 성별을 화살표를 눌러 삽입하고 행(W)에는 종속변수 만족도를 삽입한다. 또는 월급이 회사에 만족도에 미치는 영향을 파악하고자 할 때에도 같은 방법을 사용할 수 있다. 『□**수평 누적 막대 도표 출력(B)**』 선택하여 교차분석을 실시할 경우 수평 누적 막대 도표가 자동으로 출력된다.

교차분석의 옵션 내용
수평 배열 막대형 차트 표시(B)
열(Column)에 있는 변수를 독립변수(기준)로 하고, 행(O)에 있는 변수의 수평 누적 막대 도표를 출력해 준다.
교차표를 출력하지 않음(T)
교차분석표가 출력되지 않는다. 각종 통계량만 구할 때 편리하다.
정확(X)
계산상의 한계를 사용할 수 있는 경우 Monte carlo 방법 대신에 정확한 방법을 사용한다.
통계량(S)
카이제곱(χ^2), 상관관계 등 각종 통계량을 구한다.
셀(E)
교차분석표의 각 셀에 출력될 빈도와 기대빈도, 행·열·전체비율을 선택하는 옵션이다.
형식(F)
행(W)에 출력되는 비율의 순서를 오름차순, 내림차순으로 정리한다.
유형(L)
조건에 따라 셀 값을 기반으로 표 내에 셀 배경과 텍스트의 형식을 지정한다.
붓스트랩(A) 분포 무관 검정법(Distribution-free test)을 이용하여 분석모델 데이터의 안정성을 검정한다.

(2) 셀(E)의 선택

셀(Cell, E)의 옵션에서 주의할 점은 백분율(Percentage)이다. 여기에서는 각 셀에 출력되는 퍼센트를 볼 수 있다. 빈도의 관측빈도(O) 등을 활용하는 경우도 있으며 카이제곱의 가설검정에서 사용하는 옵션이다.

(3) 셀(E)의 옵션

셀(Cell)의 옵션으로 빈도(Counts), 백분율/퍼센트(Percentages), 잔차(Residuals) 가 있다. 구체적인 내용은 다음과 같다.

① 빈도(Counts)

· **관측빈도(O)** : 교차분석에 이용된 빈도수(응답자 수)로 기본 설정되어 있다.

· **기대빈도(E)** : 영가설에 적합하게 기대되는 빈도를 말한다.

· **낮은 빈도 숨기기(H)**

② 백분율/퍼센트(Percentages)

· **행(R)** : 행의 백분율, 교차분석 시 가로로 합계가 100% 됨

· **열(C)** : 열의 백분율, 교차분석 시 세로로 합계가 100% 됨

· **전체(T)** : 전체 빈도 대비 각 셀의 백분율의 출력한다.

③ 잔차(Residuals)

· **비표준화(U)** : 표준화되지 않은 잔차

· **표준화(S)** : 표준화된 잔차

· **수정된 표준화(A)** : 수정되고 표준화된 잔차

④ 정수가 아닌 가중 값(Noninteger Weights)

· **셀 수 반올림(N)** : 셀 내 빈도가 소수점 이하일 경우 반올림한다.

·셀 수 절삭(**L**) : 셀 내 빈도가 소수점 이하일 경우 절삭한다.

·케이스 가중값 반올림(**W**) : 케이스(응답자) 가중값 반올림한다.

·케이스 가중값 절삭(**H**) : 케이스(응답자) 가중값 절삭한다.

·수정 없음(**M**)

3. 교차분석의 결과해설

(1) 케이스처리요약

교차분석을 실행하면 교차분석의 진행내용 중 유의미한 빈도(응답자)가 얼마인지, 결측값이 얼마인지 알려주는 요약표가 처음 출력된다.

케이스 처리 요약

	케이스					
	유효		결측		전체	
	N	퍼센트	N	퍼센트	N	퍼센트
회사의만족도 * 성별	40	100.0%	0	0.0%	40	100.0%

(2) 교차분석표

표의 왼쪽 세로축에는 행으로 옮겼던 변수인 『회사의 만족도』가 있다. 표의 위쪽 가로축에는 열로 옮겼던 변수인 『성별』이 있다. 표의 아래쪽과 오른쪽에는 합계가 있다.

회사의만족도 * 성별 교차표

			성별		전체
			남자	여자	전체
회사의만족도	매우불만	빈도	2	3	5
		기대빈도	2.5	2.5	5.0
		회사의만족도 중 %	40.0%	60.0%	100.0%
		성별 중 %	10.0%	15.0%	12.5%
		전체 중 %	5.0%	7.5%	12.5%
	불만	빈도	6	4	10
		기대빈도	5.0	5.0	10.0
		회사의만족도 중 %	60.0%	40.0%	100.0%
		성별 중 %	30.0%	20.0%	25.0%
		전체 중 %	15.0%	10.0%	25.0%
	보통	빈도	2	4	6
		기대빈도	3.0	3.0	6.0
		회사의만족도 중 %	33.3%	66.7%	100.0%
		성별 중 %	10.0%	20.0%	15.0%
		전체 중 %	5.0%	10.0%	15.0%
	만족	빈도	5	4	9
		기대빈도	4.5	4.5	9.0
		회사의만족도 중 %	55.6%	44.4%	100.0%
		성별 중 %	25.0%	20.0%	22.5%
		전체 중 %	12.5%	10.0%	22.5%
	매우만족	빈도	5	5	10
		기대빈도	5.0	5.0	10.0
		회사의만족도 중 %	50.0%	50.0%	100.0%
		성별 중 %	25.0%	25.0%	25.0%
		전체 중 %	12.5%	12.5%	25.0%
전체		빈도	20	20	40
		기대빈도	20.0	20.0	40.0
		회사의만족도 중 %	50.0%	50.0%	100.0%
		성별 중 %	100.0%	100.0%	100.0%
		전체 중 %	50.0%	50.0%	100.0%

① 회사의 만족도

회사의 만족도는 **매우 불만**인 사람은 모두 5명이며, 12.5%이다. 전체 응답자 40명 중 5명이다. 회사의 만족도가 불만인 사람은 10명으로 25%, 보통인 사람은 6명으로 15%, 만족인 사람은 9명으로 22.5% 그리고 매우만족인 사람은 10명으로 25%이다. 성별은 남자인 경우는 20명으로 전체 40명의 50%에 해당한다. 표의 아래쪽 합계를 보면 알 수 있다.

② 빈도

각각 응답한 빈도(인원수)가 얼마인지 알려준다. 남자이면서 만족도가 매우 불만인 사람은 2명, 여자이면서 만족도가 매우 불만인 사람은 3명 등 각 셀(Cell)에 해당하는 인원수가 몇 명인지 알려준다.

③ 기대빈도

영가설이 기대되는 빈도를 알려준다. 즉, 불만 10명 중 남자 5명과 여자 5명으로 구성되어야 차이가 없고 영가설이 수렴될 수 있다는 것을 알려준다.

④ 회사의 만족도 중 %

셀에서 행(R)을 선택한 경우 만족도의 % 라는 결과가 출력된다. 여기에서는 매우불만, 불만, 보통, 만족, 매우만족의 가로로만 보면 된다. 매우불만인 사람들을 보면 5명이다. 이 중에서 남자가 2명이며, 전체 5명 중에서 40%이다. 여자는 3명, 60%로 이 둘을 합하면(가로로 모두 합하면) 100%가 된다. 합계에 100.0%를 확인하면 된다. 다른 것도 같은방식으로 해석하면 된다.

⑤ 성별 중 %

셀에서 열(Column)을 선택한 경우 성별 중 % 라는 결과가 출력된다. 여기에서는 남자, 여자의 세로로만 보면 된다. 남자를 보면 모두 20명이다. 이 중에서 매우불만인 사람은 2명으로 20명 중 10%이다. 남자 중 불만인 사람은 6명이며 30.0%, 보통인 사람은 2명이며 10.0%, 만족인 사람은 5명이며 25%, 매우만족인 사람도 5명이며 25.0%이다.

이를 모두 합하면 20명에 100%임을 알 수 있다.

⑥ 전체 %

셀(Cell)에서 합계(Total)를 선택한 경우 전체 % 라는 결과가 출력된다. 여기에서는 남자이면서 동시에 매우불만인 사람은 2명이다. 전체 응답자 40명 중에서 2명은 5.0%이다. 여자이면서 동시에 매우불만인 사람은 3명이다. 40명 중에서 3명은 7.5%이다.

(3) 수평 배열 막대형 차트

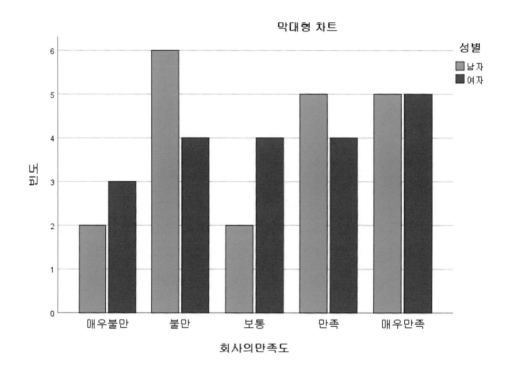

4. 세 변수 이상의 교차분석

만약에 성별, 월급 정도에 따라 회사의 만족도 분포를 교차분석하고 싶다면 다음과 같이 실시하면 된다. 대화창 중에서 이전(V)『레이어 1/1』다음(N)이라고 되어있는 부분을 사용한다. 그리고 다음과 같이 화살표를 이용하여 삽입하면 된다. 이때 통제변수와 독립변수, 종속변수, 매개변수 등에 대한 이해를 충분히 인지하고 실시하는 것이 좋다.

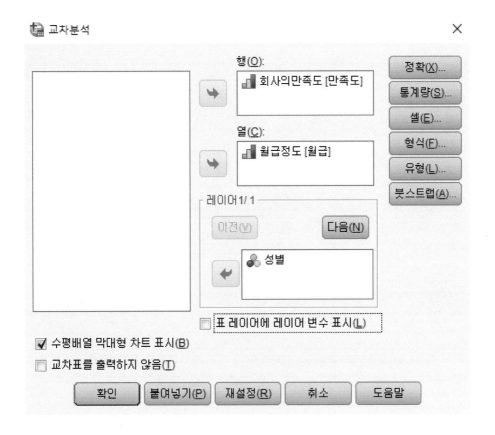

회사의 만족도 * 월급 정도 * 성별 교차표는 아래의 출력 결과 형식으로 나타난다.

| 케이스 | | | | | | |
| | 유효 | | 결측 | | 전체 | |
	N	퍼센트	N	퍼센트	N	퍼센트
회사의만족도 * 월급정도 * 성별	40	100.0%	0	0.0%	40	100.0%

회사의만족도 * 월급정도 * 성별 교차표

| 성별 | | | | 월급정도 | | | | |
				100만원미만	150만원미만	200만원미만	200만원이상	전체
남자	회사의만족도	매우불만	빈도	2	0		0	2
			기대빈도	.4	.6		1.0	2.0
			회사의만족도 중 %	100.0%	0.0%		0.0%	100.0%
			월급정도 중 %	50.0%	0.0%		0.0%	10.0%
			전체 중 %	10.0%	0.0%		0.0%	10.0%
		불만	빈도	2	4		0	6
			기대빈도	1.2	1.8		3.0	6.0
			회사의만족도 중 %	33.3%	66.7%		0.0%	100.0%
			월급정도 중 %	50.0%	66.7%		0.0%	30.0%
			전체 중 %	10.0%	20.0%		0.0%	30.0%
		보통	빈도	0	2		0	2
			기대빈도	.4	.6		1.0	2.0
			회사의만족도 중 %	0.0%	100.0%		0.0%	100.0%
			월급정도 중 %	0.0%	33.3%		0.0%	10.0%
			전체 중 %	0.0%	10.0%		0.0%	10.0%
		만족	빈도	0	0		5	5
			기대빈도	1.0	1.5		2.5	5.0
			회사의만족도 중 %	0.0%	0.0%		100.0%	100.0%
			월급정도 중 %	0.0%	0.0%		50.0%	25.0%
			전체 중 %	0.0%	0.0%		25.0%	25.0%
		매우만족	빈도	0	0		5	5
			기대빈도	1.0	1.5		2.5	5.0
			회사의만족도 중 %	0.0%	0.0%		100.0%	100.0%
			월급정도 중 %	0.0%	0.0%		50.0%	25.0%

제14장

집단별 평균분석

목적

독립변수의 각 항목별로 종속변수의 평균이 얼마인지 알 수 있다. 예를 들면 여대생 1학년(20명)과 4학년(20명)을 대상으로 신체조성을 측정한 결과 1학년 여대생의 체지방률(%fat)과 4학년 여대생의 체지방률(%fat)의 평균과 표준편차 값을 분석한 것이다. 즉, 1학년 여대생의 평균 체지방률과 표준편차는 얼마이고, 4학년 여대생의 평균 체지방률과 표준편차는 얼마인지를 동시에 한 결과로 알아보는 것이다. 물론 학년에 따라 체지방률의 평균의 차이가 모집단의 평균 차이인지 아닌지 가설검정을 하는 것은 t 검정(t-test) 또는 ANOVA(분산분석) 등의 통계 방법을 통하여 알아낼 수 있다.

1. 집단별 평균분석의 경로

경로 ☞ 탑 메뉴 > 분석 > 평균비교 > 평균분석(**M**)

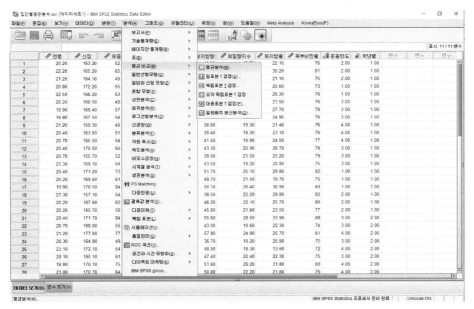

1-1. 집단별 평균분석의 실행

독립변수의 각 집단별로 종속변수의 평균을 비교해보자. 학년별(독립변수), 즉 학년별로 체지방률(종속변수)의 평균이 얼마인지 알아보도록 하자. 독립변수에 학년별을 이동하고, 종속변수(D)에 체지방률을 이동한다.

옵션(O)은 구하고자 하는 통계 종류를 오른쪽으로 이동시키면 된다. 여기에서는 평균과 케이스 수, 그리고 표준편차가 기본 옵션으로 선택되어 있다.

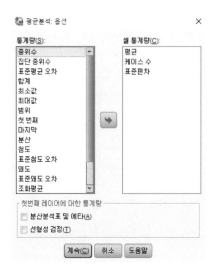

1-2. 집단별 평균분석의 결과해설

(1) 케이스 처리요약

통계분석에 사용된 사례 수와 결측값을 알려준다.

케이스 처리 요약

	케이스					
	포함		제외		전체	
	N	퍼센트	N	퍼센트	N	퍼센트
체지방율 * 학년별	40	100.0%	0	0.0%	40	100.0%

(2) 보고서

표 위에 "체지방률"이라고 표시된 것은 종속변수(평균을 구하는 변수)가 체지방률이
란 것으로 알려주고 있으며 표 안의 학년별은 독립변수가 학년별임을 알 수 있다. 1학
년의 경우 평균 체지방률이 24.96%이고 표준편차가 3.56이며 사례 수가 20명임을 알
수 있다. 4학년의 경우 평균 체지방률이 25.48%이고 표준편차가 4.63이며 사례 수가
20명임을 알 수 있다. 4학년이 1학년보다 약간 높은 체지방률을 나타냈다.

보고서

체지방율

학년별	평균	N	표준편차
1학년	24.9600	20	3.55534
4학년	25.4750	20	4.62691
전체	25.2175	40	4.08116

2. 데이터 탐색을 활용한 평균비교

경로 ☞ 탑 메뉴 > 분석 > 기술 통계량 > 데이터 탐색(E)

데이터 탐색은 그래프와 함께 평균을 비교할 수 있는 유용한 메뉴이다.

2-1. 데이터 탐색의 실행

독립변수의 각 학년별로 종속변수의 평균, 95% 신뢰구간, 중앙값, 변량, 표준편차, 첨도와 왜도 등의 정보를 한눈에 볼 수 있으며, 상자도표(Boxplot)를 통해 두 집단의 평균과 표준편차를 바로 비교할 수 있다.

요인(Factor List, 독립변수)에 명목, 서열척도로 된 독립변수인 학년별을 종속변수 (Dependent List)에 등간 비율척도로 된 종속변수인 체지방률을 보낸 후 확인(OK)을 누르면 된다. 표시(Display)는 통계량(StAtistics)과 도표(PLot) 중 하나를 선택할 수 있으며 대화창 아래쪽의 기본 값은 모두(B)이다.

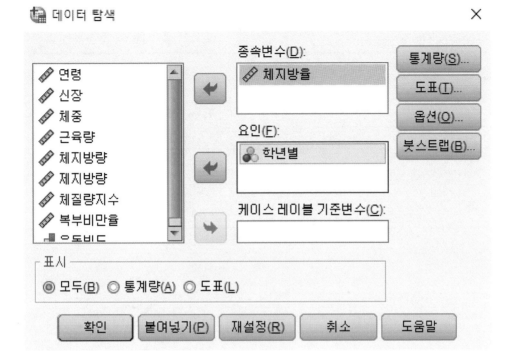

2-2. 데이터 탐색 분석의 결과해설

(1) 기술통계

체지방률에 대한 학년별 각각 평균을 포함한 기술 통계량의 정보들이 정리되어 있다. 1학년의 경우 체지방률의 평균(Mean)은 24.96%이고 평균의 95% 신뢰구간(95% Confidence Interval for Mean)은 모집단의 분포에서 23.30부터 26.62까지일 확률이 95%라는 의미이다. 5% 절삭 평균(5% Trimmed Mean)은 신뢰구간 밖에 있는 5% 극단 값을 삭제하고 수정된 평균으로 24.92%이다.

기술통계

학년별				통계량	표준화 오류
체지방율	1학년	평균		24.9600	.79500
		평균의 95% 신뢰구간	하한	23.2961	
			상한	26.6239	
		5% 절사평균		24.9222	
		중위수		24.4500	
		분산		12.640	
		표준화 편차		3.55534	
		최소값		19.70	
		최대값		30.90	
		범위		11.20	
		사분위수 범위		6.88	
		왜도		.295	.512
		첨도		-1.194	.992
	4학년	평균		25.4750	1.03461
		평균의 95% 신뢰구간	하한	23.3095	
			상한	27.6405	
		5% 절사평균		25.6722	
		중위수		25.6000	
		분산		21.408	
		표준화 편차		4.62691	
		최소값		13.50	
		최대값		33.90	
		범위		20.40	
		사분위수 범위		5.15	
		왜도		-.348	.512
		첨도		1.561	.992

중앙값(중위 수, Median)은 분포 중 중앙에 위한 값으로 **24.45%**로 나타났다. 분산(변량, Variance)은 **12.64**이고 표준편차(SD)의 제곱(($3.56)^2$)과 같다. 사분위 수 범위는 **25%**와 **75%** 사이 값의 범위를 의미한다. 왜도(Skewness)는 정규분포곡선에서 좌우로 기울어진 정도를 의미하며, **0.295**는 왼쪽으로 약간 기울어졌음을 의미한다. 첨도(Kurtosis)는 정규분포 곡선에서 **0**을 기준으로 위나 아래로 평평하거나 뾰족한 정도를 의미하며, **-1.194**로 평평한 상태를 나타냈다.

상자도표(Boxplot) 안의 상자는 정규분포곡선에서 평균의 **95%** 신뢰구간 안에 들어가 있는 값의 범위이며, 상자 밖의 상하로 나타난 선은 최고값과 최소값 중 평균의 **95%** 신뢰구간을 벗어나는 **5%**의 극단 값을 보여준다. 상자 안에 있는 선은 평균값을 의미한다.

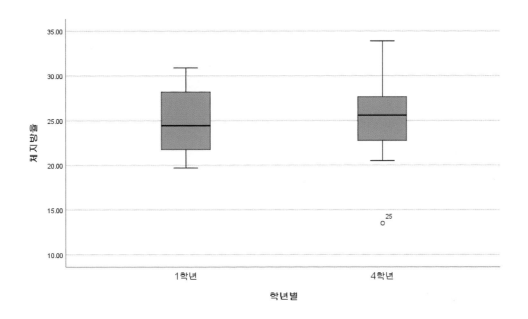

제15장

다중 반응의 분석

　다중 반응의 분석은 하나의 질문에 여러 개의 응답 결과(복수 선택)가 나와 있는 경우를 말한다. 다중 반응을 분석하는 방법에는 코딩 방법에 따라 범주형(Categories)과 이분형(Dichotomies)이 있다.

1. 범주형 자료의 분석(Categories)

목적

범주형 자료의 분석은 질문에 대한 대답이 다중 반응이 된 경우 사용할 수 있는 방법이다. 설문지의 예를 들어보면 아래와 같다. 이렇게 다중 반응이 된 경우 범주형 자료 분석을 적용할 수 있다. 선택 1과 선택 2는 변수값의 범위가 둘 다 1부터 10까지 중에서 선택할 수 있다.

설문지의 예
1. 태권도 수련이 자녀들의 인격 수양에 많은 도움을 주었다고 생각된다면 그 중 가장 많은 영향을 받아 행동 변화로 나타났다고 생각하는 것 2가지를 선택하여 주세요.

　① 예의범절(　)　　② 준법정신(　)　　③ 사회성(　)　　④ 리더십(　)
　⑤ 인내력(　)　　　⑥ 자제력(　)　　③ 협동심(　)　　⑧ 솔선수범(　)
　⑨ 학습능력(　)　　⑩ 체력(　)

1-1. 범주형 다중 반응 변수군의 정의와 경로

범주형 자료의 메뉴 이동과 분석을 살펴보면 다음과 같다.

경로 ☞ 탑 메뉴 > 분석 > 다중 반응(U) > 변수군 정의(D)

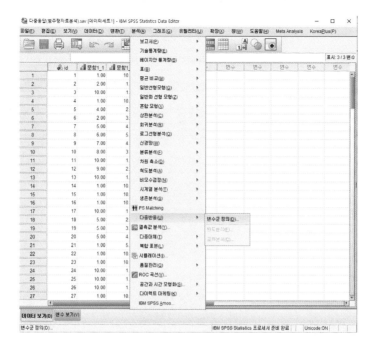

(1) 범주형 다중 반응의 코딩 방법과 변수 정의

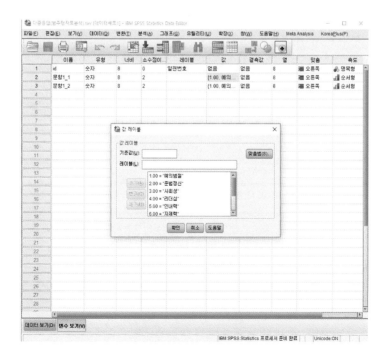

1-2. 변수군 정의(범주의 지정)

　분석(<u>A</u>) > 다중 반응(<u>U</u>) > 변수군 정의(<u>D</u>)로 이동한 후 다중 반응으로 처리할 변수 문항 1_1과 문항 1_2를 이동한다. 그리고 난 후 변수들의 코딩형식에서 **◎범주형 (Categories)**을 선택한다. 그리고 범위(Range)에 범주형 자료가 가지는 즉, 설문 응답에 나오는 항목인 변수값의 최소값 1부터 최대값 10까지 입력해 범위를 지정한다. 그리고 다중 반응의 새 변수 이름(<u>N</u>)과 설명(<u>L</u>)을 입력한 후 추가(<u>A</u>dd)를 선택한다. 마지막으로 닫기(Close)를 선택하면 다중 반응 변수군 정의로의 변환작업이 완료된다. 새로운 다중 반응 변수 이름은 "문항 1"로 설정하였다. 또한 우측 다중 반응 변수군(<u>S</u>)에 "$문항1"로 표기되어 출력된다.

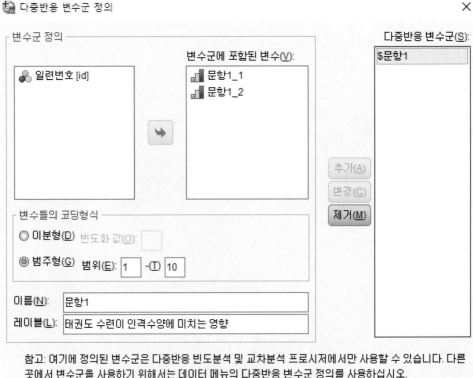

1-3. 범주형 다중 반응분석의 실행

닫기를 했다면 다시 한번 탑 메뉴 분석(A) > 다중 반응(U) > 빈도분석(F)으로 이동한다. 이때 주의할 것은 탑 메뉴 분석의 기술 통계량의 빈도분석과 다르다. 이동 후 대화창이 나타나면 빈도분석을 할 다중 반응 변수를 이동한 후 확인을 선택한다.

경로☞ 탑 메뉴 > 분석(A) > 다중 반응(U) > 빈도분석(F)

1-4. 범주형 다중 반응분석의 결과해설

(1) 케이스 요약

문항 1번의 측정된 사례 수와 결측값이 나타난다.

케이스 요약

	케이스					
	유효		결측		전체	
	N	퍼센트	N	퍼센트	N	퍼센트
$문항1[a]	150	100.0%	0	0.0%	150	100.0%

a. 범주형 변수 집단

(2) $문항1 빈도

"$문항1" 빈도라는 표현은 다중반응분석에서 이름(N)에 지정한 변수를 나타낸다.

문항 1_1과 문항 1_2 중 총 응답자는 300명이고 두 문항 모두 응답(200%)한 것으로 나타났다.

$문항1 빈도

		반응		케이스 중 %
		N	퍼센트	
태권도 수련이 인격수양에 미치는 영향[a]	예의범절	84	28.0%	56.0%
	준법정신	35	11.7%	23.3%
	사회성	20	6.7%	13.3%
	리더십	25	8.3%	16.7%
	인내력	21	7.0%	14.0%
	자제력	13	4.3%	8.7%
	협동심	14	4.7%	9.3%
	솔선수범	6	2.0%	4.0%
	학습능력	6	2.0%	4.0%
	체력	76	25.3%	50.7%
전체		300	100.0%	200.0%

a. 범주형 변수 집단

위의 결과를 보면 태권도 수련을 통해 예의범절이 가장 좋은 효과를 나타냈다고 84명이 반응하였으며 이는 28%에 해당하였다. 두 번째로 효과를 나타낸 것은 체력향상이었으며 76명이 반응하였고 25.3%에 해당하였다. 합계를 보면 총 300명이 200개를 반응했기 때문에 200%의 응답률, 즉 1인당 2개의 반응을 했다는 것을 알 수 있다.

2. 이분형 자료의 분석(Dichotomies)

목적

이분형 자료의 분석은 한 문장에서 두 가지 이상의 항목을 선택하도록 구성된 다중반응분석에서 사용할 수 있는 방법이다. 다중 반응이 된 경우 이분형 자료 분석을 적용할 수 있다. 설문지의 예를 들어보면 아래와 같다. 아래의 경우 ①~⑥까지 여섯 개의 항목을 순서대로 나열하여 6개의 질문을 한 것과 같은 경우이다. 범주형 자료 분석과 코딩 방법이 약간 다르다.

설문지의 예

2. 아래의 운동들 중에 당신이 즐겨 하는 운동을 모두 고르시오?

① 테니스　　② 조깅　　③ 에어로빅
④ 자전거　　⑤ 야구　　⑥ 축구

① 테니스를 즐겨 하십니까? 예(1) 아니오(0)

(예)를 선택했을 경우 "1"을, (아니오)를 선택했을 경우에는 "0"으로 코딩·입력을 하면 된다. 예를 들어, 6개 항목을 모두 즐겨한다고 선택하였다면, 111111이라고 1을 여섯 개 코딩·입력하며, ③에어로빅만 즐겨한다고 선택하였을 경우 001000이라고 코딩·입력하면 된다. 이렇게 이분형 자료로 입력되어 있는 경우는 다중응답 중에서 이분형 자료의 분석을 선택하여 처리하면 된다.

2-1. 이분형 다중 반응 변수군의 정의와 경로

(1) 이분형 데이터 코딩 입력 방법

아래의 그림은 IBM SPSS Statistics 25의 데이터 창에 입력한 예이다. 이분형 다중 반응 코딩 방법은 선택은 "1", 미선택은 "0"이라는 것을 유념해야 한다.

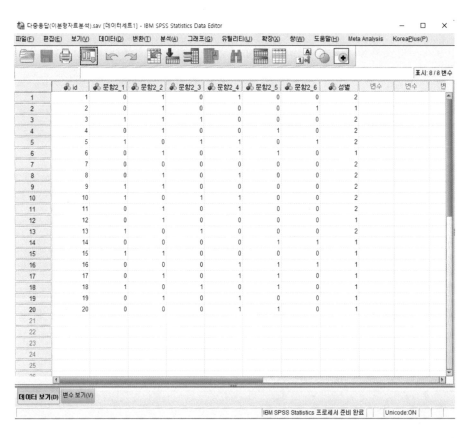

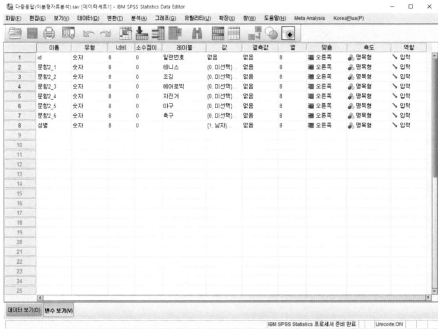

(2) 변수군의 정의

문항 2_1은 즐겨 하는 운동이 "테니스"라는 변수이고 문항 2_2는 "조깅"을 뜻한다. 각각의 변수의 정의와 설명을 위 그림과 같이 기입하였다. 그중 변수값의 설명에서 "0"은 미선택, "1"은 선택을 의미한다. 여기까지 모두 끝나면 이제부터 다중 반응의 변수군 정의로 이동한다.

경로 ☞ 탑 메뉴 > 분석(A) > 다중 반응(U) > 변수군 정의(D)

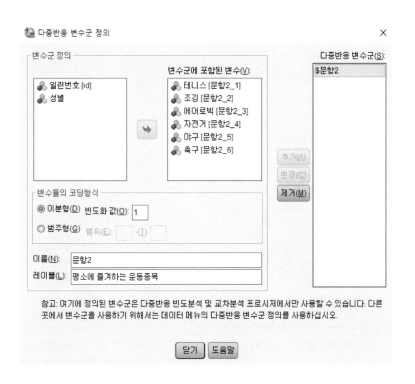

분석의 모든 과정은 범주형과 동일하나 변수들의 코딩형식에서 ◎이분형(Dichotomies)을 선택해야 한다. 그리고 빈도화 값, 다중응답에 사용될 변수값(Counted Value)에서 선택에 해당하는 "1"을 입력한다. 그리고 다중 반응으로 구하고자 하는 새로운 변수의 이름(Name)과 레이블(설명, Lable)을 입력한 후 추가(Add)를 선택한다. 마지막으로 닫기(Close)를 선택하면 다중 반응으로의 변환작업이 완료된다. 새로운 다중 반응 변수의 이름은 "문항 2"로 설정하였다. 우측 다중 반응 변수군(S)에 "$문항2"로 표시된다.

2-2. 이분형 다중 반응분석의 실행

경로 ☞ 탑 메뉴 > 분석(A) > 다중 반응(U) > 빈도분석(F)

탑 메뉴 분석(A)→다중 반응(Multiple Response)→빈도분석(Frequencies)으로 이동한다. 이때 주의할 것은 탑 메뉴 분석의 기술 통계량의 빈도분석이 아닌 것을 유념해야한다. 이동 후 대화창이 나타나면 빈도분석을 할 다중응답 변수를 이동한 후 확인(OK)을 선택한다.

2-3. 이분형 다중 반응분석의 결과해설

이분형 다중 반응분석의 해석은 범주형 자료와 동일하게 하면 된다.

(1) 케이스 요약

문항 2의 측정된 사례 수와 결측값이 나타난다. 총 20명이 참여하였으며 결측값이 1명(5%)이고 19명(95%)이 응답하였다.

케이스 요약

	케이스					
	유효		결측		전체	
	N	퍼센트	N	퍼센트	N	퍼센트
$문항2[a]	19	95.0%	1	5.0%	20	100.0%

a. 값 1을(를) 가지는 이분형 변수 집단입니다.

(2) $문항2 빈도

"$문항2 빈도"라는 표현은 다중반응분석에서 이름(N)에 지정한 변수를 나타낸다.

$문항2 빈도

		반응		케이스 중 %
		N	퍼센트	
평소에 즐겨하는 운동 종목[a]	테니스	7	15.6%	36.8%
	조깅	12	26.7%	63.2%
	에어로빅	5	11.1%	26.3%
	자전거	10	22.2%	52.6%
	야구	7	15.6%	36.8%
	축구	4	8.9%	21.1%
전체		45	100.0%	236.8%

a. 값 1을(를) 가지는 이분형 변수 집단입니다.

※ 이분형 다중 반응의 해석은 범주형 다중 반응의 해석방법과 동일하다.

총 19명이 45개(총 반응)를 응답하였다. 그래서 응답률이 236.8%로 1인당 평균 2.37개를 응답했다는 것으로 알 수 있다. 해석해보면 조깅을 선택한 사람은 12명으로 총 응답자 19명 중에서 63.2%이며, 총 응답한 개수 45개 중에서 12개(명)는 26.7%임을 알수 있다. "a.값 1을(를) 가지는 이분형 변수 집단입니다"는 빈도화 값(선택된 변수값)을 "1"로 한 이분형 다중 반응분석이라는 뜻이다.

3. 교차분석(Cross tabs)

3-1. 다중 반응에 대한 교차분석의 경로

경로 ☞ 탑 메뉴 > 분석(A) > 다중 반응(U) > 교차분석(C)

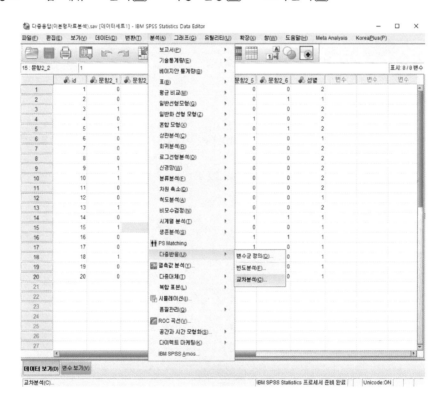

3-2. 다중 반응에 대한 교차분석의 실행

다중 반응이 있는 메뉴로 이동을 하면 아래 그림과 같은 대화창이 나타난다. 교차분석과 거의 유사한데, 다만 다중응답의 교차분석을 구하는 데 있어서 주의해야 할 점은

t-test나 분산분석의 독립변수처럼 일반변수의 범위를 설정해 주어야 한다. 예를 들면, 이분형 다중반응분석에 조사한 평소에 즐겨 하는 운동 종목을 성별에 따라 교차 분석할 경우 다중 반응으로 만들어진 변수의 경우 범위를 지정할 필요는 없으나, 일반변수인 성별의 변수값 1, 2를 범위의 지정(Define Range)에서 최소값과 최대값으로 지정해 주어야 한다. 우선 중복반응 변수 "$문항2"를 행(W)으로 이동하고, 다음으로 "성별"을 열(N)로 이동한다. 그리고 난 후 범위지정(Define Ran**G**e)을 선택한다.

·최소값과 최대값의 입력

범위지정(Define Ran**G**e)에서 일반변수의 범위를 지정할 때, 그 변수가 가지고 있는 변수값의 최소값과 최대값을 각각 입력해 주면 된다. 성별은 1(남자), 2(여자)의 값이 있으므로, 이를 각각 입력하면 된다.

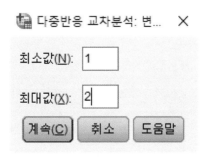

· 옵션의 선택

옵션(O)에 대해 살펴보자. 셀 퍼센트(Cell Percentages)에서는 각 셀의 행(W)과 열(C), 전체(T)에 해당하는 백분율을 지정할 수 있다. 이 경우 모든 종류의 백분율을 선택할 수 있으나, 보통 독립변수에 해당하는 성별이 있는 열(C)의 백분율을 선택하면 좋다. 옵션에서 %를 지정할 경우 퍼센트 계산 기준(Percentage Based)에서 케이스(CaSes)와 반응(Responses) 중 어느 것을 기준으로 백분율을 계산해서 제시해 주는가를 선택한다.

케이스(S)를 기준으로 선택하였다면, 교차분석표에서 합계는 유효한 응답자 수인 19명으로 나타날 것이며, 반응(R)을 기본으로 선택하였다면 총 반응 개수인 45명이 나온다. 계속을 선택한 후 확인(OK)을 눌러준다.

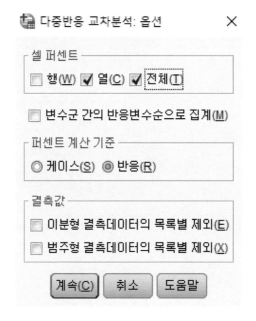

3-3. 다중응답에 대한 교차분석의 결과해설

(1) 케이스 요약

$문항 2를 성별로 교차분석을 실시한 결과이다.
총 20명 중 유효 값은 19명(95%)이고 결측값 1명(5%)이다.

케이스 요약

	케이스					
	유효		결측		전체	
	N	퍼센트	N	퍼센트	N	퍼센트
$문항2*성별	19	95.0%	1	5.0%	20	100.0%

(2) $문항 2*성별 교차표

평소에 즐기는 운동 종목으로 조깅은 남자가 6명, 이는 남자 총 응답 개수 23개(명)의 26.1%에 해당하고 전체의 13.3%이다. 여자의 경우도 6명이며, 이는 여자의 총 응답 개수 22개(명)의 27.3%이고 전체의 13.3%이다. 또한 퍼센트 및 합계는 반응을 기준으로 하였다.

$문항2*성별 교차표

			성별		
			남자	여자	전체
평소에 즐겨하는 운동 종목ª	테니스	빈도	2	5	7
		성별 중 %	8.7%	22.7%	
		전체 중 %	4.4%	11.1%	15.6%
	조깅	빈도	6	6	12
		성별 중 %	26.1%	27.3%	
		전체 중 %	13.3%	13.3%	26.7%
	에어로빅	빈도	1	4	5
		성별 중 %	4.3%	18.2%	
		전체 중 %	2.2%	8.9%	11.1%
	자전거	빈도	5	5	10
		성별 중 %	21.7%	22.7%	
		전체 중 %	11.1%	11.1%	22.2%
	야구	빈도	6	1	7
		성별 중 %	26.1%	4.5%	
		전체 중 %	13.3%	2.2%	15.6%
	축구	빈도	3	1	4
		성별 중 %	13.0%	4.5%	
		전체 중 %	6.7%	2.2%	8.9%
전체		빈도	23	22	45
		전체 중 %	51.1%	48.9%	100.0%

퍼센트 및 합계는 반응을 기준으로 합니다.

a. 값 1을(를) 가지는 이분형 변수 집단입니다.

SPSS Statistics 25의 활용(중급)

제16장

카이제곱(χ^2)

목적

카이제곱(자승)은 두 변인이 비연속적이고 각 변인이 두 가지 이상의 성질로 구분되어 있을 때 이론을 가설로 세우고 그 이론 밑에서 기대되는 빈도를 구하여 관찰빈도가 기대빈도에 적합한가의 여부를 χ^2의 값에 의하여 검정하게 된다(적합도 검정). 또한 카이제곱은 독립변수에 따른 종속변수의 분포의 차이가 있는지 없는지 가설을 검정하고 두 범주형 변수가 서로 상관이 있는지 독립인지를 판단하는 통계적 검정방법이기도 하다. 우리는 행동과학 분야에서 비율에 관한 문제는 흔히 겪게 되는 문제이다. 얻어진 한 비율의 크기 또는 비율의 차이에 관한 문제는 한 빈도의 크기나 또는 빈도들의 차이의 문제와 동일한 성격을 갖는다. 이처럼 비율에 관한 검정은 단일비율에 관한 검정, 두 비율의 차에 관한 검정 및 두 개 이상의 비율 간의 차를 검정하고자 하는 경우로 나누어 볼 수 있다.

---

1. 카이제곱(χ^2)의 기본개념

(1) 단일표본의 카이제곱(χ^2)검정

단일표본에 대한 카이제곱(χ^2)검정을 **적합성 검정(goodness of fit test)**이라고도 하는데, **적합성 검정이란 관찰빈도가 기대빈도에 합치되는지의 여부를 나타내 주는 검정**을 말한다. 관찰빈도가 표집오차의 범위 내에서 기대빈도와 유사하거나 산출된 값이 가설부정의 기준 값보다 적으면 적합하다고 판단한다.

3개 이상의 질적 범주로 구성되어 있는 명목변수에 있어서 각 범주의 관찰빈도와 영가설에 의한 기대빈도 사이에 의미 있는 차이가 있는가를 검정하는 적합성 검정방법의 하나이지만, 활용도는 낮다.

(2) 두 독립표본의 카이제곱(χ^2)검정

주어진 자료가 명목변수인 비연속성 범주로 구성되어 있을 때 두 독립표본(집단) 간의 분포 차이의 유의성을 검정할 때 사용하는 비모수적 추리통계 방법을 말한다. 예를 들면, "성별에 따라 취미의 분포 차이가 있는가? 또는 종교에 따라 취미의 분포 차이가 있는가?" 등을 검정할 때 사용한다.

※카이제곱(χ^2)검정은 둘 이상의 독립표본의 경우에도 사용할 수 있으며, 주의할 점(조건)만 유념한다면 척도에 관계없이 사용할 수 있다.

2. 카이제곱(χ^2)을 사용할 경우 주의할 점

(1) 자유도(df)가 1인 경우

전체 사례 수가 30보다 크면서 각 셀(cell)의 빈도가 5 이상일 때 적용 가능하다. 만약 그렇지 않다면 2×2 유관표의 경우 피셔의 정확 확률 검정법(Fisher's Exact Test)을 사용하면 검정성이 더 높다.

(2) 자유도(df)가 1보다 큰 경우

사례 수가 30보다 크면서 5 미만의 기대빈도(Expected Frequency)의 셀이 전체의 모든 칸의 20%보다 적고, 모든 셀에 1.00 이상의 기대빈도가 있다면 척도에 관계없이 카이제곱(χ^2)검정법을 사용해도 무방하다.

(3) 각 셀의 기대빈도가 5 미만인 경우

변수들의 범주를 묶거나, 묶을 수 없는 질적 변수인 경우 이항 검정법(Binominal rest)을 사용한다.

(4) 비율척도에서 발생하는 실수

카이제곱(χ^2)을 사용하여 변수 간의 차이를 검정할 경우 비율척도나 등간척도의 경우 주의를 요한다. 물론 위의 가정을 충분하게 충족시키면 되지만 그래도 자주 발생하는 실수가 연령, 경력 등과 같은 비율척도를 교차분석으로 분석하고 χ^2을 사용하여 검정하는 경우이다.

(5) 해설할 때 주의할 점

카이제곱(χ^2)은 분포의 차이에 의해 독립적인지, 아닌지를 검정한다. 주의할 경우, 예를 들면 연령대에 따라 학력분포를 살펴볼 때, 낮은 연령대에서 고학력이 높은 연령대에서 저학력이 나왔다고 하여 연령대가 낮아질수록 학력이 증가하는 경향이 있다는 설명은 주의를 요한다. 즉, 카이제곱(χ^2)은 분포의 차이에 중심을 두어 분석하는 것으로 변수 간의 독립성을 검정한다. 그러나 상관성은 충분하게 반영하지는 않는다. 이런 경우 Statistic(통계량) 옵션에서 상관관계를 선택하여, 상관관계 분석을 실시한 후 연령과 학력의 상관성을 분석하는 것이 현명한 방법이다. 즉, 분포의 차이를 중심으로 검정하는 카이제곱(χ^2)분석의 보완으로 상관관계를 사용하는 것이다. 척도가 서열척도 이상일 때는 특히 주의해야 한다.

3. 가설검정의 원리

카이제곱(χ^2)의 검정방법은 카이제곱(χ^2)의 값과 자유도(df)를 공식에 의거하여 산출한 후 도출된 카이제곱(χ^2)의 값이 영가설 아래에서 일어날 수 있는 확률을 확인하여 기각할 것인지 받아들일 것인지를 결정하면 된다. 이러한 독립성의 검정은 종속변수의 분포 차이의 비교를 통하여 영가설의 기각 여부를 결정한다.

카이제곱(χ^2)의 값이 크게 나오면 변수 간의 차이가 의미가 있다는 것으로 영가설을 기각하게 된다. 반대로 카이제곱(χ^2)의 값이 작게 나오면 영가설을 인정하게 된다. 이때 카이제곱(χ^2)의 값과 자유도를 통하여 영가설을 기각할 것인지 수용할 것인지를 결정하게 된다.

다시 한번 요약해보면, 유의수준(유의도, p=Probability 영가설 발생 확률)을 결정하는 것이 카이제곱(χ^2)과 자유도(df)이다. 이 두 가지 값은 통계분석을 통하여 바로 볼 수 있다. 영가설은 "변수 간의 차이가 없다" "동일한 집단이다" "같다"라고 잠정적 결론을 내리는 가설이며, 이의 반대개념은 대립가설이다. 즉 "변수 간의 차이가 있다" "다른 집단이다" "다르다"라고 잠정적 결론을 내리는 가설이다.

통계적으로 이러한 유의수준(영가설을 기각할 경우의 오류로, 바꾸어 말하면 영가설이 맞을 확률)이 0.05 미만, 즉 5% 미만인 때에는 영가설을 틀린다고 가정하고, 대립가설(차이가 있다)을 인정해도 별 문제가 없다고 합의를 한다. 그리고 유의수준이 0.01 미만인 때는 대립가설이 99.9% 이상으로 볼 수 있기 때문에 영가설을 틀린다고 인정해도 오류가 더 낮아 더 정확한 결론이 되는 것이다. 물론 오류는 없어지지 않는다. 그래서 p<0.05, p<0.01 등과 같이 연구자가 내린 결론의 오류가 발생할 확률을 제시해 주는 것이다.

4. 카이제곱(χ^2)의 경로

두 변수의 교차분석을 하며, 독립변수에 따른 종속변수의 분포의 차이를 검정하기 위하여 카이제곱(χ^2)을 사용한다. 메뉴의 이동은 교차분석과 동일하다.

경로 ☞ 탑 메뉴 > 분석 > 기술 통계량 > 교차분석(C)

5. 카이제곱(χ^2)의 실행

대화상자 좌측에서 (주로) 독립변수를 선택하여, 열(Colum, C)로, (주로) 종속변수를 선택하여 행(Row, W)으로 이동시킨다. 예를 들면 성별에 따라서 생활의 행복도를 알고자 할 경우, "성별"을 열(C)로 "생활의 행복도"를 행(W)으로 보내면 된다. 이때 행(W)과 열(C)에는 7개 이상의 변수가 동시에 들어가 통계처리 될 수 있기 때문에 여러 변수를 동시에 보내어 실행해도 된다.

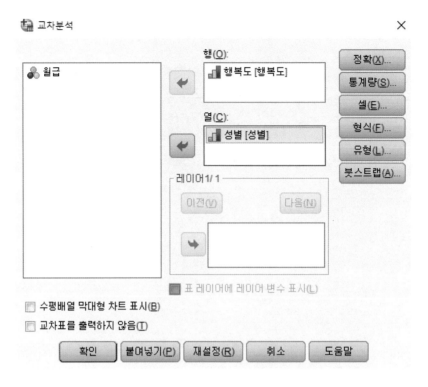

대화상자 우측에 통계량(S)을 선택하여 필요한 통계를 선택한 후 계속(C)을 선택한다. 여기에서 카이제곱인 카이제곱(H)을 선택한다.

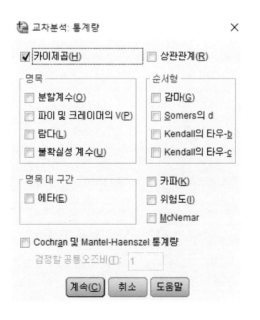

셀(E)은 각 교차분석 표에서 종속변수의 각 개별 값과 종속변수의 각 개별 값이 만나는 모든 네모 칸들 하나하나를 의미한다. 셀(E)을 선택한 후 퍼센트(Percentage)를 선택하여 행(R)과 열(C), 전체(T)의 퍼센트를 선택한다. 기대빈도 등은 필요시 선택하여, 계속과 확인(OK)을 누른다.

6. 카이제곱(χ^2)의 결과해설

(1) 케이스 처리요약

성별에 따른 생활의 만족도 분포 또는 성별과 행복도의 교차분석에 사용된 사례 수는 200명으로 무응답(결측값) 없이 100% 답하였다.

케이스 처리 요약

	케이스					
	유효		결측		전체	
	N	퍼센트	N	퍼센트	N	퍼센트
행복도 * 성별	200	100.0%	0	0.0%	200	100.0%

(2) 행복도*성별 교차표

성별에 따른 "생활의 행복도"를 나타내고 있다. 해석은 교차분석을 참조하기 바란다.

행복도 * 성별 교차표					
			성별		전체
			남자	여자	
행복도	매우 불행	빈도	3	1	4
		기대빈도	2.0	2.0	4.0
		행복도 중 %	75.0%	25.0%	100.0%
		성별 중 %	3.0%	1.0%	2.0%
		전체 중 %	1.5%	0.5%	2.0%
	불행	빈도	5	4	9
		기대빈도	4.5	4.5	9.0
		행복도 중 %	55.6%	44.4%	100.0%
		성별 중 %	5.0%	4.0%	4.5%
		전체 중 %	2.5%	2.0%	4.5%
	보통	빈도	46	22	68
		기대빈도	34.0	34.0	68.0
		행복도 중 %	67.6%	32.4%	100.0%
		성별 중 %	46.0%	22.0%	34.0%
		전체 중 %	23.0%	11.0%	34.0%
	행복	빈도	18	48	66
		기대빈도	33.0	33.0	66.0
		행복도 중 %	27.3%	72.7%	100.0%
		성별 중 %	18.0%	48.0%	33.0%
		전체 중 %	9.0%	24.0%	33.0%
	매우 행복	빈도	28	25	53
		기대빈도	26.5	26.5	53.0
		행복도 중 %	52.8%	47.2%	100.0%
		성별 중 %	28.0%	25.0%	26.5%
		전체 중 %	14.0%	12.5%	26.5%

행복도 * 성별 교차표		성별		전체
		남자	여자	
전체	빈도	100	100	200
	기대빈도	100.0	100.0	200.0
	행복도 중 %	50.0%	50.0%	100.0%
	성별 중 %	100.0%	100.0%	100.0%
	전체 중 %	50.0%	50.0%	100.0%

(3) 카이제곱(χ^2) 검정

카이제곱(χ^2)검정에 대한 결과가 나타난다.

카이제곱 검정

	값	자유도	근사 유의확률 (양측검정)
Pearson 카이제곱	23.388[a]	4	.000
우도비	24.133	4	.000
선형 대 선형결합	4.576	1	.032
유효 케이스 수	200		

a. 4 셀 (40.0%)은(는) 5보다 작은 기대 빈도를 가지는 셀입니다. 최소 기대빈도는 2.00입니다.

① Pearson 카이제곱

피어슨의 카이제곱(χ^2)으로 카이제곱(χ^2)검정 결과를 알려준다. 카이제곱(χ^2)의 값이 23.388이며, 정규분포곡선에서의 분포처럼 이 값은 카이제곱(χ^2)분포에서 위치하고 있는 값이다. 23.388[a]에 대한 설명은 표 하단에 나타나 있다.

② 자유도(df)

(독립변수 범주의 수-1)×(종속변수 범주의 수-1)로 성별 2개, 행복도 5개에서 (2-1)×(5-1)=4, 자유도가 4이다.

③ 근사 유의확률(양측 검정)(Asym. Sig.(2-tailed))

p 값으로 양방검정(양측 검정)의 유의도를 의미한다. 유의도는 독립변수에 따라 종속변수의 분포 차이가 없다는 영가설을 기각할 경우 유의해야 할 수준이며, 달리 표현하면 영가설이 발생할 확률을 말한다. 즉 영가설이 발생할 확률이 $p < 0.05$이므로 영가설이 발생하지 않는 것으로 볼 수 있으며, 독립변수 성별에 따라 생활 행복도의 분포 차이가 있다고 결론 내릴 수 있다. 유의도(p)는 영가설이 발생할 확률(Probability, p)로 생각하면 된다. 다만 영가설이 발생할 확률이 0.05 미만($p < 0.05$)인 경우에는 영가설이 발생하지 않는다고 본다. 즉, 성별에 따라 생활에 대한 행복도 분포의 차가 있다는 것(상대가설)으로 결론을 내릴 수 있다.

④ 우도비(Likelihood Ratio)

유의도 $p < 0.05$로 성별에 따라 생활에 대한 행복도의 분포는 독립적이다.

⑤ a. 4셀(Cell)(40%)은 5보다 작은 기대빈도를 가지는 셀입니다.

기대빈도가 5보다 작은 셀이 4개이며, 이는 전체 셀의 40%에 해당하는 비율이다. 따라서 본 카이제곱의 결과는 신뢰할 수 있는 수준이 아니다. **기대빈도가 5보다 적은 경우의 비율이 20.0% 이상이면 코딩변경(Recoding)을 통하여 재조정한 후 검정을 다시 실시하는 것이 바람직하다.**

⑥ 최소 기대빈도(The minimum…)

최소기대빈도의 값이 2.00으로 나타났다.

※ 생활에 대한 행복도의 매우불행(남자 3명, 여자 1명)과 불행 그룹(남자 5명, 여자 4명)을 살펴보면 다른 그룹에 비해 아주 작은 인원이 선택한 것을 알 수 있다(기대빈도 5명 이하). 이런 경우 카이제곱 검정의 신뢰도에 문제가 발생할 수 있기 때문에 만족도의 코딩을 변경(Recoding)을 통하여 다시 카이제곱(χ^2) 검정을 재실시해야 한다.

7. 코딩 변경(Recoding)을 통한 재조정 후 검정

생활에 대한 행복도를 아래처럼 "불행, 보통, 행복, 매우행복"의 4 집단으로 재조정한 후 코딩을 변경한다. 코딩변경은 다음과 같은 순서로 실시한다.

경로 ☞ 탑 메뉴 > 변환 > 다른 변수로 코딩변경(R)

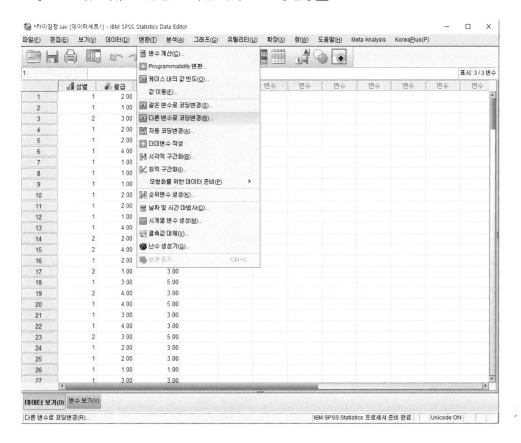

행복도 단계를 새로운 칸으로 **4개**의 척도(불행, 보통, 행복, 매우행복)로 변경한다.

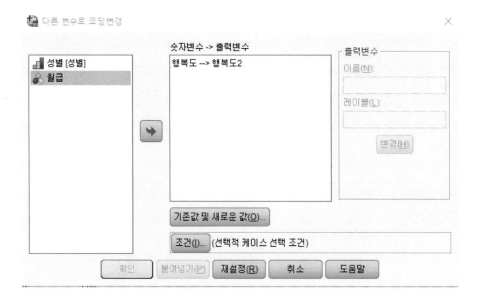

"행복도"를 "행복도 2"로 변경하고자 할 경우 출력변수 이름(N)에 "행복도 2"로 기입하고 레이블(L)을 작성한 후 변경(H)을 눌러준다. 또한 기존값 및 새로운 값(O)을 눌러 기존의 척도 기준에서 새로운 척도 기준으로 바꾸어 준다.

예를 들면, 기존의 척도 기준은 **1.00**은 매우불행, **2.00**은 불행, **3.00**은 보통, **4.00**은 **행복, 5.00**은 매우행복이었으나 새로운 척도 기준은 **1+2**는 불행, **3.00**은 보통, **4.00**은 **행복, 5.00**은 매우행복이다.

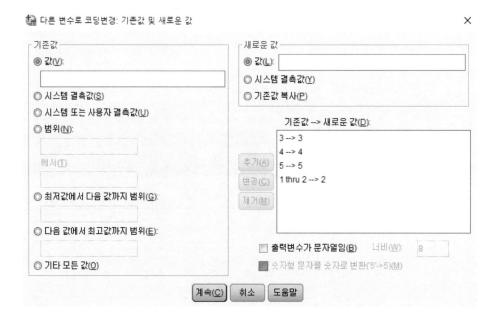

이러한 순서를 실행하면 다음과 같이 행복도 옆 간에 "행복도 2"가 새롭게 추가된다.

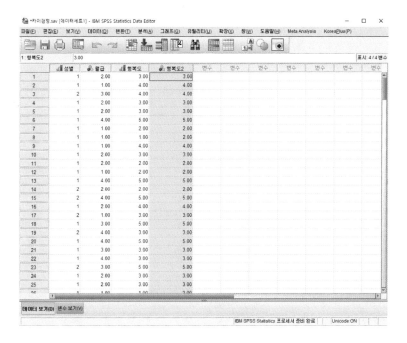

"행복도"가 5개 척도에서 "행복도 2"의 4개 척도로 변환된다. 이것을 가지고 카이제 곱 검정을 실시하면 된다.

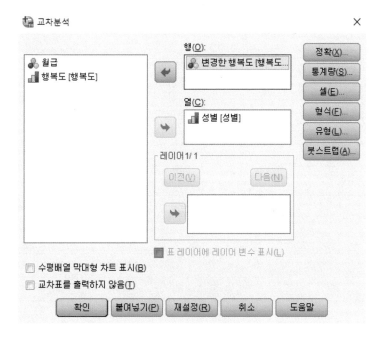

8. 새로 코딩 변경한 변수로 실행한 카이제곱(χ^2)의 결과해설

변경한 행복도 * 성별 교차표

			성별 남자	성별 여자	전체
변경한 행복도	2.00	빈도	8	5	13
		기대빈도	6.5	6.5	13.0
		변경한 행복도 중 %	61.5%	38.5%	100.0%
		성별 중 %	8.0%	5.0%	6.5%
		전체 중 %	4.0%	2.5%	6.5%
	3.00	빈도	46	22	68
		기대빈도	34.0	34.0	68.0
		변경한 행복도 중 %	67.6%	32.4%	100.0%
		성별 중 %	46.0%	22.0%	34.0%
		전체 중 %	23.0%	11.0%	34.0%
	4.00	빈도	18	48	66
		기대빈도	33.0	33.0	66.0
		변경한 행복도 중 %	27.3%	72.7%	100.0%
		성별 중 %	18.0%	48.0%	33.0%
		전체 중 %	9.0%	24.0%	33.0%
	5.00	빈도	28	25	53
		기대빈도	26.5	26.5	53.0
		변경한 행복도 중 %	52.8%	47.2%	100.0%
		성별 중 %	28.0%	25.0%	26.5%
		전체 중 %	14.0%	12.5%	26.5%
전체		빈도	100	100	200
		기대빈도	100.0	100.0	200.0
		변경한 행복도 중 %	50.0%	50.0%	100.0%
		성별 중 %	100.0%	100.0%	100.0%
		전체 중 %	50.0%	50.0%	100.0%

(1) 변경한 행복도 * 성별 교차표

※ 새로 코딩한 행복도와 성별 교차 표를 보여준다.

본 교차분석표에서는 독립변수인 성별을 기준으로 비율(% with 행복도 2)을 보여주고 있다. 즉, 독립변수를 기준으로 %를 선택해 주면 해석하기가 편리하다.

(2) 카이제곱 검정

① Pearson 카이제곱

피어슨의 카이제곱(χ^2)으로 실시한 검정 결과를 알려준다. 카이제곱(χ^2)의 값이 22.969이며, 정규분포곡선에서의 분포처럼 이 값은 카이제곱(χ^2)분포에서 위치하고 있는 값이다. 22.969[a]의 (a)에 설명은 표 하단에 있다.

카이제곱 검정

	값	자유도	근사 유의확률 (양측검정)
Pearson 카이제곱	22.969[a]	3	.000
우도비	23.674	3	.000
선형 대 선형결합	4.407	1	.036
유효 케이스 수	200		

a. 0 셀 (0.0%)은(는) 5보다 작은 기대 빈도를 가지는 셀입니다. 최소 기대빈도는 6.50입니다.

② 자유도(df)

(독립변수 범주의 수 - 1)×(종속변수 범주의 수 - 1)로 성별의 2개, 행복도 2의 4개에서 (2-1)×(4-1)=3, 자유도가 3이다.

③ 근사 유의확률(양측 검정)(Asym. Sig.(2-tailed))

p 값으로 양방검정(양측 검정)의 유의도를 의미한다. 유의도는 독립변수에 따라 종속변수의 분포 차이가 없다는 영가설을 기각할 경우 유의해야 할 수준이며, 달리 표현하면 영가설이 발생할 확률을 말한다. 즉, 영가설이 발생할 확률이 $p < 0.0001$이므로 영가설이 발생하지 않은 것으로 볼 수 있으며, 독립변수 성별에 따라 종속변수 생활에 대한

행복도 2의 분포 차이가 매우 있다고 결론 내릴 수 있다. 유의도는 영가설이 발생할 확률(Probability, p)로 생각하면 된다. 다만 영가설이 발생할 확률이 0.05 미만(p<0.05)인 경우에는 영가설이 발생하지 않는다고 본다. 즉, "성별에 따라 생활에 대한 행복도 2 분포의 차가 매우 있다는 것(대립가설)"으로 결론을 내릴 수 있다.

④ 우도비(Likelihood Ratio)

유의도 p<0.0001로 성별에 따라 생활의 "행복도 2"는 독립적이다.

⑤ a. 0셀(Cell)(0%)은 5보다 작은 기대빈도를 가지는 셀입니다.

기대빈도가 5보다 작은 셀이 0개이며, 이는 전체 셀의 0%에 해당하는 비율이다. 따라서 본 카이제곱(자승)의 결과는 신뢰할 수 있는 수준이다.

⑥ 최소기대빈도는 6.50입니다.

최소기대빈도의 값이 6.50으로 나타났다.

결론적으로 성별에 따라 생활에 대한 행복도의 차이가 없다는 영가설이 발생할 확률, 유의도는 p<0.0001로 성별에 따라 매우 차이가 있는 것으로 나타났다. 그러나 코딩 변경하기 이전에는 "4개 셀(Cell)의 기대빈도가 5보다 작아" 카이제곱(χ^2)의 결과에 대한 신뢰도가 문제시되었으나, 여기에서는 0개의 셀(Cell)이 기대빈도가 5보다 작은 것으로 나와 카이제곱(χ^2)의 결과가 신뢰할 만하다고 결론 내릴 수 있다. 즉, 셀(Cell)의 기대빈도가 문제시될 경우 위와 같이 코딩변경을 통하여 변수값을 재조정하여 다시 교차분석과 카이제곱(χ^2)을 검정해야 한다. 단, 변수값을 재조정할 경우에는 척도와 변수값의 영역에도 유의해야 한다.

※ 기대빈도란?

영가설이 나오기 위하여 기대되는 가상의 예측빈도이며 관측빈도는 실제로 표본에서 관측된 빈도이다. 의미는 영가설이 발생할 경우의 예측되는 각각의 빈도이다.

제17장

신뢰도 분석

목적

신뢰도 분석(Reliability Analysis)은 **측정 도구의 정확성, 개념의 일관성** 등을 측정할 때 사용하는 통계기법이다. 아마도 조사 설계가 잘 구성되어 있다면, 신뢰도 분석이 매우 요긴하게 쓰일 수 있을 것이다. 즉, 신뢰도를 측정할 수 있도록 사전에 설문지가 잘 구성되어 있어야 한다. 보통 하위개념이 상위개념을 일관성 있게 표현하고 있는지 등을 분석하는 데 많이 사용된다.

---

1. 신뢰도 분석(Reliability Analysis)의 기본개념

신뢰도 분석을 통해 도출된 신뢰도 계수에 대한 판단은 학자마다 다소 다르다. 어떤 학자는 신뢰도 계수가 0.7 미만이면 하나의 동일 개념(또는 인정됨)으로 볼 수 없다고 하였고 어떤 학자는 탐색적 조사에서 신뢰도 계수가 0.6 이상이면 된다고 주장하였다. 신뢰도 계수를 사용할 때 주의할 점이 있다. 만약 역점수로 코딩·입력되어 있는 경우는 코딩변경을 실시하여 척도의 방향(크기)을 동일하게 맞춘 이후에 신뢰도 계수를 구해야 한다.

※ 신뢰도 계수를 높이는 방법

◎ 측정 도구의 모호성을 줄이고 구체화한다.
◎ 측정항목(하위변수)을 늘린다. 측정항목이 많아질수록 신뢰도가 증가한다.
◎ 응답자의 태도가 일관되도록 환기시킨다. 특히, 역점수로 측정된 경우 역점수임을 명확하게 질문에서 알려주지 않을 경우 응답자가 실수할 수 있으며, 이런 경우 신뢰도가 떨어진다.

◎ 측정항목(하위변수)을 구성할 경우 동일한 개념 또는 유사성을 유지한다.

◎ 기존에 신뢰도가 높다고 인정된 측정 도구를 사용한다.

◎ 신뢰도가 낮게 나오도록 영향을 미치는 측정항목(하위변수)을 제외하고 다시 분석을 실시한다.

2. 신뢰도 분석의 경로

경로 ☞ ▶ 탑 메뉴 > 분석 > 척도분석(A) > 신뢰도 분석(R)

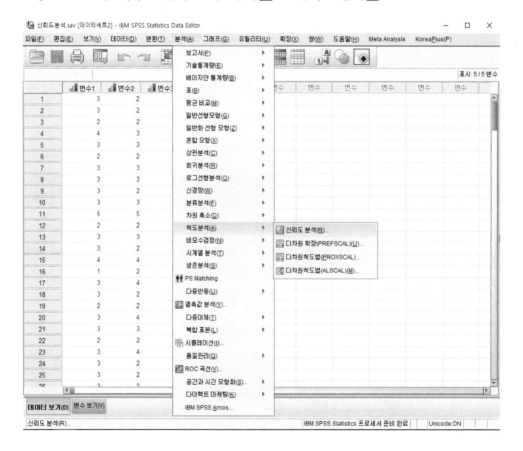

3. 신뢰도 분석의 실행

신뢰도 분석을 선택하면 대화창이 나타나고, 여기에 신뢰도 분석의 대상이 되는 모든 변수를 이동한 후 통계량(S)을 선택한다. 예를 들면 사회성과 관련된 5개의 변수가 있다. 즉, 변수 1번부터 5번까지 5개의 변수는 모두 사회성을 구체적으로 표현하는 하위변수들이다. 이러한 하위변수 5개가 모두 사회성 정도를 나타내는 하나의 변수, 즉 동일한 개념으로 볼 수 있는지를 알아보기 위해 신뢰도 분석을 실시하였다. 단, 신뢰도 분석을 실시하기 위해서는 변수가 등간척도 이상이어야 한다. 여기에서는 5점 척도이지만 등간척도로 가정하자.

예제) 사회성은 사회생활을 할 때 가장 중요한 요소라고 말할 수 있습니다.

귀하는 현재 다음과 같은 일들을 주위 사람들과 함께 실천하고 있는지 답변해주세요.

함께 참여하는 일	①매우 그렇지 않다	②그렇지 않다	③보통	④그렇다	⑤매우 그렇다
1) 주변의 경조사에 참석한다.					
2) 급전이 필요할 때 빌리거나 빌려준다.					
3) 어려운 일을 함께 의논한다.					
4) 주변에 발생한 문제를 위해 함께 노력한다.					
5) 점심식사를 함께 한다.					

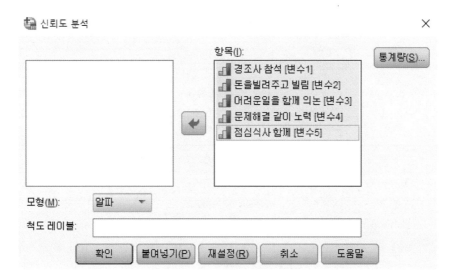

(1) 옵션의 선택

옵션 통계량(<u>S</u>)에서는 다음과 같은 내용을 선택한다. 특히 다음에 대한 기술 통계량 (Descriptive for…)의 내용을 선택하는데, 이는 신뢰도를 떨어뜨리는 변수들을 찾아낼 수 있는 정보를 제공한다. 어떤 변수에 의하여 신뢰도가 매우 낮아지는 경우 그 변수를 제외한 신뢰도를 구해야 하며, 이때 각 변수들이 제외되었을 경우의 신뢰도를 알려주는 기능이 바로 다음에 대한 기술 통계량(Descriptive for…)에 있다.

신뢰도 분석의 통계량 옵션 내용
다음에 대한 기술 통계량(Descriptives for…) > 항목(Item)
해당 항목(맨 좌측의 변수 하나)을 제외한 모든 변수값의 합의 **평균**을 나타낸다.
다음에 대한 기술 통계량(Descriptives for…) > 척도(Scale)
해당 항목(맨 좌측의 변수 하나)을 제외한 모든 변수값을 합하였을 때 분산을 알려준다.
다음에 대한 기술 통계량(Descriptives for…) > 항목 제거 시 척도(Scale If item deleted)
해당 항목(맨 좌측의 변수 하나)을 제외하였을 때 알파 신뢰도 계수를 알려준다.
항목-내(Inter-Item) 항목(변수) 간 **상관관계(R)**와 **공분산(E)**을 알려준다.
요약 값(Summaries)
해당 항목(변수)의 **평균(M), 분산(V), 공분산(E), 상관관계(R)**를 알려준다.
분산분석표(ANOVA Tables)
분산분석 등을 시행할 수 있다. **F-검정, Friedman 카이제곱(Q), Cochran 카이제곱**을 실시할 수 있다.

4. 신뢰도 분석의 결과해설

(1) 케이스 처리요약

케이스 중 유효(Valid)는 신뢰도 분석에 사용된 유효한 사례 수와 그 비율이다. 200개 사례 중 200개 모두 신뢰도 분석에 사용되었으며, 이는 전체의 100%에 해당하는 비율을 의미한다.

케이스 처리 요약

		N	%
케이스	유효	200	100.0
	제외됨[a]	0	.0
	전체	200	100.0

a. 목록별 삭제는 프로시저의 모든 변수를 기준으로 합니다.

(2) 신뢰도 통계량

Cronbach의 알파(Cronbach's Alpha)에 의하여 산출된 신뢰도 계수로 0.791을 나타냈다. 이는 적절한 수준으로 볼 수 있는데, 더 정밀한 연구에서는 0.7 이상을, 일반적인 연구나 탐색적 연구에서는 0.6 이상의 신뢰도면 무난한 수준으로 판단된다. **항목 수(N of Items)**는 신뢰도 분석에 사용된 변수가 모두 5개임을 나타낸다.

신뢰도 통계량

Cronbach의 알파	항목 수
.791	5

(3) 항목 통계량

항목 통계량은 신뢰도 분석에 사용된 5개 변수의 평균과 표준(화)편차, 사례 수를 알려준다. "어려운 일을 함께 의논" 3번 변수는 평균이 2.88, 표준편차가 1.138로 평균은 다소 낮으며 표준편차는 다소 커 사람들 간 "어려운 일을 함께 의논" 변수의 차이·편차가 상대적으로 큰 것으로 나타났다.

항목 동계량

	평균	표준화 편차	N
경조사 참석	2.90	.817	200
돈을 빌려주고 빌림	2.73	.874	200
어려운 일을 함께 의논	2.88	1.138	200
문제해결 같이 노력	3.10	.930	200
점심식사 함께	3.13	.850	200

(4) 항목 총계 통계량

항목 총계 통계량은 신뢰도 분석에서 각 아이템(측정항목, 하위변수)이 제외되었을 때의 값들을 알려준다.

① 항목이 삭제된 경우 척도 평균

각 좌측의 아이템이 제외되었을 때 나머지 전체 척도의 평균을 의미한다. 즉, "경조사 참석"의 11.83은 "경조사 참석"이라는 변수를 제외한 나머지 4개 하위변수의 합들의 평균을 뜻한다.

② 항목이 삭제된 경우 척도 분산

각 좌측의 아이템이 제외되었을 때 나머지 전체 척도의 변량을 의미한다. 즉, "경조사 참석"의 8.246은 "경조사 참석"이라는 변수를 제외한 나머지 4개 하위변수의 합들의 분산을 의미한다.

③ 수정된 항목-전체 상관관계

회귀방정식으로부터 구한 다중상관관계의 제곱(R^2)으로 설명력을 의미한다. "경조사 참석"변수는 0.605로 다른 변수에 의하여 약 60.5% 정도의 (분석에 사용된 데이터인) 관측 분산을 설명할 수 있음을 의미한다. 즉, "경조사 참석"변수의 설명력이 높음으로 신뢰도에 상대적으로 기여를 잘할 것으로 볼 수 있다.

④ 항목이 삭제된 경우 Cronbach 알파(Alpha if Item Deleted)

가장 핵심이 되는 정보로 좌측에 있는 아이템이 제외되었을 때의 나머지 아이템들 전체가 가지는 신뢰도 계수 값이 얼마인지 알려준다. 즉, "점심식사 함께"라는 변수를 제외하면 나머지 4개 변수의 신뢰도 계수가 0.811로 나타나 전체 신뢰도를 높이는 결과를 나타낸다. 그러나 이와는 반대로 "문제해결 같이 노력"변수를 제외하면 신뢰도 계수가 0.672로 낮아져 신뢰도를 떨어지게 되므로 절대 제외하면 안 된다.

항목 총계 통계량

	항목이 삭제된 경우 척도 평균	항목이 삭제된 경우 척도 분산	수정된 항목-전체 상관계수	항목이 삭제된 경우 Cronbach 알파
경조사 참석	11.83	8.246	.605	.744
돈을 빌려주고 빌림	12.00	7.673	.685	.716
어려운일을 함께 의논	11.85	7.529	.468	.799
문제해결 같이 노력	11.62	6.950	.803	.672
점심식사 함께	11.60	9.167	.361	.811

※ Alpha는 신뢰도 계수로 **"0.791"**의 신뢰도를 보이기 때문에 5개의 사회성의 하위 변수들은 "사회성"이라는 전체변수로 인정될 수 있다. 즉, 신뢰도 분석결과 유의미하고 높은 신뢰도 계수를 얻었다면 그 변수는 하나의 동일한 개념으로 볼 수 있으며, 변수들을 모두 합하여 상위개념의 변수를 만들 수 있다.

(5) 척도 통계량

척도 통계량은 신뢰도에 사용된 5개 변수가 모두 합산하여 하나의 변수로 분석되었을 때 평균과 분산과 표준(화)편차를 나타낸다.

척도 통계량

평균	분산	표준화 편차	항목 수
14.72	11.750	3.428	5

※ 신뢰도 분석에서 자주 발생하는 실수 중 하나는 역점수에 의한 것이다. 역점수를 수정하지 않을 경우 신뢰도 계수는 −값이나 낮은 값이 나올 수 있으므로 주의해야 한다.

제18장

상관분석

목적

상관분석은 서열척도, 등간척도, 비율척도로 측정된 변수들 간의 관련성의 정도를 알아보기 위한 것이다. 즉, 하나의 변수가 다른 변수와 어느 정도 밀접한 관련성을 갖고 변화하는가를 알아보기 위해 사용된다. 두 변수 간의 관련성을 구할 경우는 **단순 상관분석(Simple Correlation Analysis)**을 실시하며, **부분 또는 편 상관분석(Partial Correlation Analysis)**은 어떤 변수를 통제한 상태에서 두 변수의 상관관계를 구하는 것이다. **중다 상관분석 (Multiple Correlation Analysis)**은 두 개 이상의 독립변수에 가중치를 부여하여 상관관계를 구하는 것이다.

1. 상관분석(Correlation Analysis)의 기본개념

(1) 상관관계의 뜻

변수와 변수 간의 관계(Relationship or Association)로 둘 또는 그 이상의 변수들에 있어서 한 변수가 변동함에 따라 다른 변수가 어떻게 변동하는 것과 같은 변동의 연관성 정도, 변동의 크기의 정도와 방향을 상관관계(Correlation)라고 한다. 즉, 한 변수가 커지거나 작아질 때, 다른 변수가 어떻게 변하는지를 그 변동의 정도와 방향을 예측하여 알려준다.

상관관계는 한 변수의 분산(변량, Variance) 중에서 다른 변수와 같이 변화하는 분산, 즉, 공분산(공변량, Covariance)이 어느 정도 되는가에 따라 결정된다고 볼 수 있다. 변화하는 공분산이 클수록 직선에 가깝게 되고 상관관계는 높아진다.

(2) 상관계수의 성격

• 변수 간의 관계의 정도나 방향을 하나의 수치로 요약해 표시해 주는 지수(指數)이다.

• 상관관계의 정도는 수치의 0에서 1 사이의 절댓값으로 나타낸다. 즉, 상관계수는 -1.00에서 0, 0에서 1.00 사이의 값을 갖게 된다. 이때 0에 가까울수록 상관관계는 낮아지는 것이며, 절댓값 1에 가까워질수록 상관관계는 높아진다.

• 변수 관계의 방향은 +, -로 표현한다. 관계의 방향에 따라 한쪽이 증가할 때 다른 쪽도 증가하게 되는 관계, 즉 증감의 방향이 같은 경우 +의(양, 정적인) 상관관계가 있는 것이며, 한쪽이 감소할 때, 다른 쪽이 증가하게 되는 관계, 즉, 증감의 방향이 반대인 경우 -의(음, 부적인) 상관관계가 있는 것으로 볼 수 있다.

〈표 18-1〉 상관계수에 따른 상관관계 정도

상관관계 계수	상관관계 정도	상관관계 계수	상관관계 정도
± 0.9 이상	상관관계가 아주 높다	± 0.2~0.4 미만	상관관계가 있으나 낮다.
± 0.7~0.9 미만	상관관계가 높다	± 0.2 미만	상관관계가 거의 없다.
± 0.4~0.7 미만	상관관계가 다소 높다		

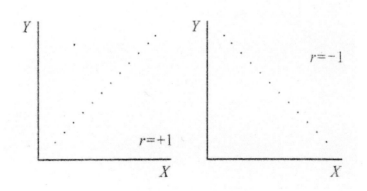

〈그림 18-1〉 완벽한 상관관계

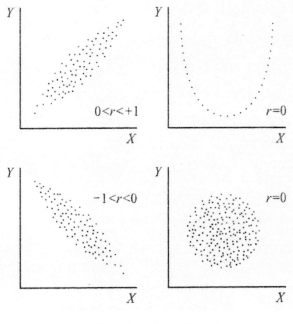

〈그림 18-2〉 상관관계의 형태

(3) 상관관계의 성격

· 상관관계는 인과관계가 아닐 수도 있다는 것에 주의해야 한다. 즉 독립변수(X)와 종속변수(Y)의 관계일 수도 있고 아닐 수도 있다.

· 특별한 경우를 제외하면 상관관계는 대체로 음(-)의 방향인지, 양(+)의 방향인지 관계의 방향이 포함된다.

· 관계의 정도(상관계수)는 어디까지나 확률적 표현이다. 즉, 상관관계의 계수는 두 변수 관계의 상관성에 대한 예측의 정확도를 나타낸 것이다.

· 측정값이 아닌 하나의 지수이기 때문에 변수 간의 관계의 비율이나 백분율과는 다르다. 따라서 상관관계 계수끼리의 가감승제가 불가능하다.

· 상관관계의 결정계수(R^2: 설명력)는 상관관계 계수를 제곱하여 나오는 값을 말한다.

(4) 상관계수 해석할 때 주의할 점

· 상관계수는 모집단의 이론적 관계뿐만 아니라 각 변수의 분산의 크기까지 반영한다.

· 상관계수의 크기보다는 우선 부호의 방향성을 고려하여 변수 간의 관계가 정적인 관계인지 또는 부적인 관계인지에 따라 그 부호가 의미하는 내용을 해석한 다음 관계의 정도를 해석한다.

· 두 변수의 상관계수 r은 한 변수의 크기에 따라 증가하거나 감소하기도 한다. 다른 조건이 같을 경우 한 변수의 분산이 클수록 상관계수의 값은 커진다.

· 상관계수의 크기는 측정 문항의 응답 척도의 개수(측정값)가 많을수록 상대적으로 커지고, 적을수록 상대적으로 작아진다.

(5) 변수에 따른 상관관계 분석

종속변수	독립변수			
	비연속적 명목변수	연속적 명목변수	서열변수	등간·비율변수
비연속적 명목변수	Phi 계수, 유관계수, Lambda			
연속적 명목변수	Yule's Q	사분 상관관계		
서열변수	등위 양분 상관관계		Spearman's rho Kendall's tau&w 기타순위 상관관계	
등간·비율변수	Cramer's V 양류 상관관계	양분 상관관계	다류 상관관계	Pearson(적률) 상관관계

· 등간·비율변수의 상관관계

피어슨(Pearson)의 상관관계(적률 상관관계, r로 표현)는 두 변수가 등간 또는 비율척도로 측정된 변수인 경우에 가장 많이 사용하는 상관분석 방법이다. 피어슨의 상관관계의 경우 두 변수 간 직선적 관계가 있어야 하며, 각 행과 열의 분산도(변산도)가 비슷해야 하며, 적어도 한 변수가 정상분포를 이루고 있어야 하나, 적은 사례일 경우에는 신뢰할 수 없는 단점이 있다.

·서열변수의 상관관계

스피어만의 순위 상관관계(Spearman's rank order correlation)는 독립, 종속변수가 서열변수인 경우 단순 상관관계를 산출한다. 주어진 자료의 등간성이 의문시되거나, 변수들 점수가 극단적 분포를 나타내거나, 척도나 점수의 의미가 서열적인 경우 Pearson의 r(적률 상관관계) 대신 사용하는 것이 유리하다. 스피어만의 R 계수도 있는데, 이는 순위 상관관계로 사례 수가 많거나 두 변수 간의 순위의 차이가 커서 계산이 길 때 사용하면 편리하나 정확도는 떨어진다. 캔달의 타우 b (Kendall's tau b)는 독립변수와 종속변수가 서열변수인 경우에 사용한다.

·양분 상관관계

양분 상관관계(Biserial Coefficient of Correlation)는 r_b로 표기되며 한 변인은 연속적 변인인데 나머지 한 변인이 두 유목(類目)으로 나와 있는 경우를 말한다. 예를 들면, X 변인이 정규분포를 가정한 대입 성적일 때 Y 변인이 합격, 불합격 (양분)되어 있는 형식의 상관관계를 구하고자 할 때 사용된다.

·양류 상관관계

양류 상관관계(Point-Biserial Coefficient of Correlation)은 r_{pb}로 표기하며 X, Y 변인 중에 어느 하나가 두 유목으로 되어있으며 이것이 비연속적인 경우이거나 정상분포가 이루어지지 않을 때 사용된다.

·사분 상관관계

사분 상관관계(Tetrachoric Coefficient of Correlation)는 rt로 표기되며 기본가정은 Pearson r과 같다. 즉, X, Y 변인이 정상분포를 이루고 있으며 직선적인 성격을 갖고 있는데 연속적 변인이 양분(兩分)의 형태를 취할 때 사용된다. 예를 들면, 사례 수 100명을 대상으로 지능지수 상층집단과 하층집단이 기말고사 시험의 합격-불합격과의 상관관계를 산출하고자 할 때 사용된다.

·회귀분석과 상관관계

회귀분석의 경우 인과관계성이 전제되어야 한다. 또한 등간성, 정규분포성, 선형성 등의 조건이 필요하며 잔차 등 검정해야 하는 복잡한 과정이 필요하다. 그러나 상관관계에서는 이와 비교하여 다소 자유롭다. 특히, 서열변수인 경우에도 상관관계를 구할 수 있다. 그러나 상관관계는 두 변수의 관계를 예측할 수 있는 정도일 뿐 회귀분석처럼 변수 간의 관계를 정확한 예측값, 즉 회귀방정식으로 제시할 수는 없다.

2. 단순 상관분석(Simple Correlation Analysis)

단순 상관분석은 두 변수 간의 관계를 알고자 할 때 사용한다.

2-1. 단순 상관분석의 경로

경로 ☞ 탑 메뉴 > 분석 > 상관분석 > 이변량 상관(B)

데이터 설명 : 태권도를 수련한 어린이들의 체력측정 결과

2-2. 단순 상관분석의 실행

측정된 어린이들의 체력측정 변수 중에서 체중과 배근력이 상관관계가 있는지 분석하고자 한다. 상관관계를 구할 변수는 대화상자에서 오른쪽으로 이동한 후 OK를 선택한다. 변수가 등간척도 이상일 때는 그대로 OK를 실행하면 된다. 피어슨의 상관분석(적률 상관관계)이 기본으로 설정되어 있고 옵션을 선택하면 평균과 표준편차를 구할수 있으며, 여러 개의 변수를 동시에 이동시켜도 된다.

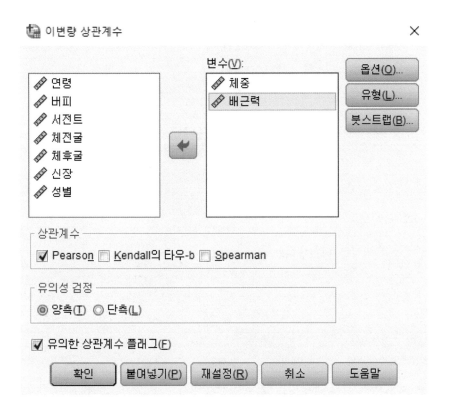

2-3. 단순 상관분석의 결과해설

(1) 상관계수

피어슨의 적률 상관관계(Pearson Correlation)를 살펴보면 결과는 변수와 우측의 변수가 만나는 셀(Cell)을 보면 된다.

① Pearson 상관계수

피어슨의 적률 상관관계 계수를 나타낸다.

상관관계

		체중	배근력
체중	Pearson 상관	1	.776**
	유의확률 (양측)		.000
	N	20	20
배근력	Pearson 상관	.776**	1
	유의확률 (양측)	.000	
	N	20	20

**. 상관관계가 0.01 수준에서 유의합니다(양측).

② 유의확률(양쪽)

상관관계의 유의성을 나타낸다.

③ N

상관분석에 사용된 사례 수를 나타낸다.

체중과 체중, 배근력과 배근력은 동일한 변수이기 때문에 상관관계 계수가 1.00으로 나타난다. 체중과 배근력의 상관관계 계수는 0.776**으로 체중이 높을수록 배근력이 높게 나타나는 정적 상관관계로 높은 상관성이 있는 것으로 나타났다. 그리고 유의성 sig(p)는 0.000으로 0.01보다 작기 때문에 적률 상관관계에서 별표 두 개(**)로 표시된다. 따라서 결론적으로 측정자의 체중이 높을수록 배근력은 높은 경향을 나타내며 체중과 배근력 사이에는 높은 정적상관이 있는 것을 알 수 있다.

3. 서열변수의 상관분석(Ordinal Correlation Analysis)

3-1. 서열변수의 상관분석 경로

경로 ☞ 탑 메뉴 > 분석 > 상관관계 > 이변량 상관(B)~*단순 상관분석과 동일*

3-2. 서열변수의 상관분석 실행

서열변수이거나 등간성이 의심되는 변수들의 상관관계를 구하는 방법과 해설은 위와 동일하다. 그러나 단순 상관분석 명령어 창으로 이동한 후 상관계수(Correlation Coefficients)에서 **Kendall**의 타우-b 또는 **Spearman**을 선택하여야 한다.

	행복도	흥미도	학력수준	변수	변수	변수	변수	변수	변수	변수	변수
1	5	5.00	4.00								
2	5	2.00	4.00								
3	2	3.00	3.00								
4	2	2.00	2.00								
5	2	1.00	1.00								
6	1	2.00	2.00								
7	2	2.00	3.00								
8	2	2.00	3.00								
9	1	1.00	1.00								
10	1	2.00	2.00								
11	1	2.00	2.00								
12	1	2.00	2.00								
13	1	1.00	3.00								
14	2	2.00	3.00								
15	1	2.00	3.00								
16	2	3.00	3.00								
17	3	2.00	2.00								
18	1	1.00	3.00								
19	2	3.00	1.00								
20	1	1.00	2.00								
21	1	2.00	2.00								
22	2	2.00	2.00								
23	1	1.00	2.00								
24	2	1.00	2.00								
25	1	2.00	2.00								
26	5	3.00	3.00								

코딩 설명 : (행복도= ① 매우 불행 ② 불행 ③ 보통 ④ 행복 ⑤ 매우 행복)
(흥미도= ① 관심 없다 ② 보통 ③ 흥미롭다 ④ 매우 흥미롭다)
(학력 정도= ① 중졸 ② 고졸 ③ 대졸 ④ 대학원 졸)

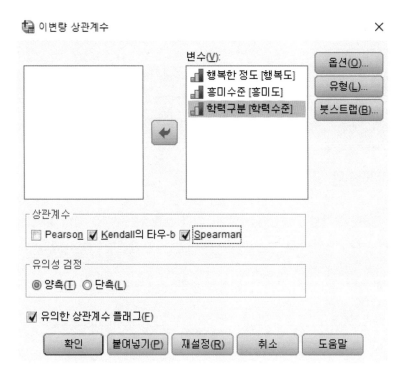

· <u>K</u>endall의 타우-b와 <u>S</u>pearman의 서열 상관관계(rho)는 피어슨의 적률 상관관계 (Pearson Correlation)와 비교해보면 거의 차이가 없다.

3-3. 서열변수의 상관관계 결과해설

(1) 상관계수

<u>K</u>endall의 타우-b와 <u>S</u>pearman의 서열 상관관계(rho) 분석결과를 살펴보면, 결과는 좌측의 변수와 상단의 변수가 만나는 셀(Cell)을 보면 된다.

<u>K</u>endall의 타우-b의 경우 행복한 정도와 흥미 수준, 학력 구분의 상관계수가 각각 0.508과 0.341로 나타났다. 이 행복한 정도가 높을수록 흥미 수준과 학력이 높은 것을 의미하며 정적 상관관계를 나타냈다. 그러나 흥미 수준과 학력 정도는 상관관계 계수 가 상당히 낮게 나타나 두 변수 간의 상관관계는 거의 없는 것으로 나타났다(0.285). <u>S</u>pearman의 서열 상관관계(rho)도 <u>K</u>endall의 타우-b와 비슷한 결과를 나타낸 것을 알 수 있다.

※상관분석의 유의성은 사례 수와 밀접한 관련이 있다. 따라서 사례 수가 많을수록 유의도가 높아지지만, 상관계수 자체가 높아지는 것은 아니다.

상관관계

			행복한 정도	흥미수준	학력구분
Kendall의 타우-b	행복한 정도	상관계수	1.000	.508**	.341*
		유의확률 (양측)	.	.002	.039
		N	30	30	30
	흥미수준	상관계수	.508**	1.000	.285
		유의확률 (양측)	.002	.	.086
		N	30	30	30
	학력구분	상관계수	.341*	.285	1.000
		유의확률 (양측)	.039	.086	.
		N	30	30	30
Spearman의 rho	행복한 정도	상관계수	1.000	.554**	.377*
		유의확률 (양측)	.	.001	.040
		N	30	30	30
	흥미수준	상관계수	.554**	1.000	.308
		유의확률 (양측)	.001	.	.098
		N	30	30	30
	학력구분	상관계수	.377*	.308	1.000
		유의확률 (양측)	.040	.098	.
		N	30	30	30

**. 상관관계가 0.01 수준에서 유의합니다(양측).

*. 상관관계가 0.05 수준에서 유의합니다(양측).

4. 편(부분) 상관분석(Partial Correlation Analysis)

4-1. 편(부분) 상관분석의 경로

경로 ☞ 탑 메뉴 > 분석 > 상관분석 > 편 상관(부분 상관관계, R)

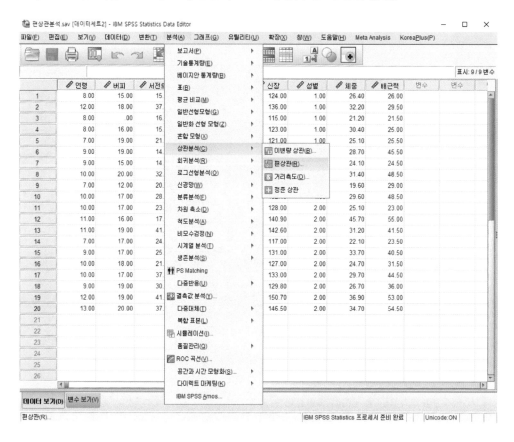

편 상관분석(부분 상관분석, Partial Correlation)은 제3의 변수를 통제하였을 때, 두 변수가 가지는 상관관계를 구하는 것으로 이 제3의 변수를 통제변수라 한다. 여기서 통제란 제3의 변수의 영향을 제거함으로써 두 변수에 미치는 영향을 고정하여 보다 정확한 상관관계를 구할 수 있게 된다. 예를 들면 체중과 배근력의 상관관계를 구하되 연령을 통제할 경우에 사용할 수 있다. 즉, 체중과 배근력에 미치는 연령의 영향력을 제거한다는 의미이다.

· 편 상관관계를 구할 경우 제어변수(C)에 연령을 이동하고, 변수에 체중과 배근력을 이동시키면 된다. 옵션(O)을 선택하여 평균과 표준편차(M) 또는 0차 상관(Z) 표시하면 된다.

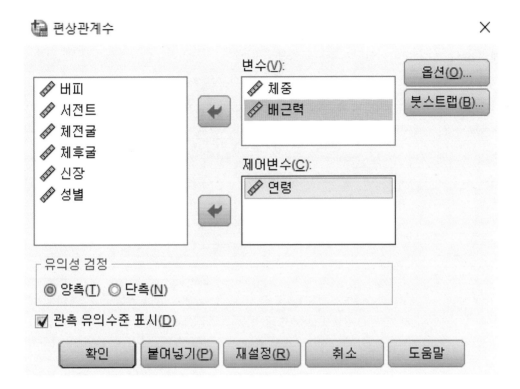

4-2. 편 상관분석의 결과해설

(1) 기술 통계량

체중과 배근력 및 연령의 평균과 표준편차 및 사례 수가 나타나 있다.

기술통계량

	평균	표준화 편차	N
체중	28.9600	6.07570	20
배근력	36.3250	11.75661	20
연령	9.5000	1.73205	20

(2) 상관관계

통제변수가 "-지정 않음-ª"과 "연령"이라고 표시되는 두 가지로 나타난다. 먼저 통제
변수를 지정 않은 체중과 배근력 사이의 상관관계는 유의미한 수준(p=.000)이고 0.776
으로 다소 높은 정적 상관관계를 나타내었다. 즉, 체중이 증감에 따라 배근력 증감이
매우 높다는 것을 의미한다. 그러나 통제변수로 "연령"을 지정한 후 체중과 배근력 사
이의 편 상관관계(r=0.576, p<0.01)를 단순 상관분석 결과(r=0.776)와 비교해보면 약간
다르다는 것을 알 수 있다. 즉 연령을 통제변수로 지정한 후 체중과 배근력 사이의 상
관관계가 다소 낮아졌다. 이는 연령이 체중과 배근력에 미치는 영향이 있다는 것을 알
수 있으며 연령이 미치는 영향을 제외함으로써 체중과 배근력의 상관관계가 다소 낮아
지는 것을 알 수 있다.

상관관계

대조변수			체중	배근력	연령
-지정않음-ª	체중	상관관계	1.000	.776	.696
		유의확듈(양측)	.	.000	.001
		자유도	0	18	18
	배근력	상관관계	.776	1.000	.679
		유의확듈(양측)	.000	.	.001
		자유도	18	0	18
	연령	상관관계	.696	.679	1.000
		유의확듈(양측)	.001	.001	.
		자유도	18	18	0
연령	체중	상관관계	1.000	.576	
		유의확듈(양측)	.	.010	
		자유도	0	17	
	배근력	상관관계	.576	1.000	
		유의확듈(양측)	.010	.	
		자유도	17	0	

a. 셀에 0차 (Pearson) 상관이 있습니다.

제19장

t 검정(t-test)

목적

표본 집단을 표집하여 그 결과를 비교하고자 할 때 그 결과를 과연 전집의 결과값으로 신뢰하여 인정할 수 있는지 유·무를 검정할 때 사용된다. 즉, t 검정(t-test)은 두 집단 간의 평균 차이를 평균 간 차이의 표준오차로 나눈 값(t 값)과 자유도(df)를 기초로 하여 그러한 차이가 표집의 오차에 의하여 일어날 확률을 계산하여 그 확률이 대개 5% 이하이면 표집에 의한 차이가 전체 집단의 차이인 것으로 인정하는 것을 말한다.

---

1. t 검정(t-test)의 기본개념

(1) 작은 표본과 그 분포

표집분포가 정상분포를 이루고 있지 않을 경우 작은 표본 이론에 기초한 t 분포를 기반으로 하여 모수 값의 추정과 가설을 검정하는 방법이 t 검정(t-test)이다.

즉, 조사 또는 측정되는 사례 수가 적은 경우 정규분포곡선의 z 점수에 기초하여 모집단의 값인 모수 값을 추정하기에 부적합하므로, t 분포(t-Distribution)의 원리에 기초하여 t 값을 계산하여 가설검정과 추리통계를 실시한다. 특히 t 검정은 표본 평균값의 모수 값과 유의도 검정에서 사용할 수 있는데, 이는 표본의 평균값의 차이가 모수 값에서도 나타나는 차이에 의한 것인지, 아니면 표본에서 발생한 우연한 차이에 의한 것인지를 검정할 수 있으며, 모수 값을 추정하는 95%의 신뢰구간의 값을 구할 수 있다. 또한 두 독립표본 또는 독립집단의 평균비교 등에서도 사용할 수 있다.

(2) t 분포에서 가설검정

t 값으로 통계값 차이의 유의도를 검정하며, 두 독립표본과 두 종속표본의 경우, 대

응비교(쌍체비교)일 경우에 그 방법이 틀리나 $p<0.05$ 또는 $p<0.01$로 결정한다. 여기에서도 영가설을 기본으로 적용하게 되는데, "두 독립표본(집단)의 종속변수에 평균 차이가 없다"라는 영가설이 발생할 확률(p)을 t 값과 자유도(df)를 통하여 검정하게 된다.

(3) 독립표본의 t 검정(Independent Samples t-test)의 검정 원리

독립표본의 t 검정은 두 집단 평균값의 t 검정을 실시할 수 있으며, 독립변수 내의 두 개의 집단 평균점수의 차이가 유의미한지를 검정할 때 사용한다. 즉 A 집단과 B 집단에서 각각 측정한 신장의 평균 차이를 구할 때, 통제집단과 실험집단의 실험 효과성 차이 등을 검정할 때 사용한다. 예를 들면, 소표본 집단별 체지방률과 신장의 평균 차이가 있는지 비교해보자. 이때 두 독립집단의 표본의 수가 같은가와 다른가에 따라 공식이 달라진다. 여기에서는 동일한 표본의 수를 예로 들었다.

① 독립표본의 t 검정 결과

집단통계량

	그룹	N	평균	표준화 편차	표준오차 평균
체지방률	남자	10	24.9000	1.19722	.37859
	여자	10	28.7000	1.33749	.42295
신장	남자	10	173.9000	4.25441	1.34536
	여자	10	164.3000	3.71334	1.17426

독립표본 검정

		Levene의 등분산 검정		평균의 동일성에 대한 T 검정					차이의 95% 신뢰구간	
		F	유의확률	t	자유도	유의확률 (양측)	평균차이	표준오차 차이	하한	상한
체지방률	등분산을 가정함	.346	.564	-6.694	18	.000	-3.80000	.56765	-4.99258	-2.60742
	등분산을 가정하지 않음			-6.694	17.783	.000	-3.80000	.56765	-4.99362	-2.60638
신장	등분산을 가정함	1.237	.281	5.376	18	.000	9.60000	1.78575	5.84829	13.35171
	등분산을 가정하지 않음			5.376	17.677	.000	9.60000	1.78575	5.84337	13.35663

② 독립표본의 t 검정 결과의 해설

남자집단과 여자집단의 자유도(df)는(남자의 사례 수 + 여자의 사례 수 -2)=18 이고,

남자집단과 여자집단 사이의 체지방률의 t 값 -6.694가 위치하는 값을 부록 t 분포도를 보고 유의수준을 결정하게 된다. t 값 -6.694는(유의도의 수준을 검정하는데 +, - 부호는 상관이 없다) 1%의 유의수준(p<0.01)인 2.552보다 크다. 즉, 남자집단과 여자집단 간의 체지방률은 매우 높은 차이가 있으며, 일반적으로 유의수준 p<0.05수준을 기준으로 영 가설에 대한 기각역(부정하는 한계영역)을 결정한다면 집단에 따라 신장의 차이가 있다고 결론지을 수 있다.

(4) 대응(쌍체, 쌍표본)비교의 t-test(Paired Sample t-test)의 검정 원리

대응비교의 t 검정(Paired Sample t-test)은 동일표본에서 측정된 두 변수값의 평균 차이를 검정하기 위하여 사용되는 방법으로, 한집단의 사전, 사후 검사 차이를 검정할 때 사용할 수 있다. 예를 들어 C 집단을 8주간 웨이트 트레이닝을 시킨 후 체지방률 (%fat)의 감소를 알아보고자 할 때의 트레이닝 전과 트레이닝 후의 평균 체지방률을 비교할 경우 사용할 수 있다. 여기에서는 동일한 대상이 측정되기 때문에 사례 수는 동 일하다.

① 대응표본의 t 검정 결과

대응표본 통계량

		평균	N	표준화 편차	표준오차 평균
대응 1	체지방률전	27.7000	10	1.25167	.39581
	체지방률후	26.6000	10	.84327	.26667

대응표본 상관계수

		N	상관관계	유의확률
대응 1	체지방률전 & 체지방률후	10	.716	.020

대응표본 검정

		대응차					t	자유도	유의확률 (양측)
		평균	표준화 편차	표준오차 평균	차이의 95% 신뢰구간 하한	상한			
대응 1	체지방률전 - 체지방률후	1.10000	.87560	.27689	.47364	1.72636	3.973	9	.003

② 대응표본의 t 검정 결과의 해설

8주간 웨이트 트레이닝을 실시한 후 체지방률의 전과 후의 자유도는 9(N-1)이고, t 값은 3.973이다. 이것을 t 분포도를 보고 유의수준을 결정해보면 유의수준 5%인 2.262(부록참고)보다 큰 값이며, 유의수준 1%인 2.821보다도 큰 값이다. 따라서 $p < 0.01$수준에서 매우 유의미한 평균의 차이가 있다고 볼 수 있다.

⇨ 즉, 웨이트 트레이닝 전과 후에는 체지방률(%fat)이 큰 차이가 있었다고 결론 내릴 수 있다. 여기서 웨이트 트레이닝 전과 후의 체지방률(%fat) 평균 차이가 없다는 영가설이 발생할 확률이 1%보다도 작기 때문에 영가설을 기각하여 평균 차이가 있다고 결론을 내릴 수 있다.

2. 일표본 t 검정

일반적으로 하나의 독립변수 내의 지정 값과 그 집단의 평균을 비교하는 방법으로 지정 값과 집단의 평균의 차이가 통계적으로 유의미한지를 파악할 때 사용한다. 이때 독립변수는 한 개의 집단이며 반드시 등간척도 이상으로 측정되어야 한다.

2-1. 일표본 t 검정의 경로

경로 ☞ 탑 메뉴 > 분석 > 평균비교 > 일표본 t 검정(S)

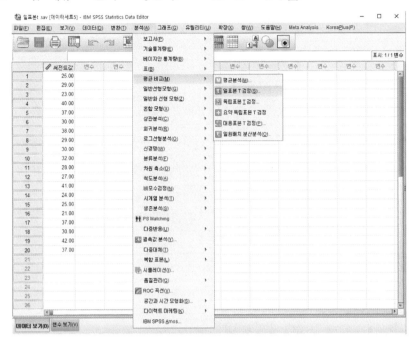

· A그룹에서 20명의 써전트 점프 값을 측정하였다. 그중 B가 써전트 점프를 2회 실시하여 최고값이 30cm로 측정되었다. 이때 A그룹의 써전트 점프 평균값과 B의 써전트 점프 측정값(30cm)이 평균의 차이가 있는지 알아보고자 한다.

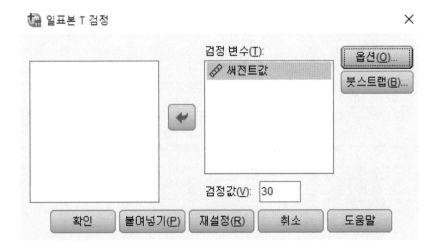

· 대화창 왼쪽에 있던 "써전트 값"을 검정 변수(T)로 이동한다. 그런 다음 검정 값(V)에 B의 측정값 30을 입력한 후 확인을 누른다.

2-2. 일표본 t 검정의 결과해설

(1) 일표본 통계량

A그룹의 써전트 점프 평균값은 31.25cm이고 표준(화)편차는 6.40621cm를 나타냈다. 또한 평균의 표준오차는 1.43247로 나타났다.

일표본 동계량

	N	평균	표준화 편차	표준오차 평균
써전트값	20	31.2500	6.40621	1.43247

(2) 일표본 검정

A그룹의 써전트 점프 평균값 31.25cm와 B의 써전트 점프 측정값 30cm의 평균 차이가 있는지 알아보고자 일표본 t-검정을 실시하였다. A그룹의 써전트 점프 평균값과 B의 써전트 점프 측정값의 평균 차이는 1.25cm로 나타냈다. 또한 t 값은 0.873을 나타냈고 유의확률은 $p > 0.05$를 나타내 영가설을 수렴하였다. 따라서 A그룹의 써전트 점프 평균값과 B의 써전트 점프 측정값은 통계적으로 유의한 차이가 없는 것으로 나타났다.

일표본 검정

검정값 = 30

	t	자유도	유의확률 (양측)	평균차이	차이의 95% 신뢰구간 하한	상한
써전트값	.873	19	.394	1.25000	-1.7482	4.2482

3. 독립표본의 t 검정(Independent Samples t-test)

일반적으로 독립변수 내의 두 집단의 평균을 비교하는 방법으로 모집단의 분산을 모를 때 사용하며, 두 집단 간의 평균의 차이가 통계적으로 유의미한지를 파악할 때 사용한다. 이때 독립변수는 두 개의 집단이어야 하며 종속변수는 반드시 등간척도 이상으로 측정되어야 한다. 종속변수가 서열변수이거나 등간성이 의심이 될 경우에는 비모수 통계분석을 이용하여야 한다.

3-1. 독립표본의 t 검정 경로

경로 ☞ 탑 메뉴 > 분석 > 평균비교 > 독립표본 t 검정(T)

· 성별에 따라 측정자의 서전트 점프의 차이가 있는지 분석하였다. 종속변수 서전트 점프의 측정값을 검정변수(T)로 이동한다. 집단변수(G)로 이동한 후 집단 정의(D)를 선택하여 집단 1과 2를 각각 입력한다. 1과 2는 SPSS Statistics에 입력한 데이

터로 1은 여자, 2는 남자를 의미한다.

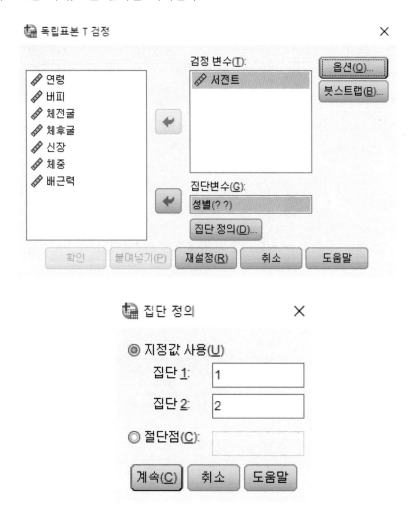

· 집단 정의(D)를 선택하면 집단 1에는 독립변수 성별의 여자에 해당하는 변수값 1
을 입력하며, 집단 2에는 남자에 해당하는 변수값 2를 각각 입력한 후 계속(C)을
선택한다. 그리고 확인을 선택하면 된다. 만약 독립변수가 점수를 가지거나 범주가
넓은 변수, 서열 이상의 변수일 경우 절단점(Cut point)을 이용한다. 예를 들면, 측
정자 학력을 고졸(변수값 3) 이하와 대졸(변수값 4) 이상을 기준으로 t 검정을 하
고자 할 때 절단점(Cut point)에 기준값이 되는 3을 입력하면 되며, 집단 1과 2는
입력하지 않아도 된다.

3-2. 독립표본의 t 검정 결과해설

(1) 집단통계량

독립변수 성별의 여자와 남자라는 각 집단별로 측정자 수, 표준(화)편차, 표준오차가 얼마인지 알려준다. 여자의 서전트 점프의 평균값은 21.20cm, 남자의 서전트 점프의 평균값은 29.60cm이다.

집단통계량

	성별	N	평균	표준화 편차	표준오차 평균
서전트	여자	10	21.2000	8.31064	2.62805
	남자	10	29.6000	8.80909	2.78568

(2) 독립표본 검정

Levene의 등분산 검정(F 검정(Leven's Test for Equality of Variances)은 분산(변량)의 동일성을 검정하는 것으로 두 독립집단 여자, 남자의 분산이 동일한지를 사전에 검사한다. Levene의 F 검정은 두 집단의 분산이 동일할 확률을 알려준다.

여기에서는 **영가설(두 집단의 분산이 동일하다)**이 나올 확률이 0.618이므로, $p > 0.05$이다. 따라서 두 집단의 분산이 동일하다는 가설은 수렴되며, 두 집단의 분산이 같다는 t 검정 결과(**등분산을 가정함**)를 보아야 한다.

독립표본 검정

		Levene의 등분산 검정		평균의 동일성에 대한 T 검정						
		F	유의확률	t	자유도	유의확률 (양측)	평균차이	표준오차 차이	차이의 95% 신뢰구간 하한	상한
서전트	등분산을 가정함	.257	.618	-2.193	18	.042	-8.40000	3.82971	-16.44592	-.35408
	등분산을 가정하지 않음			-2.193	17.939	.042	-8.40000	3.82971	-16.44787	-.35213

Levene의 등분산 검정(F 검정)을 하는 이유는 t 검정의 대상이 소집단인 경우가 많으므로 두 집단의 분산이 동일한지, 다른지에 따라 t 검정의 방법이 달라지기 때문이다.

① p〉0.05

두 집단의 분산이 같다는 F 검정의 유의도(**_등분산을 가정함_**; 분산이 동일한 것으로 가정함)로 이동한다.

② p〈0.05

두 집단의 분산이 다르다는 F 검정의 유의도(**_등분산을 가정하지 않음_**; 분산이 동일하지 않는 것으로 가정함)로 이동한다.

③ **등분산을 가정함(Equal variances assumed)**

동일한 분산이 관측됨을 알려준다. 이때 t 값이 -2.193이며, 자유도(df)가 18이다.

④ **유의확률(양쪽)(2-tailed Sig)**

양방검정의 유의도로 두 집단의 평균 차이가 없다는 영가설이 맞을 확률(발생할 확률)을 알려준다. 즉, 영가설을 기각할 경우에 유의해야 할 수준이다. 유의도는 p<0.042로 평균 차이가 없다는 영가설이 맞을 확률 5%도 안 된다는 것으로 바꾸어 말하면 95% 수준에서 영가설이 틀린 경우이다. 즉, 평균의 차이가 있다는 대립가설이 맞는 것으로 영가설이 기각된다. **결론적으로 성별에 따른 써전트 점프 값은 통계적으로 유의한 차이를 나타냈다.**

⑤ **평균차(Mean Difference)**

두 집단의 평균 차이가 8.400이다.

⑥ **차이의 평균 오차(Std. Error Difference)**

두 집단 평균 차이의 표준오차가 3.82971이다. 차이의 95% 신뢰구간(95% Confidence Interval of the Mean) : 95% 신뢰구간을 말한다.

4. 대응표본의 t 검정(Paired Samples t-test)

"쌍체 비교" 또는 "쌍표본 비교"라고도 불리는 대응표본의 t 검정은 동일한 표본에서 두 변수의 평균의 차이를 비교할 경우에 사용한다. 예를 들면, 태권도 선수들이 동계훈련을 들어가기 전과 후의 안정시 심박수를 측정 비교하기 위해 사용한다. 흔히 실험설계 또는 유사 실험설계 등에서 사전·사후 검사의 평균 차이를 검정을 할 때 사용한다.

4-1. 대응표본의 t 검정 경로

경로 ☞ 탑 메뉴 > 분석 > 평균비교 > 대응표본 t 검정(P)

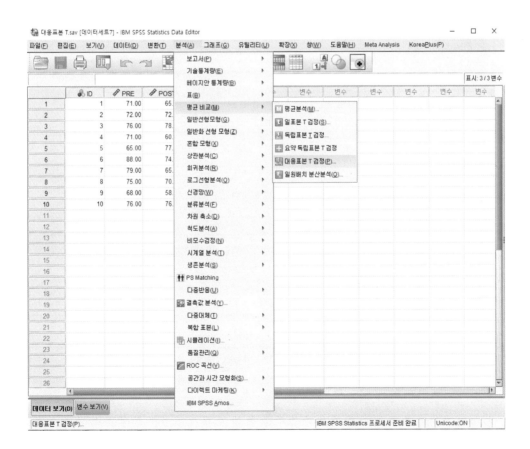

・12주간의 동계훈련이 태권도 선수들의 심장 능력을 간단히 측정할 수 있는 안정시 심박수(HR_{rest})에 변화를 주었는지 검정하기 위해 훈련 전을 "PRE"라는 변수로 지정하였고, 훈련 후를 "POST"라는 변수로 지정하였다. 즉, 동계훈련을 참여하기 이전의 안정시 심박수와 동계훈련을 참여한 후의 안정시 심박수를 비교할 경우 대응표본 t-검정을 실시하였다.

・대화창 왼쪽에 있는 변수 중 화살표를 통해 변수 1에 PRE를 선택하고, 변수 2에 POST를 선택하여 대응 변수(V)로 이동시킨다.

4-2. 대응표본의 t 검정 결과해설

(1) 대응표본 통계량

동계훈련 전·후의 안정시 심박수에 대한 평균, 사례 수, 표준(화)편차, 표준오차가 제시되어 있다. 운동 전(PRE)의 안정시 심박수는 74.10회/분으로 운동 후(POST)의 안정시 심박수는 69.50회/분보다 4.6회/분 정도 높다.

대응표본 통계량

		평균	N	표준화 편차	표준오차 평균
대응 1	PRE	74.1000	10	6.40226	2.02457
	POST	69.5000	10	7.15309	2.26201

(2) 대응표본 상관계수

두 변수의 적률 상관관계(Pearson Correlation)를 나타낸다. 두 변수의 상관관계는 0.266으로 낮은 상관관계를 나타냈다. 즉 운동 전(PRE)과 운동 후(POST)의 상관성은 있으나 상관관계는 낮은 것으로 나타났다.

대응표본 상관계수

		N	상관관계	유의확률
대응 1	PRE & POST	10	.266	.458

(3) 대응표본 검정

운동 전(PRE) 안정 시 심박 수에서 운동 후(POST) 안정 시 심박 수를 뺀(대응비교) 값에 대한 정보와 t 검정 결과가 나와 있다. 대응비교는 독립표본의 t 검정처럼 전체의 평균을 가지고 비교하는 것이 아니라 개별 값의 차이를 비교한 것이다.

대응표본 검정

		대응차					t	자유도	유의확률 (양측)
		평균	표준화 편차	표준오차 평균	차이의 95% 신뢰구간 하한	상한			
대응 1	PRE - POST	4.60000	8.23542	2.60427	-1.29127	10.49127	1.766	9	.111

① 평균(Mean)

개별 운동 전(PRE) 안정시 심박수에서 개별 운동 후(POST) 안정시 심박수를 뺀 각 각의 차이 값이 평균을 의미한다. 운동 전 안정시 심박수(74.10회/분) - 운동 후 안정시 심박수(69.50회/분)= 4.60회/분이 나온다. 이것은 운동 전 안정시 심박수가 높다는 것을 의미한다.

② 표준(화) 편차(Std. Deviation)

운동 전(PRE) 안정시 심박수에서 운동 후(POST) 안정시 심박수를 뺀 각각의 차이의 값의 표준편차를 말한다.

③ 평균의 표준오차(Std. Error Mean)

운동 전(PRE) 안정시 심박수에서 운동 후(POST) 안정시 심박수를 뺀 각각의 차이의 값 평균의 표준편차를 말한다. 다른 말로 표준오차라고도 말한다.

④ 차이의 95% 신뢰구간(95% Confidence Interval of the Difference)

95% 신뢰구간이다.

⑤ t

운동 전(PRE) 안정시 심박수와 운동 후(POST) 안정시 심박수 비교의 t 값이다. t=1.766이다. 자유도(df)와 함께 유의수준을 결정한다.

⑥ 자유도(df, Degree of Freedom)

운동 전(PRE) 안정시 심박수와 운동 후(POST) 안정시 심박수의 자유도(df)는 10-1=9이다.

⑦ 유의확률(양쪽)(Sig. 2-tailed)

양방검정의 유의도로 운동 전(PRE) 안정시 심박수와 운동 후(POST) 안정시 심박수의 평균 차이가 없다는 영가설이 맞을(발생할) 확률의 p이다. p 값이 0.111이므로 p>0.05이다. 따라서 운동 전(PRE) 안정시 심박수와 운동 후(POST) 안정시 심박수의 평균 차이가 없다는 영가설이 발생할 확률이 5% 이상이기 때문에 수렴된다.

따라서 "평균 차이가 없다"라고 결론을 내릴 수 있다. 즉, 운동 전 안정시 심박수가 동계훈련 후 다소 감소하였지만 통계적으로 유의하지 않았다.

제20장

비모수 통계분석

목적

비모수 통계분석은 t 검정이나 분산분석(ANOVA)을 사용할 수 있는 등간척도 이상으로 구성된 종속변수가 아닌 서열척도로 종속변수가 구성되어 있을 때, 또는 등간성이 의심되거나 정규분포성을 얻지 못할 경우에 순위(Rank)를 통하여 변수 간의 차이를 비교할 때 사용되는 분석방법이다.

1. 맨 위트니 유 검정(Mann-Whitney U Test)

1) 맨 위트니 유 검정(Mann-Whitney U Test)의 기본개념

맨 위트니 유 검정(Mann-Whitney U Test)은 측정변수가 서열변수일 때 두 독립표본의 집단 간의 차이를 검정하는 비모수적 추리통계 방법이다. 이런 면에서 보면 척도의 차이만 있을 뿐 t-test(t 검정)와 유사하다고 볼 수 있다.

맨 위트니 유 검정(Mann-Whitney U Test)은 t 검정과 같이 두 독립표본이 동일한 모집단에서 추출되었는가를 검정하는 것을 기본원리로 하고 있으나, t 검정이 요구하는 가정들이 충족되지 않았거나 또는 이 가정들을 피하려고 할 때, 그리고 주어진 자료가 등간척도 이상이 아닌 때에 사용된다. 즉, t 검정보다 더 편하고, 자유롭게 사용할 수 있다는 의미이다.

그러나 맨 위트니 유 검정(Mann-Whitney U Test)은 순위(Rank)의 비교를 통하여 두 집단 간의 차이를 검정하기 때문에 평균처럼 서로 비교할 수 있는 값을 가지게 되므로 해석의 수준이 다소 애매한 경우가 있다. 따라서 측정된 변수가 등간척도 이상이며, 일정한 가정만 충족이 된다면 순위의 평균을 비교하는 U 검정보다는 산술평균을 비교하는 t 검정을 사용하는 것이 더 좋다.

그러나 t 검정을 사용할 수 없는 상황이 될 경우에는 맨 위트니 유 검정(Mann-Whitney U Test)을 사용하는 것이 효과적이다. 이때 **종속변수의 자료가 최소한 서열변수 이상**이어야 하며 이는 서열변수 이상이어야만 Rank(순위)의 비교가 의미 있기 때문이다.

2) 맨 위트니 유 검정(Mann-Whitney U Test)의 경로

경로☞ 탑 메뉴 > 분석 > 비모수 검정(N) > 레거시 대화상자(L) > 2-독립표본

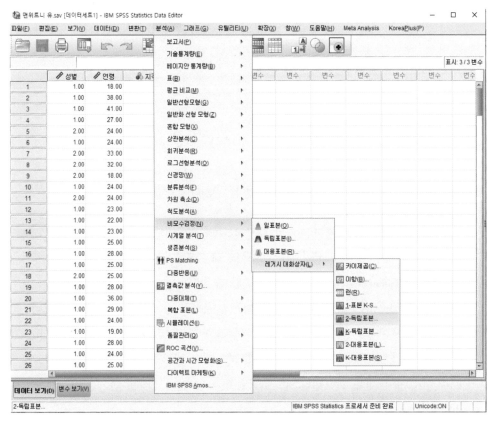

코딩 설명 : 성별(1-남자, 2-여자), 지각(1-자주 한다, 2-가끔 한다, 3-거의 하지 않는다)

3) 맨 위트니 유 검정(Mann-Whitney U Test) 분석의 실행

S 대학교에서 성별에 따라서 "지각에 대한 생각"이 차이가 있는지 알아보고자 설문지 조사를 실시하였다. 종속변수의 "지각에 대한 생각"을 검정 변수(T)로 이동한다. 독

립변수 "성별"은 집단 변수(G)로 이동한 후 집단정의(D)를 선택하여 집단(G)에 남자 (1), 여자(2)를 각각 입력한 후 계속을 누른다.

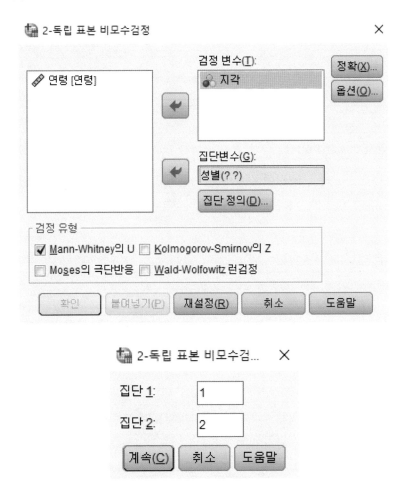

4) 맨 위트니 유 검정(Mann-Whitney U Test)분석 결과해설

(1) Mann-Whitney 검정

① 순위

지각에 대한 생각을 종속변수로, 성별을 독립변수로 하였을 경우의 Mann-Whitney 검정의 결과 중 순위(Rank)를 알려주고 있다. 순위라는 것은 각 집단별 개별 분포의 절대값이 낮은 순으로 순번(순위)을 매겼을 때 그 순번(순위)을 말한다.

Mann-Whitney 검정

순위

	성별	N	평균 순위	순위합
지각	남자	115	97.97	11266.00
	여자	102	121.44	12387.00
	전체	217		

② 순위 합(Sum of Rank)

남자는 115명, 여자는 102명이 설문에 참여하였으며, 모든 개별값의 순위를 합한 순위의 합(Sum of Rank)이 남자는 11266.00, 여자는 12387.00으로 나타났다.

③ 평균 순위(Mean Rank)

순위를 비교하기 위하여 순위의 합을 사례 수로 나누었으며, 그 나눈 값인 평균 순위(Mean Rank)는 남자가 97.97, 여자가 121.44로 여자의 평균 순위가 더 높게 나타났다. 평균 순위가 높다는 것은 "③거의 하지 않는다"처럼 높은 값으로 측정된 것이 더 많으며, 평균 순위가 낮다는 것은 "①자주 한다"처럼 낮은 값으로 측정된 것이 더 많다는 것을 의미한다. 즉, 여자가 남자보다 지각에 대한 정도는 평균 순위의 비교에서는 지각을 더 하지 않아야겠다는 생각이 우위를 나타냈다. 남자가 여자보다 지각하는 정도는 평균 순위의 비교에서 남자가 더 많다는 것으로 나타났다.

(2) 검정 통계량[a]

검정 통계량[a]

	지각
Mann-Whitney의 U	4596.000
Wilcoxon의 W	11266.000
Z	-3.064
근사 유의확률 (양측)	.002

a. 집단변수: 성별

① Mann-Whitney의 U

U값으로 영가설을 검정할 것인가 부정할 것인가를 검정하는 데 기준이 되는 것이다. 여기서 나온 U값이 표집 분포곡선에서의 U값과 같거나 작으면 영가설이 인정되며 무의미하다.

② Wilcoxon의 W

윌콕슨 W는 평균 순위(Mean Rank)가 높은 집단(실제 값에 있어서는 더 낮은 값을 갖는 집단)의 순위의 총합으로 W 나누기 사례 수는 평균 순위(Mean Rank)가 된다.

③ Z

Z값은 정규분포 곡선에 적용하였을 때 정규분포 곡선상의 위치하는 값이다.

④ 근사유의확률(양측)

유의도를 의미한다. 유의도 값이 0.002로 p<0.01 이므로 성별에 따라 지각에 대한 생각의 정도는 차이가 있는 것으로 나타났다. 그러나 평균 순위(Mean Rank)는 정도의 차이를 알 뿐이며, 평균 남자가 몇 회, 여자는 몇 회와 같이 직접 비교할 수 없다는 단점이 있다. 이런 문제는 옵션(O)에 있는 평균값 또는 사분위 수를 선택해 비교하면 된다.

2. 윌콕슨의 결합-조 기호-순위검정(Wilcoxon Matched-Pairs Signed -Ranks Test)

1) 윌콕슨의 결합-조 기호-순위검정의 기본개념

사전-사후 검사의 두 종속표본 간의 차이를 비교하고자 할 때, 주어진 자료가 서열변수(서열변수 이상)인 경우, 또는 대응비교를 할 수 있는 가정이 충족되지 않은 경우 Paired Sample t-test(대응비교 t 검정) 대신 Wilcoxon Matched-Pairs Signed-Ranks Test를 사용할 수 있다.

2) 윌콕슨의 결합-조 기호-순위검정의 경로

경로☞ 탑 메뉴 > 분석 > 비모수 검정 > 레거시 대화상자(L) > 2-대응표본(L)

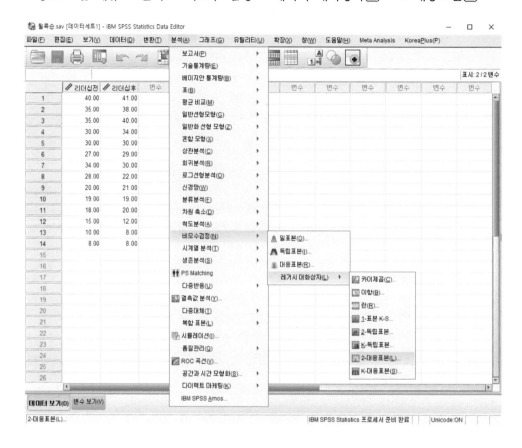

3) 윌콕슨의 결합-조 기호- 순위검정 분석의 실행

대응비교 할 두 변수를 차례로 선택한 후 이동을 한다. 그리고 옵션(O)을 선택한 후 확인을 선택하면 된다. 사전, 사후 값의 차이를 비교하거나, 아래와 같이 한 연구자가 Leadership에 대한 새로운 훈련방법이 종전의 훈련방법에 비해 효과 면에서 차이가 있는 가를 알아보고 효과가 크면 새로운 훈련방법을 채택하려고 한다. 이 실험을 위해서 N=14 쌍을 만든 다음 실험 전과 실험 후로 배정하여 일정 기간 훈련을 시킨 뒤에 Leadership scores를 측정한 결과 전·후의 차이 검정을 실시하였다.

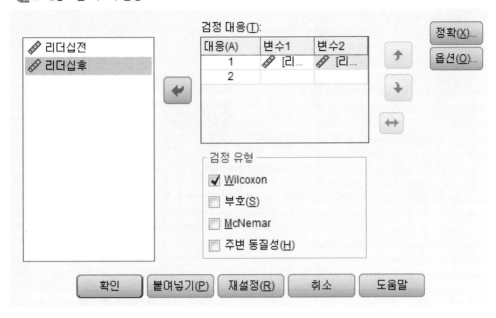

대화상자 왼쪽에 있는 리더십 전과 후 변수를 검정 쌍(T)으로 화살표를 이용하여 이동시킨다. 검정유형은 기본으로 Wilcoxon이 선택되어 있다.

4) 월콕슨의 결합-조 기호-순위검정 분석 결과해설

Wilcoxon 부호순위 검정

순위

		N	평균 순위	순위합
리더십후 - 리더십전	음의 순위	4[a]	7.50	30.00
	양의 순위	7[b]	5.14	36.00
	등순위	3[c]		
	전체	14		

a. 리더십후 < 리더십전

b. 리더십후 > 리더십전

c. 리더십후 = 리더십전

(1) 순위

통제집단에서 실험집단을 뺀(-) 검정 결과가 나타나 있다.

① 음의 순위(Negative Rank)

(a)리더십 후 < 리더십 전을 의미한다. 즉, 선행변수(또는 사전검사)가 후행 변수(또는 사후 검사)보다 점수(측정치)가 작은 경우이다. 여기에서 리더십 후가 선행변수이고 리더십 전이 후행 변수로 지정된다. 따라서 전체 14명의 응답자 중에서 4명이 이에 해당한다. 이 4명의 순위의 합은 30.00 이며, 평균 순위는 7.50이다.

② 양의 순위(Positive Rank)

(b)리더십 후 > 리더십 전을 의미한다. 선행변수(또는 사전검사)가 후행 변수(또는 사후 검사)보다 점수(측정치)가 큰 경우로 전체 14명의 응답자 중에서 7명이 이에 해당하며, 순위의 합은 36.00이며, 평균 순위는 5.14로 나타났다. 즉, 응답자가 음의 순위와 반대되는 응답을 한 경우를 말한다.

③ 등순위(Ties)

(c)리더십 후 = 리더십 전을 의미한다. 즉, 선행변수(또는 사전검사)와 후행 변수(또는 사후 검사)의 점수(측정치)가 같은 경우로 전체 14명 중에서 실험 전과 실험 후가 같은 수준으로 응답했다는 것을 의미한다. 본 실험집단에서는 3명이 해당하였다.

검정 통계량[a]

	리더십후 - 리더십전
Z	-.268[b]
근사 유의확률 (양측)	.789

a. Wilcoxon 부호순위 검정

b. 음의 순위를 기준으로.

(2) 검정 통계량

① Z

Z값은 정규분포 곡선에 적용하였을 때 정규분포 곡선상의 위치한 값이다. (a)는 음의 순위에 기초하여 분석하였음을 알려주며, (b)Wilcoxon 부호순위 검정을 의미한다. 즉, -0.268(마이너스) 값을 가진다는 것은 리더십 후가 리더십 전보다 더 점수(측정치)가 높다는 것을 의미한다. 이는 리더십 전에서 리더십 후를 뺐을 때 -값이 나온다는 것의 의미한다.

② 근사유의확률(양측)(Asymp. Sig.(2-tailed))

양측 검정 유의도를 나타낸다.

※ 여기에서는 양측 검정(2-tailed)을 실시하였지만 실험 목적을 보면 일방적 검정(1-tailed)이 더 타당성이 있다. 그러나 일방적 검정에서도 |Z|=-0.268, p>0.05를 나타내어 유의미한 차이가 없음을 알 수 있다. **따라서 일정한 훈련을 시킨 뒤에 Leadership scores는 차이가 없었다고 결론을 내릴 수 있다. 즉, 새로운 훈련방법을 적용할 수 없다.**

3. 크루스칼-윌리스의 순위 일원분산분석(Kruskal-Wallis Test)

1) 크루스칼-윌리스의 순위 일원분산분석(Kruskal-Wallis Test)의 기본개념

크루스칼-윌리스의 순위 일원 분산분석(Kruskal-Wallis Test)은 H 검정이라고 하며, 일원분산분석(One-way ANOVA, F 검정)에 대응하는 비모수적 추리통계 방법이다. 일원분산분석과 마찬가지로 2개 이상의 독립표본의 집단들 간의 차이의 유의도를 검정하는 것으로 정상분포 곡선, 등간격성 등의 가정에서 자유로우며, 단지 주어진 종속변수가 연속적 분포이며, 서열변수(또는 그 이상)이면 된다. 특히 주의할 점은 각 집단의 사례 수가 5 이상 되어야만 적용할 수 있다. 이는 H의 표집분포는 각 집단의 사례 수가 최소한 5 이상일 때 가능하기 때문이다.

2) 크루스칼-윌리스의 순위 일원 분산분석 (Kruskal-Wallis Test)의 경로

경로☞ 탑 메뉴 > 분석 > 비모수 검정 > 레거시 대화상자(**L**) > **K**-독립표본

변수 설명 (측정기록-100m 달리기 기록~참고로 작은 수치가 좋은 기록임)

3) 크루스칼-윌리스의 순위 일원 분산분석(Kruskal- Wallis Test)의 실행

독립표본의 집단이 2개 이상이면서 서열변수로 측정된 종속변수의 순위 비교를 검정하기 위하여 사용된다. 다음은 4그룹을 무선 배정한 다음 일정 기간 동안 4가지 다른 훈련방법으로 100m 달리기를 지도한 다음 기록을 측정하였다. 이 4가지 훈련방법이 100m 달리기 기록에 서로 다른 영향을 주었는지 분석하기 위해 실험을 실시하였다.

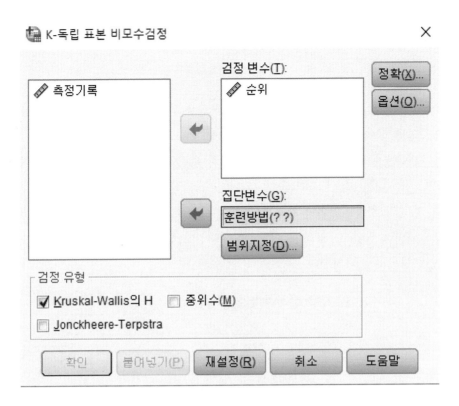

대화상자 왼쪽에 있던 종속변수 **순위(또는 측정기록)변수**를 화살표를 이용하여 검정변수(T)에 이동시키고 독립변수인 훈련방법을 집단변수(G)에 이동한 후 범위를 지정한다. 범위지정(D) 시 집단변수의 범위(R)를 최소값(N)은 "1"로 최대값(X)은 "4"로 지정한다.

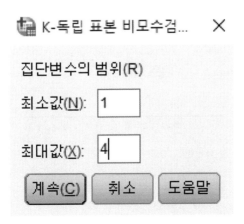

4) 크루스칼-윌리스의 순위 일원분산분석의 결과해설

(1) Kruskal-Wallis 검정

독립표본의 각 집단별로 사례 수(N)와 평균 순위(Mean Rank)를 알려준다. 평균 순위를 살펴보면, C의 훈련방법은 18.50으로 가장 높았고, 그다음 평균 순위로는 훈련방법 A로 12.33을 나타냈다. 즉 훈련방법 중 C의 훈련방법이 가장 높은 평균 순위를 나타냈으며, 이는 가장 느린 기록(초)을 의미하며, 가장 비효율적인 훈련방법이라고 할 수 있다. 반면 B의 훈련방법이 가장 낮은 평균 순위(빠른 기록(초))를 의미하며, 효율적인 훈련방법이라 말할 수 있겠다. 이때, 평균 순위가 높다는 것은 100m 달리기 기록이 가장 느리다는 것을 나타낸다.

Kruskal-Wallis 검정

순위

	훈련방법	N	평균 순위
순위	A방법	6	12.33
	B방법	6	7.00
	C방법	6	18.50
	D방법	6	12.17
	전체	24	

(2) 검정 통계량[a,b]

검정 통계량[a,b]

	순위
Kruskal-Wallis의 H	7.967
자유도	3
근사 유의확률	.047

a. Kruskal Wallis 검정

b. 집단변수: 훈련방법

① Kruskal-Wallis의 H

Kruskal-Wallis의 H값은 7.967이다.

② 자유도(df)

자유도를 의미하며, 독립표본의 집단이 모두 4개이므로 4-1=3이다.

③ 근사유의확률

양측 검정의 유의도를 나타낸다. 근사유의확률 값이 0.047 이므로, 유의도의 값은 $p < 0.05$에 해당한다. **따라서 훈련방법에 따라 기록에 대해 유의한 차이가 있다고 볼 수 있다.**

※ a. Kruskal Wallis(크루스칼-월리스)의 검정을, b 집단변수(Grouping Variable)는 훈련방법이 독립표본으로 선택된 변수인지를 알려준다.

제6부

SPSS Statistics 25의 활용(고급)

제21장

분산분석(ANOVA)

목적

일원배치분산분석(One Way ANOVA)은 F 검정, F 분석, 분산분석, ANOVA 등으로 불리며 분산분석은 한 요인(변수) 내에 있는 두 독립표본(개별 집단, 요인 수준) 이상의 종속변수의 평균 차이가 유의미한지를 비교할 때 사용한다. 따라서 종속변수는 등간 또는 비율척도로 측정된 변수이어야 한다.

---

1. 분산분석(변량분석, ANOVA)의 기본개념

(1) 분산(변량, Variance) = $(SD)^2$

분산(변량)은 얼마나 값들이 흩어져 있는지 알려주는 분산도의 일종으로 표준편차의 제곱이다. 앞에서 설명한 바와 같이 평균과 표준편차를 살펴보면, 평균은 여러 정보를 요약해 하나의 정보(집중경향)로 알려준다. 예를 들면, "측정자 평균 연령이 40세이다"라고 하는 것 등을 말한다. 그러나 평균은 한계가 있는데 정보들이 얼마나 분포되어 있는지(분산도, 산포도)에 대한 정보는 알려주지 못한다.

따라서 이를 보완해주는 것이 표준편차(**Standard Deviation**, 개별 값이 평균으로부터 떨어진 평균 거리)이다.

$$S = \sqrt{\frac{\sum (X - \overline{X})^2}{N}} \quad \text{또는} \quad \sqrt{\frac{\sum x^2}{N}}$$

(2) 모집단 분산과 표본 분산(Population Variance & Sample Variance)

· 전자는 모집단 안에 있는 사례들 간의 분산이고, 후자는 표본으로 추출된 사례들

간의 분산이다.

· 분산분석을 통한 가설검정은 결국 표본의 집단 간 평균값이 우연인지, 모집단의 본질적 차이로 인하여 표본에 그렇게 나타나는 것인지 분석하는 것이다.

(3) 체계적 분산과 오차 분산(Systematic Variance & Error Variance)

· 전자는 연구하고자 하는 어떤 변인의 영향에 의하여 생기는 분산으로 **집단 간 분산 (Between-Groups Variance)**이라고 하고, 후자는 표본에 나타난 우연히 생기는 분산을 뜻하는 것으로 각 측정변수의 분산의 총합(Total Variance)에서 체계적 분산을 뺀 나머지 분산으로 **집단 내 분산(Within-Groups Variance)**이라고 한다. 집단 간 분산은 각 집단의 평균들이 전체평균으로부터 얼마나 떨어져 있는가를 측정하는 것이며, 집단 내 분산은 각 집단의 평균값을 중심으로 그 집단에 포함되어 있는 측정값들이 얼마나 분산되어 있는지를 측정하는 것이다. 전체분산(Total Variance)은 각 표본의 측정값들이 전체평균으로부터 얼마나 분산되어 있는지를 측정하는 것이다. 분산분석은 집단 간 분산과 집단 내 분산의 추정값인 평균 자승(MS, Mean Square)의 비율인 F 비를 구하는 것이다. 즉, F 비(F Ratio)는 집단 간 분산의 추정값 ÷ 집단 내 분산의 추정값이다. 이 F 비, 즉 F값은 영가설을 기각하느냐, 인정하느냐를 최종적으로 결정짓는 기준이다.

$$F \text{ value} = \frac{\text{집단 간 분산의 추정값}}{\text{집단 내 분산의 추정값}}$$

· **체계적 분산**은 "집단 간 평균값의 차이는 우연히 일어나는 것이 아니라 어떤 구체적인 변수값에 의하여 일어나는 차이"를 반영해 주는 분산으로 "체중에 따른 배근력의 비교"에서 "체중"이라는 구체적인 변인에 의해 일어나는 차이를 말한다. 이는 집단 간 분산이 집단 내 분산보다 클 경우에 해당한다.

· 모집단에서 표본을 추출할 때 주의 깊게 표집하더라도 표집오차(Sampling Error)를 완전히 제거해 주는 것은 불가능하다. 따라서 **오차 분산**은 집단 안에 언제나

존재하므로 집단 내 분산이라고 할 수 있다.

· 분산분석은 ①**독립성**(표본의 측정값은 다른 표본의 측정값과 서로 관련이 없어야 한다), ②**정규분포성**(측정값의 분포는 정규분포이어야 한다), ③**분산의 동일성**(집단 간 분산이 동일해야 한다)이라는 가정이 전제된다.

(4) 분산분석의 기본가정

· 실험조건을 나타내는 각각의 전집은 정규분포를 이룬다는 가정을 할 수 있어야 한다. 그러나 각각의 집단이 정규분포를 이룬다는 가정을 할 수 없는 경우에도 **사례 수가 크기만 하면 정규분포를 가정**할 수 있어 전집에서 얻은 결론과 같은 타당한 결론을 얻을 수 있다. 전집이 정규분포를 이룬다는 가정을 할 수 없는 경우에는 각 집단의 사례 수가 n > 20보다 클 때는 이러한 가정이 필요 없게 된다.

· 모든 전집의 분산은 동일하다는 가정을 할 수 있어야 한다. 그러나 각 집단의 사례 수가 같은 경우에는 동변량성의 가정을 할 수 없는 경우에도 결론에 커다란 오류를 범하지 않는다. 따라서 동변량성을 가정하기 어려운 경우에는 가능한 한 각 집단의 사례 수가 동일하도록 실험설계를 해야 한다.

· 모든 표집은 무선적이고 상호 독립적이어야 한다. 이것은 집단 간이나 집단 내 모든 표집은 상호 독립적이어야 함을 의미한다.

· 종속 변인의 측정값은 등간적이거나 비율 변인이어야 한다. 이상의 몇 가지 기본 가정이 만족되어야만 분산분석으로서 의의가 있게 된다.

2. 일원 배치 분산분석(One-Way ANOVA)

독립변수의 각 집단이 두 개 이상이며, **종속변수가 등간척도 이상**으로 되어있을 때, 즉 평균을 구할 수 있을 때 분산분석을 사용할 수 있다. 일원 배치 분산분석은 독립변수(집단이 둘 이상)와 종속변수가 각각 하나씩이다.

1) 일원 배치 분산분석의 경로

경로 ☞ 탑 메뉴 > 분석 > 평균비교 > 일원 배치 분산분석(O)

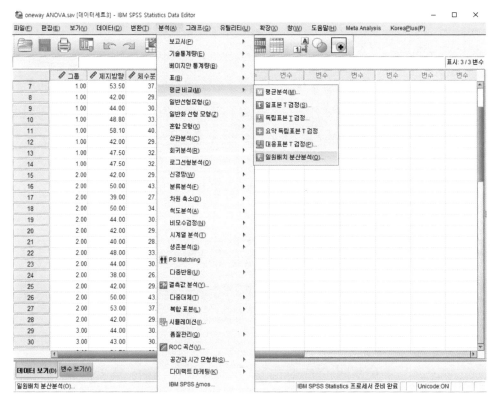

변수 설명(1그룹-65~69세, 2그룹-70~74세, 3그룹-75~79세)

연령 증가에 따른 노인들의 신체조성(제지방량) 차이를 조사하기 위하여 65세 이상의 노인들을 세 그룹으로 나누었는데 3그룹은 75~79세, 2그룹은 70~74세, 1그룹은 65세~69세로 정하였다. 그룹 간의 평균 차이가 모집단의 평균 차이에 의한 것인지(유의미한지), 우연히 표본의 평균 차이에 의한 것인지 알아보기 위하여 일원 배치 분산분석을 실시하였다. 제지방량을 종속변수(E)로 이동한 후, 독립변수 그룹을 요인(F)으로 이동한다.

2) 사후분석(H)-다중비교

다중 t 검정은 Post-Hoc(사후분석)의 Bonferroni, Tukey 방법 등이 주로 사용된다. Tukey의 다중 t 검정은 독립변수의 각 집단별로 두 개의 집단끼리 t 검정을 반복해서 모든 경우의 수로 시행한다. 즉, 3그룹, 2그룹, 1그룹인 독립변수의 각 집단 3개가 각각 3그룹*2그룹, 3그룹*1그룹, 2그룹*1그룹 간의 t 검정을 반복해서 시행한다.

3) 옵션의 선택

옵션(O)을 선택하면 기술통계분석에 대한 정보를 얻을 수 있다.

4) 일원 배치 분산분석 결과해설

(1) 기술통계

독립변수의 각 집단별 측정자 수, 평균, 표준(화)편차, 표준오차, 95% 신뢰구간, 최소값, 최대값이 나타나 있다. 1그룹(65~69세)에서 평균 제지방량이 47.03kg(표준편차 6.81)으로 가장 높았으며, 연령이 증가할수록 점차 낮아지는 경향을 나타냈다.

기술통계

제지방량

	N	평균	표준화 편차	표준화 오류	평균에 대한 95% 신뢰구간		최소값	최대값
					하한	상한		
65-69	14	47.0286	6.80638	1.81908	43.0987	50.9585	38.00	61.90
70-74	14	44.5714	4.75094	1.26974	41.8283	47.3145	38.00	53.00
75-79	14	41.5357	3.79344	1.01384	39.3454	43.7260	34.00	45.00
전체	42	44.3786	5.61950	.86711	42.6274	46.1297	34.00	61.90

(2) 분산의 동질성 검정

분산의 동질성을 검정하는 Levene의 테스트이며, 유의도가 0.212(p>0.05)이므로 분산이 동질성을 가질 것(차이가 없다)이라는 영가설이 수렴되었다. 제지방량 변수에 대한 동질성 검정은 평균, 중위 수, 중위 수(자유도 수정), 절삭 평균을 기준을 다양하게 진행된다. 일반적으로 평균을 기준으로 한 결과를 참고한다.

분산의 동질성 검정

		Levene 통계량	자유도1	자유도2	유의확률
제지방량	평균을 기준으로 합니다.	1.614	2	39	.212
	중위수를 기준으로 합니다.	1.561	2	39	.223
	자유도를 수정한 상태에서 중위수를 기준으로 합니다.	1.561	2	33.348	.225
	절삭평균을 기준으로 합니다.	1.664	2	39	.203

(3) ANOVA(분산분석)

독립변수의 각 집단별 평균 차이가 유의미한지 F 검정을 한 결과가 나타나 있다. 독립변수의 각 집단 사례 수가 큰 차이가 날 경우는 GLM(일반 선형모델)이 효과적이다.

ANOVA

제지방량

	제곱합	자유도	평균제곱	F	유의확률
집단-간	211.981	2	105.991	3.818	.031
집단-내	1082.749	39	27.763		
전체	1294.731	41			

① 집단-간(Between Groups)

각 집단 간 차이에 의하여 나타나는 체계적 분산을 의미한다. 집단 간 제곱 합은 211.981이며, 자유도는 2(3그룹-1)이다. 따라서 제곱 합 ÷ 자유도(사례 수)는 평균 제곱, 즉 분산이 된다. 여기서는 모집단 분산의 추정치가 되며, 105.991이다.

② 집단-내(Within Groups)

전체 집단에서 집단 간 차이에 의한 분산을 제외한 나머지인 오차 분산을 의미한다. 각 집단 내에 있는 잔차 분산으로 전체분산(Total)에서 집단 간 분산을 뺀 나머지 분산이다. 자유도는 39(41-2)이며, 모집단에서 오차 분산의 추정치는 27.763이다.

③ 전체(Total)

전체 분산을 의미한다.

④ F(F ratio)

F 비 또는 F값을 의미한다. F 비는 집단 간 분산(105.991) ÷ 집단 내 분산(27.763)의 비율로 이 F(3.818)와 자유도(df)에 의하여 유의도를 결정한다.

⑤ 유의도(유의확률, Sig)

"집단 간 평균의 차이가 없다"라는 영가설이 맞을(발생할) 확률(Probability, p)로 0.031은 $p < 0.05$이므로, 영가설이 발생할 확률이 매우 낮아, 영가설을 기각하여도 별 문제가 없다고 볼 수 있다. 즉, 영가설을 기각할 경우의 오류 발생할 확률이 $p < 0.05$이다. 즉, 노인층에서도 연령증가에 따라 평균 제지방량(kg)이 차이가 있으며, 이는 "모집단의 차이에 의한 것으로 유의미한 평균 차이가 있다"라고 할 수 있다.

※ 평균의 차이는 앞에 나와 있는 기술통계 옵션에 의한 평균과 표준편차를 살펴보면, 1그룹(65~69세)에서 가장 높았으며, 3그룹(75~79세)이 가장 낮은 것으로 나타났다.

(4) 다중비교

각 집단별로 평균의 차이를 검정하는 t 검정을 할 경우의 수만큼 실행한 값과 평균차이, 표준화 오류(표준오차), 유의확률, 95% 신뢰구간을 검정하는 Tukey와 Bonferroni 검정의 결과가 제시되어 있다.

다중비교

종속변수: 제지방량

	(I) 그룹	(J) 그룹	평균차이(I-J)	표준화 오류	유의확률	95% 신뢰구간 하한	95% 신뢰구간 상한
Tukey HSD	65-69	70-74	2.45714	1.99151	.441	-2.3948	7.3091
		75-79	5.49286*	1.99151	.023	.6409	10.3448
	70-74	65-69	-2.45714	1.99151	.441	-7.3091	2.3948
		75-79	3.03571	1.99151	.291	-1.8162	7.8876
	75-79	65-69	-5.49286*	1.99151	.023	-10.3448	-.6409
		70-74	-3.03571	1.99151	.291	-7.8876	1.8162
Bonferroni	65-69	70-74	2.45714	1.99151	.674	-2.5249	7.4392
		75-79	5.49286*	1.99151	.026	.5108	10.4749
	70-74	65-69	-2.45714	1.99151	.674	-7.4392	2.5249
		75-79	3.03571	1.99151	.406	-1.9464	8.0178
	75-79	65-69	-5.49286*	1.99151	.026	-10.4749	-.5108
		70-74	-3.03571	1.99151	.406	-8.0178	1.9464

*. 평균차이는 0.05 수준에서 유의합니다.

① Tukey HBD

㉠ 평균 차이(Means Difference I-J)

두 집단의 평균 차이로, I는 좌측에 있는 그룹을 J는 우측에 있는 그룹을 의미한다. 예를 들면, 위의 표에서 맨 위쪽에 있는 1그룹(65~69세)을 보도록 하자. 65~69세 그룹은 I에 해당하며, 그 우측에 있는 2그룹(70~74세), 3그룹(75~79세)의 각 집단이 나타나 있는데 이는 J에 해당한다. 그 중에서 3그룹(75~79세)을 살펴보면 1그룹과 3그룹의 제지방량에 대한 평균차(I-J)는 5.49286kg으로 3그룹의 제지방량이 더 낮은 것을 알 수 있다.

※ 여기서 낮다는 것은 제지방량이 3그룹이 1그룹보다 더 "적다"라는 것을 의미하고, 두 그룹의 평균 차이에 대한 t 검정의 유의도가 0.023이므로 $p < 0.05$이다. 즉, 1그룹과 2그룹은 유의미한 차이가 나타나지는 않지만, 1그룹과 3그룹과의 제지방량의 평균 차이는 유의미한 차이가 있는 것으로 나타났다. 또한 Bonferroni의 결과도 이와 비슷한 결과를 나타냈다.

(5) 평균도표

평균도표로 독립변수의 각 범주별로 평균이 어디에 위치하여 있는지를 보여준다. 아래 그림을 살펴보면 1그룹(65~69세)의 제지방량 평균값이 가장 높았으며, 3그룹(70~74세)의 제지방량 평균값이 가장 낮은 것으로 나타났다.

평균 도표

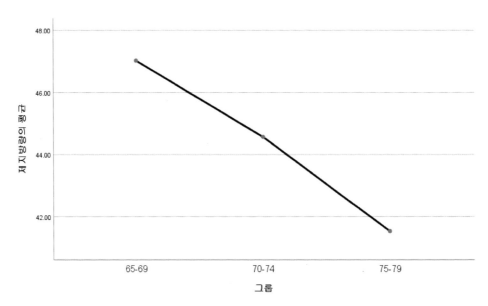

3. 일반 선형모델 분석(GLM)

목적

독립변수가 두 개 이상인 다차원 분산분석의 경우 일반 선형모델(GLM, General Linear Model)을 자주 사용한다. 성별(독립변수 1)과 연령별(독립변수 2)로 동시에 평균 제지방량의 차이가 있는지 알아보고자 한다. 이런 경우 성별과 연령이 서로 영향을 미치는 상호작용도 같이 분석해 낼 수 있어, 일원 배치 분산분석보다 다양하고 정확한 분석을 할 수 있다.

1) 일반선형모델 분석 경로

경로 ☞ 탑 메뉴 > 분석 > 일반선형모형 > 일변량(U)

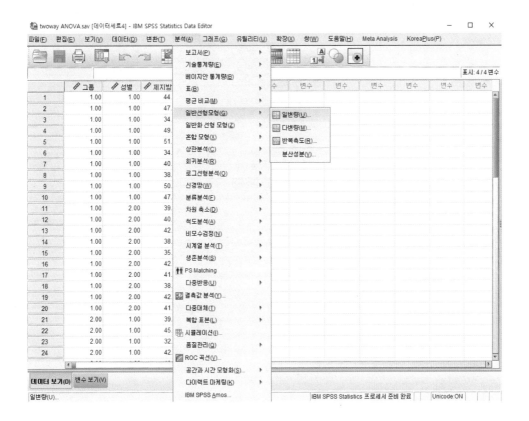

2) 변수의 이동

대화상자 왼쪽에 있는 제지방량(kg) 변수를 종속변수(D)로 화살표를 이용하여 이동
시키고 독립변수인 그룹과 성별을 고정요인(F)으로 이동시킨다.

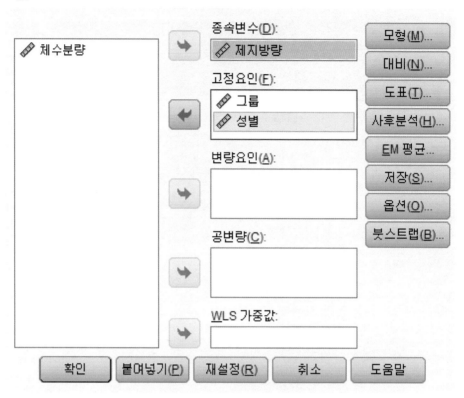

3) 옵션의 선택

오른쪽 항목 중 각 집단별 평균과 95% 신뢰구간을 알고 싶을 경우 추정 주변 평균
(EM 평균)에서 요인 및 요인 상호작용(F)에 있는 그룹, 성별, 그룹*성별 항목을 평균
표시 기준(M)으로 화살표를 이용하여 이동시킨다. 또한 옵션(O)에서 기술 통계량
(Description statistic)은 꼭 선택한다. 또한 상호작용 효과 검증 등 추정된 주변 평균을
확인하기 위해 도표(T)를 선택하여 프로파일 도표를 설정한 후 계속(C)을 누른다. 기타
항목은 연구자의 필요에 의해서 선택하면 된다.

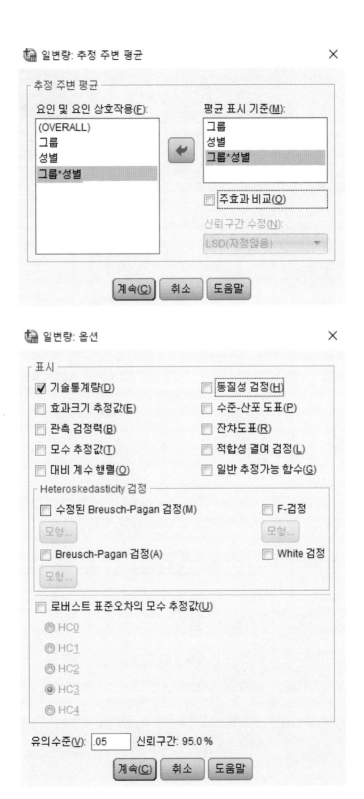

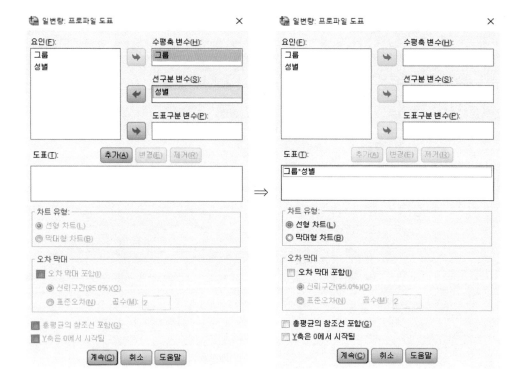

4) 일반 선형모델 분석의 결과해설

(1) 개체-간 요인

일반 선형모델 검정을 한 결과 각 집단별 사례 수를 알려준다.

개체-간 요인

		값 레이블	N
그룹	1.00	65-69	20
	2.00	70-74	20
성별	1.00	남자노인	20
	2.00	여자노인	20

(2) 기술 통계량

기술통계분석의 결과를 나타낸다. 측정자가 성별로 남자 노인과 여자 노인으로 구분하고 그룹별로 1그룹(65~69세)과 2그룹(70~74세)으로 구분하여 평균과 표준편차 및 사례 수가 얼마인지 나타냈다. 구체적으로 살펴보면, 1그룹이면서 남자 노인에 해당하는 사례 수는 10명으로 평균 제지방량이 43.40kg이며, 표준편차가 6.46701이었다. 그리고 합계를 보면 남자 노인의 전체평균 제지방량은 41.95kg이며, 표준편차는 5.34568을 나타냈다.

기술통계량

종속변수: 제지방량

그룹	성별	평균	표준편차	N
65-69	남자노인	43.4000	6.46701	10
	여자노인	39.8000	2.29976	10
	전체	41.6000	5.07211	20
70-74	남자노인	40.5000	3.71932	10
	여자노인	36.7000	2.86938	10
	전체	38.6000	3.77527	20
전체	남자노인	41.9500	5.34568	20
	여자노인	38.2500	2.98901	20
	전체	40.1000	4.66740	40

(3) 개체-간 효과검정

두 개의 독립변수가 종속변수에 미치는 영향이 유의미한지 F 검정을 한 결과가 나와 있다.

개체-간 효과 검정

종속변수: 제지방량

소스	제 III 유형 제곱합	자유도	평균제곱	F	유의확률
수정된 모형	227.000[a]	3	75.667	4.375	.010
절편	64320.400	1	64320.400	3719.137	.000
그룹	90.000	1	90.000	5.204	.029
성별	136.900	1	136.900	7.916	.008
그룹 * 성별	.100	1	.100	.006	.940
오차	622.600	36	17.294		
전체	65170.000	40			
수정된 합계	849.600	39			

a. R 제곱 = .267 (수정된 R 제곱 = .206)

① 수정된 모형(Corrected Model)

수정된 분산분석의 모형을 나타낸다. 이 모형은 평균을 수정한 독립변수의 효과에 의하여 영향을 받는 변수에 내재하는 변화의 모형으로, 제곱합(Sum of Square)은 227.000이며, 자유도는 3, 평균제곱(Mean Square, 평균 자승). 즉, 분산의 추정값은 75.667이다. 이것은 분산분석 모형에 대한 타당성을 보는 것으로 F 비는 4.375이며, 유의도(Sig.)가 $p<0.01$이므로 본 분산분석의 모형은 타당한 모형임을 알 수 있으며, 그 설명력(R^2, 결정계수)이 0.267임을 알 수 있다.

② 절편(Intercept)

전 평균(The overall mean)을 의미한다. 제곱 합과 평균 제곱은 64320.400, 64320.400, F 비는 3719.137로 나타났고 유의도는 $p<0.0001$로 나타났다.

③ 그룹

그룹이 종속변수 제지방량에 미치는 영향이 유의미한지 알려준다. $p<0.05$ 수준에서 유의미한 영향을 미치는 것으로 나타났다. 즉, 그룹에 따라 노인들의 제지방량의 차이

가 있다고 말할 수 있다.

④ 성별

성별이 종속변수 제지방량에 미치는 영향이 유의미한지 알려준다. $p<0.01$ 수준에서 유의미한 영향이 미치는 것으로 나타났다. 즉, 성별에 따라 노인들의 제지방량의 차이가 있다고 말할 수 있다.

⑤ 그룹*성별

그룹과 성별의 상호작용이 종속변수 제지방량에 미치는 영향이 어떤지를 보여준다. 그룹과 성별이 상호작용을 주었을 경우 노인들의 제지방량에 미치는 영향이 유의미하지 않음을 알 수 있다($p>0.05$).

⑥ 오차(Error)

잔차(Residual), 즉, 오차 분산으로 집단 내 분산(Within Group Variance)을 의미한다.

⑦ 전체(Total)

전체분산을 의미한다. 그 아래에는 수정된 전체분산의 값이 있다.

위의 결과를 살펴보면 그룹과 성별의 전체모형이 노인들의 제지방량의 차이에 유의미한 영향을 가져오게 하는 것이 적절하다고 볼 수 있으며, 그룹과 성별이 개별적으로 제지방량의 차이를 가져오게 하는 요인이기도 하다. 그러나 그룹*성별의 상호작용으로 인하여 제지방량의 차이가 발생하는 것이 아닌 것을 알 수 있다. 즉, 그룹*성별의 상호작용 효과는 유의미하지 않다(없다)는 것을 의미한다. 이는 위의 기술통계분석표를 살펴보면 더 자세히 알 수 있다.

(4) 프로파일 도표

아래 도표를 살펴보면 성별과 그룹 요인이 서로 상호 간에 겹치지 않는 것을 알 수 있으며, 이는 상호작용이 작용하지 않은 것을 볼 수 있다.

프로파일 도표

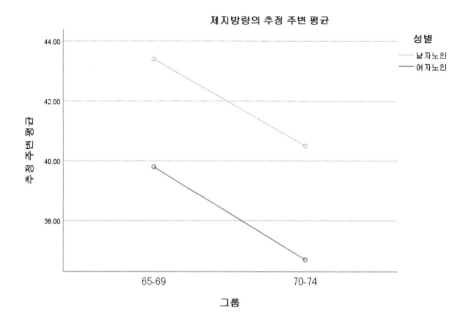

예제)

S 스포츠 센터에 근무하는 코치가 남학생과 여학생을 각각 12명씩 무선표집하여 2가지 방법으로 일정 기간 훈련을 지도하여 측정한 체력측정의 결과가 아래와 같다. 이때 IBM SPSS Statistic 25을 사용하여 훈련방법에 따라 체력측정 값에 차이가 없다는 영가설과 성별(남학생과 여학생)에 따라 체력측정 값의 차이가 없다는 영가설을 검정하여 분산분석(ANOVA) 결과표를 작성하시오.

성별	훈련방법											
	A 방법						B 방법					
남학생	11	14	15	17	13	14	15	10	12	14	14	11
여학생	9	8	11	9	7	9	12	14	13	10	9	9

파일(F) 편집(E) 보기(V) 데이터(D) 변환(T) 분석(A) 그래프(G) 유틸리티(U) 확장(X) 창(W) 도움말(H) Meta Analysis KoreaPlus(P)

| | 보고서(P) ▶ | | | | 표시: 3 / 3 변수 |
| 14 : | 기술통계량(E) ▶ | | | | |

	🎲 훈련방법	🎲 성별	✎ 체력측	베이지안 통계량(B) ▶	변수	변수	변수	변수	변수	변수	변
1	1.00	1.00		표(B) ▶							
2	1.00	1.00		평균 비교(M) ▶							
3	1.00	1.00		일반선형모형(G) ▶	▦ 일변량(U)...						
4	1.00	1.00		일반화 선형 모형(Z) ▶	▦ 다변량(M)...						
5	1.00	1.00		혼합 모형(X) ▶	▦ 반복측도(R)...						
6	1.00	1.00		상관분석(C) ▶	분산성분(V)...						
7	1.00	2.00		회귀분석(R) ▶							
8	1.00	2.00		로그선형분석(O) ▶							
9	1.00	2.00		신경망(W) ▶							
10	1.00	2.00		분류분석(F) ▶							
11	1.00	2.00		차원 축소(D) ▶							
12	1.00	2.00		척도분석(A) ▶							
13	2.00	1.00		비모수검정(N) ▶							
14	2.00	1.00		시계열 분석(T) ▶							
15	2.00	1.00		생존분석(S) ▶							
16	2.00	1.00		PS Matching							
17	2.00	1.00		다중반응(U) ▶							
18	2.00	1.00		결측값 분석(Y)...							
19	2.00	2.00		다중대체(T) ▶							
20	2.00	2.00		복합 표본(L) ▶							
21	2.00	2.00		▦ 시뮬레이션(I)...							
22	2.00	2.00		품질관리(Q) ▶							
23	2.00	2.00		ROC 곡선(V)...							
24	2.00	2.00		공간과 시간 모형화(S) ▶							

데이터 보기(D) 변수 보기(V) | 다이렉트 마케팅(K) ▶

일변량(U)... | IBM SPSS Amos... | IBM SPSS Statistics 프로세서 준비 완료 | Unicode:ON

변수 설명(훈련방법 : 1=A 방법, 2=B 방법) (성별 : 1=남학생, 2=여학생)

개체-간 효과 검정

종속변수: 체력측정값

소스	제 III 유형 제 곱합	자유도	평균제곱	F	유의확률
수정된 모형	88.333[a]	3	29.444	8.294	.001
절편	3266.667	1	3266.667	920.188	.000
훈련방법	1.500	1	1.500	.423	.523
성별	66.667	1	66.667	18.779	.000
훈련방법 * 성별	20.167	1	20.167	5.681	.027
오차	71.000	20	3.550		
전체	3426.000	24			
수정된 합계	159.333	23			

a. R 제곱 = .554 (수정된 R 제곱 = .488)

4. 반복측정 분산분석(Repeated Measures ANOVA)

> **목적**
>
> 반복측정의 실험설계는 동일한 피험자를 실험 변인의 각 실험조건에 반복하여 사용하는데 목적이 있다. 반복측정 설계를 이용하려면 동일한 피험자에게 사전에 제시한 실험 처치가 후에 시행되는 실험 처치에 영향을 주어서는 안 된다. 즉, 동일 피험자가 반복하여 모든 처치 변인의 수준에서 실험 처치를 받는 것을 급내 설계라 하고 독립변인의 수에 따라서 일원 급내 설계, 이원 급내 설계 등으로 구분된다.

반복측정모형은 시간 경과에 따라 같은 대상에서 반복하여 특정 검사 값을 측정하는 형태인데, 이처럼 동일한 실험대상(사람, 동물, 식물, 기계 등)에서 같은 항목을 **시간 경과에 따라 반복하여 측정**하게 되는 경우에는 각 측정 사이에서 발생하는 상관관계(Correlation)의 문제가 필연적으로 발생한다. 만약 이런 관계에 있는 측정항목들이 질적으로 서로 다른 전혀 별개의 항목들이라면 일반적인 다변량 분석(Multivariate Analysis) 기법을 이용하지만, 반면에 상관관계에 있을 것이 예상되는 측정항목들이 동일한 변수로서 단지 그 측정의 조건(예: 시간 경과, 운동의 효과 등)에 따라서 다른 결과라 생각되면 이런 경우에는 GLM-반복측정(Repeated Measures ANOVA)을 사용해야 한다.

일반적으로 급내 설계에서는 동일 피험자가 반복하여 모든 실험 처치를 받기 때문에 처치 변인의 수준에 따른 피험자의 점수 차이가 급간 설계에서보다 작다.

1) 반복측정 분산분석의 경로

경로 ☞ 탑 메뉴 > 분석 > 일반선형모형 > 반복 측도(R)

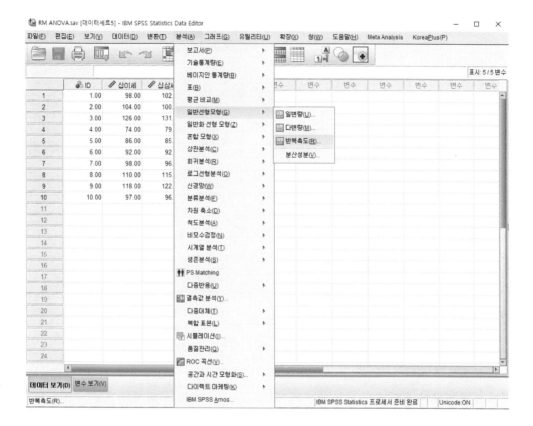

2) 반복측정 분산분석의 실행

· 한 연구자가 연령이 증가하면서 I.Q 점수의 변화를 알아보기 위해서 무선 표집한
10명을 대상으로 I.Q 점수를 매 1년마다 한 번씩 4번에 걸쳐 측정한 결과를 반복
측정 분산분석으로 분석하기 위하여 다음과 같은 순서로 실시하였다.

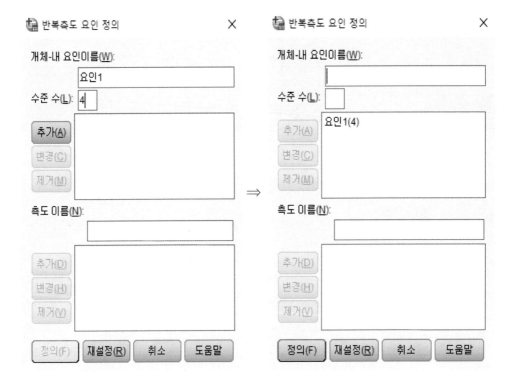

- 수준 수(L)에 반복요인 수만큼 숫자를 넣는다. 예를 들면 연령대별(12~15세) I.Q 검사를 실시하였으므로 반복요인의 수 4를 입력하면 다음과 같이 그림이 바뀌며 정의(F)를 누른다.
- 반복요인(12~15세)들을 개체-내 변수(W)로 이동시킨다.
- 이동 후 다음과 같은 화면이 나타나며 여러 옵션을 선택한 후 확인을 누른다.

3) 반복측정의 분석 결과해설

(1) 다변량 검정[b]

분석기법의 적용 타당성과 기본 가정의 검토가 완료되면 분석결과를 해석하는 단계이다. 다변량 검정의 결과해석에 이용되는 주요 통계량들은 다음과 같으며 단일 요인의 반복측정 분산분석에서는 아래 모든 통계량들의 F-값은 같게 나타난다.

다변량 검정[a]

효과		값	F	가설 자유도	오차 자유도	유의확률
요인1	Pillai의 트레이스	.821	10.678[b]	3.000	7.000	.005
	Wilks의 람다	.179	10.678[b]	3.000	7.000	.005
	Hotelling의 트레이스	4.576	10.678[b]	3.000	7.000	.005
	Roy의 최대근	4.576	10.678[b]	3.000	7.000	.005

a. Design: 절편
   개체-내 계획: 요인1

b. 정확한 통계량

① Piliai의 트레이스(Bartlett Trace V)

이 통계량은 집단 간 분산의 비율을 나타내 주는 집단 간 분산을 총분산으로 나눈 값과 같다. Piliai-Bartlett Trace V는 판별함수변량들로서 설명할 수 있는 분산의 비율을 나타내 주는 통계량이다. Piliai-Bartlett Trace V의 통계량이 적을수록 집단 간의 평균의 차이를 나타내는 F-통계량의 값은 커진다.

② Wilk의 람다(Lambda)

이 통계량의 집단 내 분산의 비율을 나타내 주는 집단 내 분산을 총 분산으로 나눈 값과 같다. Wilk의 람다는 각 판별함수에서 설명되지 않은 분산의 비율을 나타낸다. 따라서 Wilk의 람다의 통계량이 적을수록 집단 간의 평균의 차이를 나타내는 F-통계량의 값은 커진다.

③ Hotelling의 트레이스(Lawley Trace)

이 통계량은 판별함수의 집단 간 분산의 집단 내 분산에 대한 비율의 합을 나타내 주는 통계량이다. Hotelling-Lawley Trace의 통계량이 클수록 집단 간의 평균의 차이를 나타내는 F-통계량의 값은 커진다.

④ Roy의 최대 근(Roy's Largest Characteristic Root)

이 통계량은 집단 간 분산의 총분산에 대한 비율을 나타내 주는 통계량이다. Roy의 통계량이 클수록 집단 간의 평균의 차이를 나타내는 F-통계량의 값은 커진다.

⑤ 해설

한 연구자가 연령이 증가하면서 I.Q 점수의 변화를 알아보기 위해서 무선 표집한 10명을 대상으로 I.Q 점수를 매 1년마다 한 번씩 4회에 걸쳐 측정한 결과 연령증가에 대한 차이를 분석한 결과이다. 여러 가지 검정방법의 명칭을 나타내는데, Pillai-Bartlett Trace V, Wilk's, Hotelling-Lawley Trace, Roy의 F값에 의한 검정방법을 제시하고 있다. Hotelling-Lawley Trace와 Roy의 F값은 큰 값을 가질수록, Pillai-Bartlett Trace V, Wilk's는 작은 값을 가질수록 집단 간의 평균의 차이를 나타내는 F-통계량의 값은 커진다.

단, Hotelling-Lawley Trace는 두 집단 간 차이 분석에서 주로 쓰이며 세 집단 차이 분석에 서는 사용하지 않는다. 유의수준 a를 0.05로 할 경우 모든 검정방법은 연령이 증가하면서 I.Q 점수에 차이가 없다는 영가설을 기각했다. 여기서 주의할 점은 검정방법에 따라 분석결과가 달라질 수 있다는 것이다.

(2) Mauchly의 구형성 검정[b]

구형성의 가정에 대한 검정이다. 구형성 검정은 반복측정 분산분석에서 사용되는 F 검정 통계량의 타당성을 확인하기 위해서는 반복측정의 모든 가능한 짝의 차이 분산이 동일해야 한다는 가정을 검정한다. 반복측정 분산분석에서 구형성의 가정이 만족되지 않을 때에는 F 검정에서 오차항의 값이 커지는 경향이 나타나 기각되지 않아야 할 가설이 기각되는 현상이 나타날 수 있다. Mauchly는 요인 1의 W값이 0.385이고 유의확률이 p>0.05로 영가설이 수렴되었다. 이때 **영가설은 구형성이 만족된다는 것을 의미**한다.

Mauchly의 구형성 검정[a]

측도: MEASURE_1

| 개체-내 효과 | Mauchly의 W | 근사 카이제곱 | 자유도 | 유의확률 | 엡실런[b] | | |
					Greenhouse-Geisser	Huynh-Feldt	하한
요인1	.385	7.374	5	.197	.603	.746	.333

정규화된 변형 종속변수의 오차 공분산 행렬이 항동 행렬에 비례하는 영가설을 검정합니다.

a. Design: 절편
개체-내 계획: 요인1

b. 유의성 평균검정의 자유도를 조절할 때 사용할 수 있습니다. 수정된 검정은 개체내 효과검정 표에 나타납니다.

① 엡실론(ϵ, Epsilon)

자유도 수정계수의 추정값을 의미한다. 엡실론은 F 통계량의 자유도를 수정하여 보다 정확한 p 값을 찾을 수 있도록 도와준다. 구형성이 가장 정확하게 충족되는 경우에 엡실론의 값은 1을 갖게 된다. Greenhouse-Geisser와 Huynh-Feldt는 반복측정의 분산-공분산 행렬이 구형성의 조건으로부터 멀어지는 정도를 반영하여 F 검정의 자유도를 엡실론의 값을 곱하여 축소하여 수정하는 방안을 제안하였다. 위의 경우 엡실론의 값을 추정하는 Greenhouse-Geisser(보수적 추정방식)나 Huynh-Feldt 값이 각각 0.603과 0.746을 나타냈다.

(3) 개체-내 효과검정

반복측정 분산분석을 통해서 실험설계의 처리 효과가 통계적으로 의미가 있는지를 검정한다. "요인 1"의 통계적 유의확률은 $p<0.01$이며, 이는 앞서 살펴본 다변량 검정과 비슷한 수준이다. 즉, 다변량 검정이나 구형성 가정을 위하여 수정한 자유도를 고려한 개체-내 효과검정을 통하여 살펴본 검정이나 모두 $p<0.01$보다 작은 유의확률을 가지므로 자유도 수정과 상관없이 실험 처치의 효과가 있다는 것으로 결론을 내릴 수 있다.

<부록>의 F 분포표를 이용하면 유의수준 a=0.05 수준에서 자유도 3일 때 평균 제곱은 70.3000과 27일 때 평균 제곱은 12.615이며 얻어진 F값은 5.573이다. 이는 가설부정을 위한 기준치 F값 2.96을 넘어서는 수치이며 따라서 H_0을 부정한다. 결론적으로 I.Q는 측정자의 연령증가에 따라 차이가 있다고 결론 내릴 수 있다.

개체-내 효과 검정

측도: MEASURE_1

소스		제 III 유형 제곱합	자유도	평균제곱	F	유의확률
요인1	구형성 가정	210.900	3	70.300	5.573	.004
	Greenhouse-Geisser	210.900	1.809	116.585	5.573	.016
	Huynh-Feldt	210.900	2.237	94.257	5.573	.010
	하한	210.900	1.000	210.900	5.573	.043
오차(요인1)	구형성 가정	340.600	27	12.615		
	Greenhouse-Geisser	340.600	16.281	20.920		
	Huynh-Feldt	340.600	20.137	16.914		
	하한	340.600	9.000	37.844		

(4) 개체-내 대비 검정

Hotelling의 T^2 통계량을 일반화시킨 통계량으로 다변량 일반 선형모형(Multivari ate General Liner Model)의 통계량을 이용한 검정 결과이다. "요인 1"에서 통계적으로 연령대 간(12세, 13세, 14세, 15세) 차이가 있음을 알 수 있다.

개체-내 대비 검정

측도: MEASURE_1

소스	요인1	제 III 유형 제곱합	자유도	평균제곱	F	유의확률
요인1	선형	204.020	1	204.020	39.001	.000
	이차	.400	1	.400	.027	.873
	삼차	6.480	1	6.480	.364	.561
오차(요인1)	선형	47.080	9	5.231		
	이차	133.100	9	14.789		
	삼차	160.420	9	17.824		

(5) 개체-간 효과검정

집단별 즉 실험집단과 통제집단 간의 차이가 나타나는가에 대한 검정이다. 개체-간의 경우는 구형성의 조건이 요구되진 않는다. 여기에서는 한 집단이기 때문에 별 의미가 없다.

개체-간 효과 검정

측도: MEASURE_1

변환된 변수: 평균

소스	제 III 유형 제곱합	자유도	평균제곱	F	유의확률
절편	426422.500	1	426422.500	443.164	.000
오차	8660.000	9	962.222		

(예제)

한 연구자가 16주간 각기 다른 트레이닝을 실시한 후 같은 대상에게 체지방률(%fat)을 측정하였다. 트레이닝 시간 경과에 따른 체지방률(%fat) 변화 양상을 보기 위하여 트레이닝 시작직전(pre) 및 4주 후, 8주 후, 12주 후, 16주 후로 총 5회 반복측정을 실시하였다. 또한 트레이닝의 형식은 ①웨이트 트레이닝 ②서킷 웨이트 트레이닝 그리고 ③훈련을 실시하지 않은 대조군으로 체지방률(%fat)을 각각 측정하였다. 각기 다른 트레이닝에 의하여 기간별로 트레이닝 그룹 간에 체지방률(%fat)의 차이가 인정되는지의 유무와 5회에 걸친 체지방률(%fat)의 측정값을 볼 때 각기 다른 트레이닝의 그룹 간에 16주간 트레이닝이 체지방률(%fat)감소에 차이가 있다고 할 수 있는지 검정하시오.

트레이닝 종류	시간 경과에 따른 체지방률(%fat)														
	pre			4주 후			8주 후			12주 후			16주 후		
웨이트(9명)	35	37	33	33	36	32	31	33	31	29	30	30	28	30	28
	29	30	32	29	30	33	29	28	31	27	28	30	26	28	30
	31	30	33	30	29	31	29	28	30	28	27	29	28	26	30
서킷 웨이트(9명)	36	37	32	33	34	30	30	32	29	29	29	28	28	29	27
	30	33	34	30	33	32	28	30	30	28	29	28	27	28	28
	31	28	29	30	29	28	28	27	28	27	26	27	26	25	26
대조군(9명)	35	33	34	35	34	33	35	33	35	34	32	34	35	33	35
	32	31	32	32	32	33	33	32	33	33	33	33	32	33	34
	33	31	35	33	31	35	34	32	35	34	33	36	33	32	33

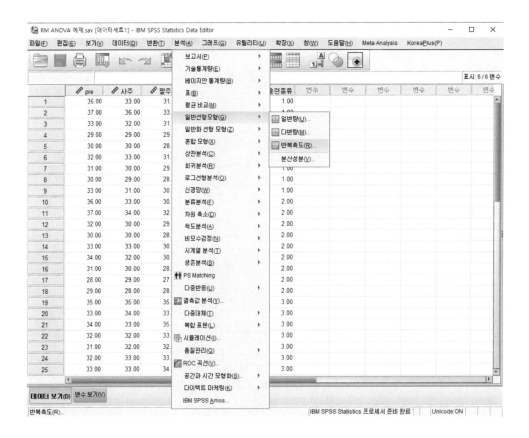

개체-내 효과 검정

측도: MEASURE_1

소스		제 III 유형 제곱합	자유도	평균제곱	F	유의확률
요인1	구형성 가정	157.363	4	39.341	49.898	.000
	Greenhouse-Geisser	157.363	2.121	74.183	49.898	.000
	Huynh-Feldt	157.363	2.526	62.287	49.898	.000
	하한	157.363	1.000	157.363	49.898	.000
요인1 * 훈련종류	구형성 가정	115.748	8	14.469	18.351	.000
	Greenhouse-Geisser	115.748	4.243	27.283	18.351	.000
	Huynh-Feldt	115.748	5.053	22.908	18.351	.000
	하한	115.748	2.000	57.874	18.351	.000
오차(요인1)	구형성 가정	75.689	96	.788		
	Greenhouse-Geisser	75.689	50.911	1.487		
	Huynh-Feldt	75.689	60.634	1.248		
	하한	75.689	24.000	3.154		

개체-간 효과 검정

측도: MEASURE_1

변환된 변수: 평균

소스	제 III 유형 제곱합	자유도	평균제곱	F	유의확률
절편	129363.267	1	129363.267	10702.645	.000
훈련종류	376.844	2	188.422	15.589	.000
오차	290.089	24	12.087		

5. 공분산분석(ANCOVA)

> **목적**
>
> 실험설계에서 가장 중요한 것은 분석하고자 하는 독립변인 이외에 다른 어떤 요인이 종속 변인에 영향을 주는 것을 최대한으로 통제하여 주어진 독립변인만이 순수하게 영향을 주도록 하는 것이다. 이를 위해서는 연구하고자 하는 종속 변인에 영향을 줄 수 있는 다른 불필요한 요인들을 통제하기 위한 방법으로 가능한 한 동질적인 피험자를 모든 실험집단에 골고루 분포되도록 하거나 또는 불필요한 요인들을 모든 실험집단에 무선적으로 분포되도록 해야 한다. 그러나 연구자가 실험설계를 통해서 이처럼 통제할 수 없을 때 통계적으로 이러한 불필요한 요인을 통제하는 방법을 공분산분석(Analysis of Covariance, ANCOVA)라고 한다.

분산분석(ANOVA)은 종속변수(등간척도)와 두 개 이상의 실험요소를 가진 독립변수(명목척도) 간의 집단 간 평균 차이를 검정하기 위한 분석인 반면, **공분산분석(ANCOVA)은 메트릭자료(등간척도 또는 비율척도)로 측정된 종속변수, 명목 자료로 측정된 독립변수와 메트릭자료(등간척도 또는 비율척도)로 측정된 독립변수가 포함되었을 때 사용할 수 있는 분석방법이다.** 즉, 공분산분석은 메트릭자료(등간척도 또는 비율척도)로 측정된 독립변수가 종속변수에 미치는 영향을 설명하거나 통제하기 위한 것이라 말할 수 있다. 메트릭자료로 측정된 독립변수를 "공변량(Covariate)"이라 하며 이는 연구자가 통제할 수 없는 변수이다.

공분산분석은 분산분석과 회귀분석의 방법을 이용한 것으로 불필요한 요인의 실험적인 통제가 아니라 통계적인 통제방법을 말한다. 이 방법의 목적은 통제하고자 하는 불필요한 요인을 기준으로 동질적인 사례를 결합 표집하여 각 실험집단에 배치하는 결과와 같은 결과를 가져오도록 하는 데 있다. 따라서 일반적으로 공분산분석은 다음과 같은 경우에 이용할 수 있다.

- 무선표집 집단에서 실험의 정확도를 높이고자 할 경우
- 실험조건을 실험설계에 의해서 통제하기 어려울 경우
- 불필요한 요인들의 영향을 제거하려 할 경우
- 2개 이상의 메트릭자료로 측정된 변수 사이의 관계와 동시에 명목 자료로 측정된 독립변수가 미치는 영향을 파악하고자 할 경우

즉, 공분산분석은 가능한 한 순수한 독립변인만의 영향이 작용하게 함으로써 한 특정한 독립변인이 종속 변인에 주는 영향을 분명하게 밝히는 데 이용된다. 따라서 공분산분석의 중요한 목적은 가능한 한 순수한 독립변인만의 영향이 작용하게 함으로써 하나의 특정한 독립변인이 종속 변인에 주는 영향을 명확하게 규명하는 데 있다.

1) 공분산분석(ANCOVA)의 경로

경로 ☞ 탑 메뉴 > 분석 > 일반선형모형 > 일변량(U)

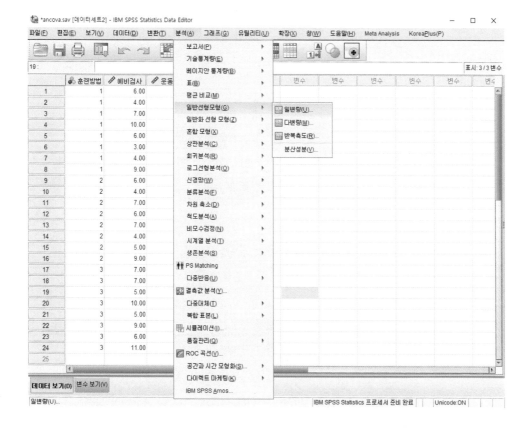

2) 공분산분석(ANCOVA)의 실행

· 한 연구자가 체력향상에 보다 효과적인 방법을 모색하기 위해서 24명을 대상으로 3개의 운동프로그램에 각각 8명씩 참여시켜 12주 동안 운동을 실시하게 한 후 체력측정을 실시하였다. 이때 운동 전에 예비 검사로 실시한 체력테스트 결과값이

12주간 운동 후 실시한 체력측정 값에 영향을 미칠 것이다. 따라서 12주간 운동 후 실시한 체력측정 값에 영향을 미치는 운동 전 예비 검사를 통제한 상태에서 훈련방법과 12주간 운동 후 실시한 체력측정 값과의 관계를 분석하였다. 즉, 각각 다른 12주간 운동프로그램에 참여해서 달성된 체력수준은 차이가 있는지 유의수준 $\alpha=0.05$ 수준에서 공분산분석을 통해 분석해보면 다음과 같다.

· 대화상자에서 종속변수(D)에 12주 운동 후 체력 측정값(운동 후 체력 값), 고정 요인(F)에 "훈련방법" 그리고 공변량(C)에 12주 운동 전 체력측정 값(예비 검사)을 차례로 선택한 다음 확인 버튼을 누른다.

· 우측에서 모형(M) 대화상자의 모형설정에서 완전요인모형(A)을 지정한다(기본).

· 대비(N) 지정 대화상자에서 편차를 지정한 후 변경(C) 버튼을 눌러 "훈련 방법(편차)"으로 변경한 후 계속 버튼을 누른다.

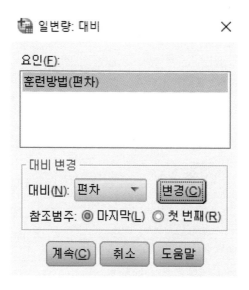

· 저장(S) 대화상자에서 새로운 변수 생성을 위해 아래 그림과 같이 선택하여 계속을 누른다. 연구자의 의도대로 자유롭게 선택할 수 있음.

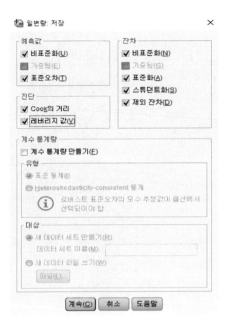

· 우측 옵션(O)의 대화상자 표시 부분에서 기술 통계량(D)과 관측 검정력(B), 모수 추정값(T), 동질성 검정(H) 등을 선택한다. 기본적으로 유의수준(V)은 $\alpha=0.05$로 설정되어 있다.

· 우측 E̲M̲ 평균에서 요인 및 요인 상호작용(F̲)에 있는 "훈련방법"을 평균 표시기준 (M̲)으로 이동시킨다. 그 밑에 있는 주 효과 비교(O̲)는 주 효과 간의 대응비교를 실시할 때 선택하여 준다.

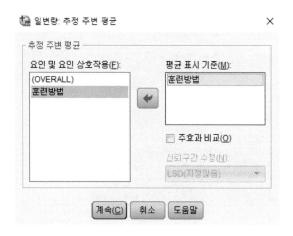

3) 공분산분석의 결과해설

(1) 개체-간 요인

훈련방법에서 정의한 변수값 설명이 제시되어 있다. 즉, 훈련방법 1은 "러닝", 훈련방법 2는 "싸이클", 훈련방법 3은 "걷기"를 나타낸다. 각 훈련방법의 참가자는 8명으로 구성되어 있다.

개체-간 요인

		값 레이블	N
훈련방법	1	러닝	8
	2	싸이클	8
	3	걷기	8

(2) 기술 통계량

종속변수 "운동 후 체력 값"에 대한 훈련방법별 평균과 표준편차 그리고 사례 수가 제시되어 있다. 각 집단별 전체평균이 제시되어 있다. 예를 들면 평균 8.2917은 전체표본에 대한 총 평균이며 사례 수는 24로 나타나 있다. 각각의 독립변수에 대한 평균과 표준편차 그리고 사례 수가 제시되어 있으므로 집단별로 서로 관련하여 의미를 해석한다.

기술통계량

종속변수: 운동후체력값

훈련방법	평균	표준편차	N
러닝	8.6250	3.37797	8
싸이클	8.5000	2.20389	8
걷기	7.7500	2.81577	8
전체	8.2917	2.74225	24

(3) 오차 분산의 동질성에 대한 Levene의 검정[a]

종속변수 "운동 후 체력 값"에 대한 오차 분산의 동질성 여부를 검정한 Levene의 검정 통계량이다. 자유도 1(df1)은 독립변수의 집단의 수이며 자유도 2(df2)는 사례 수이다. 종속 변인인 "운동 후 체력 값"은 F-값이 0.632이고 유의수준 0.542(p>0.05)이므로 오차 분산이 동일하다는 영가설이 채택됨을 알 수 있다.

오차 분산의 동일성에 대한 Levene 의 검정[a]

종속변수: 운동후체력값

F	자유도1	자유도2	유의확률
.632	2	21	.542

여러 집단에서 종속변수의 오차 분산이 동일한 영가설을 검정합니다.

a. Design: 절편 + 예비검사 + 훈련방법

(4) 개체-간 효과검정

"훈련방법"과 "예비 검사"에 따른 종속변수 "운동 후 체력 값" 차이에 대한 검정을 실시한 공분산분석의 결과이다. 수정 모형에서 "운동 후 체력 값"에 대한 유의확률이 0.00으로 유의수준 $p<0.05$ 수준에서 통계적으로 매우 유의한 것으로 나타났다. 분석결과를 보면 공변량으로 사용된 "예비 검사"의 회귀선의 F-통계량은 114.16으로 유의수준 $p<0.05$에서 매우 유의하게 나타났다. 공변량 "예비 검사"는 "운동 후 체력 값"에 대한 효과로 볼 수 있다. 따라서 "운동 전 체력 값(예비 검사)"이 종속변수 "운동 후 체력 값"에 매우 큰 영향을 미치는 것으로 나타났다. 또한 "훈련방법"에 따라서도 "운동 후 체력 값"이 매우 큰 차이가 있는 것으로 나타났다(F=12.338). 즉, 12주간 실시한 각각 다른 "훈련방법"이 공변량 "예비 검사(운동 전 체력 값)"가 주는 영향을 제거한 뒤에도 매우 유의한 차이를 나타낸 것으로 나타났다.

개체-간 효과 검정

종속변수: 운동후체력값

소스	제 III 유형 제곱합	자유도	평균제곱	F	유의확률	비중심 모수	관측 검정력[b]
수정된 모형	147.709[a]	3	49.236	38.999	.000	116.998	1.000
절편	.327	1	.327	.259	.617	.259	.077
예비검사	144.125	1	144.125	114.160	.000	114.160	1.000
훈련방법	31.154	2	15.577	12.338	.000	24.677	.989
오차	25.250	20	1.262				
전체	1823.000	24					
수정된 합계	172.958	23					

a. R 제곱 = .854 (수정된 R 제곱 = .832)

b. 유의수준 = .05을(를) 사용하여 계산

(5) 모수 추정값

각각의 회귀계수 추정값은 예비 검사에 대한 베타계수(Beta Coefficient)로 표시된다. 기울기 모수 추정값은 공변량(예비 검사)이 0과 같다고 가정할 때 집단 3(훈련방법=3)의 예측값으로 추정된다. 집단 1과 집단 2의 계수는 집단 3의 예측값에서 집단 1과 집단 2의 예측값을 뺀 것을 말한다.

모수 추정값

종속변수: 운동후체력값

모수	B	표준오차	t	유의확률	95% 신뢰구간 하한	95% 신뢰구간 상한	비중심 모수	관측 검정력[b]
절편	-1.305	.936	-1.394	.179	-3.257	.647	1.394	.264
예비검사	1.207	.113	10.685	.000	.972	1.443	10.685	1.000
[훈련방법=1]	2.535	.583	4.349	.000	1.319	3.751	4.349	.985
[훈련방법=2]	2.561	.587	4.364	.000	1.337	3.785	4.364	.986
[훈련방법=3]	0[a]	.	.	.	.	.	.	.

a. 현재 모수는 중복되므로 0으로 설정됩니다.

b. 유의수준 = .05을(를) 사용하여 계산

(6) 사용자 정의 가설검정(대비 결과(K-행렬))

종속변수와 독립변수(훈련방법)의 대비결과이다. 여기에서 "수준 1 및 평균", "수준 2 및 평균"은 훈련방법의 종류 3가지를 나타낸다. 수준 3 및 평균은 생략되어 있다고 표시되어 있다. "운동 후 체력 값"에 대한 각각의 범주의 값을 0으로 가정했을 때 대비된 값을 나타낸 것이다. 예를 들면 운동 후 체력 값의 "수준 1 및 평균"은 평균을 0으로 가정할 때 0.836의 차이를 보이고 표준오차는 0.328이다.

사용자 정의 가설검정

대비 결과(K 행렬)

훈련방법 편차 대비[a]		종속변수 운동후체력값
수준 1 및 평균	대비 추정값	.836
	가설값	0
	차이(추정값 - 가설값)	.836
	표준오차	.328
	유의확률	.019
	차이에 대한 95% 신뢰구간 하한	.153
	차이에 대한 95% 신뢰구간 상한	1.520
수준 2 및 평균	대비 추정값	.862
	가설값	0
	차이(추정값 - 가설값)	.862
	표준오차	.330
	유의확률	.017
	차이에 대한 95% 신뢰구간 하한	.174
	차이에 대한 95% 신뢰구간 상한	1.551

a. 생략된 범주 = 3

(7) 검정 결과

훈련방법에 따른 종속변수 "운동 후 체력 값"에 대해 분산분석을 나타낸 것이다. F-값은 12.338, 유의확률 0.00으로 $p<0.05$ 수준에서 훈련방법별로 운동 후 체력 값의 차이가 있는 것으로 나타났다.

검정 결과

종속변수: 운동후체력값

소스	제곱합	자유도	평균제곱	F	유의확률	비중심 모수	관측 검정력[a]
대비	31.154	2	15.577	12.338	.000	24.677	.989
오차	25.250	20	1.262				

a. 유의수준 = .05을(를) 사용하여 계산

(8) 추정 주변 평균(훈련방법)

공변량(예비 검사)의 평균이 6.5417일 때 각 집단별 추정 주변 평균과 표준오차 그리고 95% 신뢰구간이 제시되고 있다. 각 집단별 추정 주변 평균은 앞에 있는 **모수 추정값** 베타계수를 이용하여 계산할 수 있다. 즉 "러닝 방법의 추정 주변 평균"은 기울기 베타와 집단 1의 베타계수에 공변량 베타계수에 공변량 평균을 곱해서 더한 값이다.

러닝 방법의 추정 주변 평균 =

-1.305 + 2.535 + 1.207 × 6.5417 = 9.128

추정 주변 평균

훈련방법

종속변수: 운동후체력값

훈련방법	평균	표준오차	95% 신뢰구간 하한	95% 신뢰구간 상한
러닝	9.128[a]	.400	8.294	9.963
싸이클	9.154[a]	.402	8.316	9.992
걷기	6.593[a]	.412	5.734	7.452

a. 모형에 나타나는 공변량은 다음 값에 대해 계산됩니다.: 예비검사 = 6.5417.

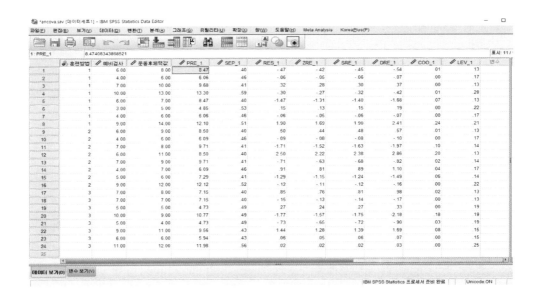

저장(S) 대화상자에서 선택한 항목들이 새로운 변수로 생성되어 나타난다.

6. 다변량 분산분석(MANOVA)

목적

분산분석(ANOVA)과 동일하게 다변량 분산분석(Multivariate Analysis of Variance, MANOVA)은 집단 간의 차이를 검정하는 기법이다. 분산분석(ANOVA)은 등간척도로 측정된 종속변수에 대한 집단 간 차이 평가를 하는 데 사용되는 반면, 다변량 분산분석(MANOVA)은 두 개 이상의 종속변수를 고려하여 집단 간의 차이를 검정하는 것이다. 즉, 다변량 분산분석(MANOVA)은 각각의 처리 집단 두 개 이상의 종속변수를 가진다. 분산분석(ANOVA)과 다변량 분산분석(MANOVA)의 통계적 추론의 절차는 모두 집단 간 차이의 통계적 유의성을 평가하는 데 사용된다. 분산분석(ANOVA)에 있어서 검정되는 영가설은 집단 간의 평균 차이가 같다는 것을 검정하지만 다변량 분산분석(MANOVA)은 집단 간의 두 개 이상의 종속변수의 평균의 벡터량이 동등하다는 것을 검정한다.

다변량 분산분석(MANOVA)의 기본원리는 **종속변수들 간의 상관관계를 고려**하여 집단 간의 평균 차이를 검정하는 것이다. 각 변수의 독립된 확률분포를 이용하는 것이 아니라 다수의 변수들이 결합하여 나타나는 결합 확률분포(Multi variate Joint Distribution)를 이용한다. 다변량 분산분석의 가정은 다른 다변량 분석기법들과 마찬가지로 종속변수들의 분포는 다변량 정규분포를 이루고, 종속변수의 분산-공분산 구조는 모두 동일하다는 가정을 한다.

1) 다변량 분산분석(MANOVA)의 경로

경로☞ 탑 메뉴 > 분석 > 일반선형모형 > 다변량(M)

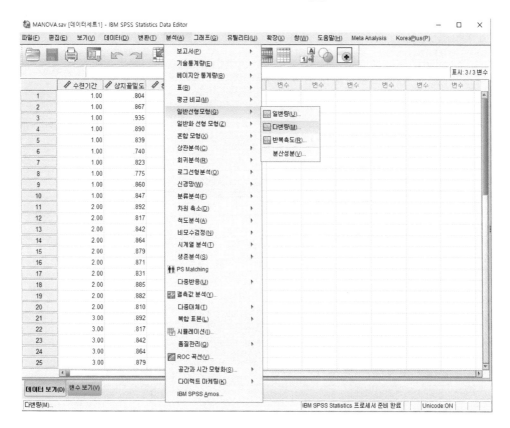

2) 다변량 분산분석(MANOVA)의 실행

· 태권도 수련 기간에 따라서 여대생의 "상지 골밀도"와 "하지 골밀도"에 차이가 있는지를 알아보고자 한다. 이를 분석하기 위해 태권도 비수련 그룹(10명)과 수련 기간 5년 그룹(10명) 및 수련 기간 10년 그룹(10명)의 골밀도를 측정하고 다음과 같은 순서로 다변량 분산분석을 실시하였다. 우선 대화상자에서 왼쪽에 있던 "상지 골밀도변수"와 "하지 골밀도변수"를 종속변수(D)로 화살표를 통해 이동시킨다. 또

한 "수련 기간" 변수는 고정요인(F)으로 이동시킨다.

· 모형(M)지정 대화상자에서 완전요인모형(A)을 지정하고 계속 버튼을 누른다(기본설정).

<표 21-1> 모형지정 옵션

옵션	설 명
완전요인 모형(A)	완전요인모형을 지정하면 주 효과, 공변량 효과와 요인 대 요인의 상호작용을 검정할 수 있다.
사용자 정의(C)	사용자 정의를 지정하면 사용자가 원하는 상호작용의 효과를 검정할 수 있다.
요인(F)	분석에 포함되는 독립변수들이 저장된다.
분석항목지정	사용자 정의(C)를 선택하면 연구목적에 맞는 주 효과와 상호작용 옵션을 선택할 수 있다.
상호작용	분석에 포함된 변수들에 대한 상호작용 효과를 검정한다.
주 효과	분석에 포함된 변수들에 대한 주 효과를 검정한다.
2원 배치	지정한 변수의 2원 상호작용을 검정한다.
3원 배치	지정한 변수의 3원 상호작용을 검정한다
4원 배치	지정한 변수의 4원 상호작용을 검정한다
5원 배치	지정한 변수의 5원 상호작용을 검정한다
모형(M)	사용자 정의(C)를 선택한 후 주 효과와 독립변수들 간의 상호작용을 분석할 수 있는 변수를 지정한다.
제곱 합(Q)	가장 일반적으로 사용되는 방법은 Type III이다.
Type I	Type I 모형을 산출한다.
Type II	Type II 모형을 산출한다.
Type III	Type III 모형을 산출한다.
Type IV	Type IV 모형을 산출한다.
Type V	Type V 모형을 산출한다.
모형에 절편 포함(I)	모형에 절편을 포함하여 계산한다.

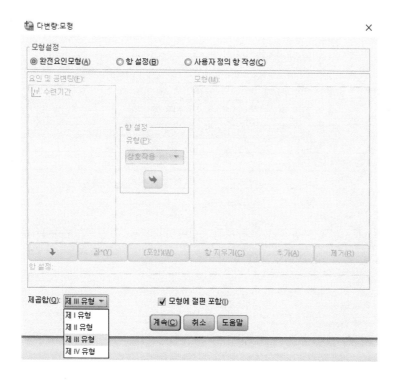

・대비(N) 지정 대화상자에서는 "편차대비"를 지정하고 바꾸기를 통해 변경한 후 계속 버튼을 누른다.

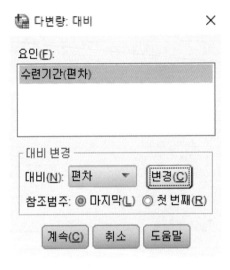

<표 21-2> 대비지정 옵션

옵션	설 명
대비 변경 (Contrasts Change)	각 요인에 대한 편차를 대비한다. 다음 중 하나를 지정할 수 있다.
지정하지 않음	지정하지 않는다.
편차	집단의 전체평균과 각 요인의 평균을 비교한다.
단순	지정된 요인의 평균과 각 요인의 평균을 비교한다. 통제집단이 있는 경우 유용한 대비방법이다.
차분	이전 요인의 평균과 각 요인의 평균을 비교한다.
Helmert	나중 요인의 평균과 각 요인의 평균을 비교한다.
반복	나중 요인의 평균과 각 요인의 평균을 비교한다.
다항	1차 효과, 2차 효과, 3차 효과 등을 비교한다.
마지막(L)	마지막
첫 번째(R)	처음

・프로파일 도표(T) 지정 대화상자에서 "수련 기간"을 수평 측 변수(H)로 옮긴 다음 추가(A)를 통해 도표(T)로 포함한다.

<표 21-3> 도표 옵션

옵션	설 명
요인(F)	요인에 대한 종속변수의 추정 주변 평균이 표시된다.
수평 측 변수(H)	분석에 포함된 독립변수 지정
선 구분변수(S)	분석에 포함된 독립변수 지정
도표 구분변수(P)	분석에 포함된 독립변수 지정
도표(T)	분석에 포함된 독립변수들의 상호작용 도표작성
차트 유형	선형차트(L) 막대형 차트(B)
오차 막대	오차 막대 포함(I)
총평균의 참조선 포함(G)	
Y축은 0에서 시작됨	

• 사후검정(Post-Hoc)은 **등분산을 가정함**에서 "Bonferroni"와 "Duncan"을 선택하고 **등분산을 가정하지 않음**에서 "Dunnett의 T3"를 지정하고 계속 버튼을 누른다.

〈표 21-4〉 관측 평균의 사후분석 다중비교

옵션	설 명
요인(F)	분석에 포함된 모수 요인이 표시된다.
사후검정변수(P)	사후검정을 할 모수 요인을 지정한다.
등분산을 가정함	집단 간의 평균 차이를 검정한 후 집단 중 어느 집단에서 평균 차이가 발생하는지를 검정해야 한다. 집단 간 대응 다중비교는 각 집단의 평균 차이를 검정한다. 다음 중 하나 이상을 지정할 수 있다. 일반적으로 사용되는 사후검정방법으로는 Tukey, Bonferroni, Duncan의 통계량을 이용한다. 여기에서는 모수 요인에 대한 사후검정만 실시한다.
LSD(L)	이 방법은 일종의 t-통계량으로 다른 방법에 비해 일종오류를 통제하는 데 유용한 검정방법이다.
Bonferroni(B)	Student t-통계량을 이용한다. 다중비교 요인에 대한 유의 수준을 조정한다.
Sidak(I)	Bonferroni(B)의 검정방법과 유사한 다중비교방법이다.
Scheffe(C)	모든 비교에 하나의 범위 값을 사용한다. 이 방법은 집단 간 평균이 모든 선형조합을 점검할 수 있는 방법이지만 집단 상호 비교를 위한 것은 아니다.
R-E-G-W-F	Ryan-Einot-Gabriel-Welsch의 F 검정
R-E-G-W-Q	Ryan-Einot-Gabriel-Welsch의 Q 검정
S-N-K(S)	Turkey의 HSD와는 달리 표본의 부분 집합들의 영가설을 검정할 때 사용하여 표본 범위가 작아지기 때문에 임계치도 작아진다.

옵션	설 명
Tukey 방법(T)	Turkey의 HSD 검정은 대응 사후 다중비교방법 중 보수적인 일종오류를 통제하는 방법이며 기각력은 다른 방법에 비해 다소 떨어진다.
Tukey의 b(K)	Turkey의 b 검정방법
Duncan(D)	Duncan의 검정 통계량은 집단 간 표본의 크기가 서로 다른 경우 Turkey의 통계량의 복잡함을 피하려고 서로 다른 값을 사용한다.
Hochberg의 GT2(H)	Turkey의 HSD 검정과 유사하지만 표준화된 최대계수를 사용한다.
Gabriel(G)	표준된 최대계수를 사용하며 셀의 크기가 다른 경우 Hochberg의 GT2보다 더 뛰어난 검정방법이다.
Waller-Duncan(W)	베이지안 접근법을 이용하며 셀의 크기가 다를 때는 표본의 조화평균을 사용한다.
Dunnett(E)	Dunnett의 등분산
등분산을 가정하지 않음	등분산을 가정하지 않는 경우 사용할 수 있는 방법이며 하나 이상을 선택할 수 있다.
Tamhane의 T2	Tamhane의 T2(M)
Dunnett의 T3	Dunnett의 T3(3)
Games-Howell	Games-Howell(A)
Dunnett의 C	Dunnett의 C(U)

· 새로운 변수 저장 대화상자에 아래 그림과 같이 선택하여 계속을 누른다.

· EM 평균(추정 주변 평균)의 대화상자에서 요인과 요인 상호작용(F)에 있는 "수련 기간"을 평균표시 기준(M)으로 화살표를 이용하여 이동시킨다. 그리고 옵션(O)의 표시에서 기술 통계량(D)과 변환행렬(A) 및 동질성 검정(H)을 선택한 후 계속(C)을 누른다.

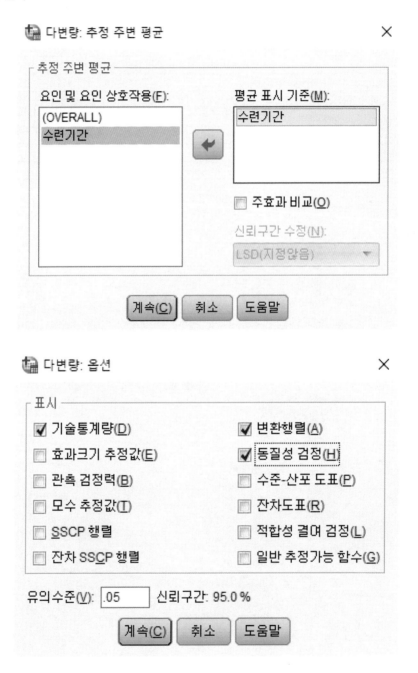

〈표 21-5〉 EM 평균과 옵션

EM 평균	설 명
추정 주변 평균	
요인 및 요인 상호작용(F)	셀 내의 모집단의 주변 평균의 추정값을 구할 경우 요인과 상호작용을 선택한다.
평균표시 기준(M)	셀 내의 해당 요인들에 대한 평균을 출력한다.
주 효과 비교(O)	집단 내의 주 효과를 서로 비교한다.
옵션	
표시	다음 중 하나 이상을 지정할 수 있다.
기술 통계량(D)	모든 셀 내에 종속변수의 관측된 평균, 표준편차, 빈도를 출력한다.
효과 크기 추정값(E)	각각의 모수 추정값에 대한 η^2(eta-square)를 출력한다.
관측 검정력(B)	관측값에 근거해 대립가설을 검정할 때 검정력(Power of test)을 얻고자 할 때 지정한다.
모수 추정값(T)	각 검정에 대한 모수 추정값, 표준오차, t-test, 신뢰구간 등을 출력한다.
SSCP 행렬	SSCP 행렬을 산출한다.
잔차 SSCP 행렬	잔차 SSCP 행렬을 산출한다.
변환 행렬(A)	변형 행렬을 산출한다.
동질성 검정(H)	종속변수에 대한 분산의 동질성 검정에 대한 Levene 통계량을 산출한다. 또한 종속변수의 공분산 행렬의 동질성 검정에 대한 Box'M 통계량이 산출된다.
수준-산포 도표(P)	데이터에 대한 검정을 점검한다.
잔차 도표(R)	종속변수에 대한 관측-예측-표준화 잔차 도표를 출력하며, 동분상성을 검정하는 데 유용한 도표이다.
적합성 결여 검정(L)	모형에서 종속변수와 독립변수 간의 관계가 잘 설명되고 있는지를 알고자 할 때 지정한다.
일반 추정 가능 함수(G)	일반 추정함수에 근거해서 사용자 가설검정을 할 수 있다. 대비 계수행렬의 행은 일반추정함수의 선형결합이다.
유의수준(V)	사후검정의 유의수준을 조정할 수 있다. 기본값은 $\alpha=0.05$로 설정되어 있다.
신뢰구간 95.0%	신뢰구간은 95%로 설정되어 있다.

3) 다변량 분석(MANOVA)의 결과해설

(1) 개체-간 요인

수련 기간의 수련단계별 집단과 사례 수가 제시되어 있다. 비수련 집단이 10명, 5년 수련집단이 10명, 10년 수련집단 10명으로 나타나 있다.

개체-간 요인

	값 레이블		N
수련기간	1.00	비수련	10
	2.00	5년수련	10
	3.00	10년수련	10

(2) 기술 통계량

태권도 수련 기간에 따른 상지와 하지의 골밀도 평균과 표준편차 그리고 집단별 사례 수가 제시되어 있다.

기술통계량

	수련기간	평균	표준편차	N
상지골밀도	비수련	.83800	.056247	10
	5년수련	.85730	.029948	10
	10년수련	.87140	.034626	10
	전체	.85557	.042734	30
하지골밀도	비수련	1.28120	.082948	10
	5년수련	1.40770	.088875	10
	10년수련	1.43450	.096861	10
	전체	1.37447	.110097	30

(3) 공분산 행렬에 대한 Box의 동일성 검정[a]

Box의 M 동일성 검정은 집단 간 종속변수들의 분산-공분산 행렬과 전체표본의 분산-공분산 행렬의 동일성을 검정하는 통계량이다. Box의 M 통계량은 7.322이고 유의확률은 0.366(p>0.05)으로 "공분산이 동일하다"라는 영가설을 수렴한다. 즉, 분산-공분산 행렬이 동일하다는 것을 의미한다.

공분산 행렬에 대한 Box의 동일성 검정[a]

Box의 M	7.322
F	1.089
자유도1	6
자유도2	18168.923
유의확률	.366

여러 집단에서 종속변수의 관측 공분산 행렬이 동일한 영가설을 검정합니다.

a. Design: 절편 + 수련기간

(4) 다변량 검정

태권도 수련 기간에 따른 상지와 하지의 골밀도 차이를 분석한 결과이다. 여러 가지 검정방법의 명칭을 나타내는데 Pillai의 트레이스, Wilks의 람다(λ), Hotelling의 트레이스, Roy의 최대 근에 의한 검정방법을 제시하고 있다. Hotelling의 트레이스와 Roy의 값은 큰 값을 지닐수록, Pillais의 트레이스와 Wilks의 람다(λ)는 작은 값을 가질수록 집단 간의 평균 차이를 나타내는 F-통계량의 값은 커진다.

단, Hotelling의 트레이스는 두 집단 간 차이 분석에서 주로 사용되며 세 집단 차이 분석에서는 사용하지 않는다. 유의수준 α를 0.05로 할 경우 모든 검정방법에서 태권도 수련 기간에 상지와 하지의 골밀도에 차이가 없다는 영가설은 모두 기각되었다. 즉 태권도 수련 기간에 따라 상지와 하지의 골밀도가 차이가 있는 것으로 나타났다. 여기에서 주의할 점은 검정방법에 따라 분석결과가 달라질 수 있다는 것이다.

다변량 검정[a]

효과		값	F	가설 자유도	오차 자유도	유의확률
절편	Pillai의 트레이스	.998	6138.808[b]	2.000	26.000	.000
	Wilks의 람다	.002	6138.808[b]	2.000	26.000	.000
	Hotelling의 트레이스	472.216	6138.808[b]	2.000	26.000	.000
	Roy의 최대근	472.216	6138.808[b]	2.000	26.000	.000
수련기간	Pillai의 트레이스	.415	3.533	4.000	54.000	.012
	Wilks의 람다	.590	3.918[b]	4.000	52.000	.007
	Hotelling의 트레이스	.685	4.279	4.000	50.000	.005
	Roy의 최대근	.671	9.062[c]	2.000	27.000	.001

a. Design: 절편 + 수련기간

b. 정확한 통계량

c. 해당 유의수준에서 하한값을 발생하는 통계량은 F에서 상한값입니다.

(5) 오차 분산의 동일성에 대한 Levene의 검정[a]

오차 분산의 동일성 검정을 위한 Levene의 검정 통계량을 나타낸 것이다. 상지 골밀도와 하지 골밀도의 F-통계량은 각각 1.415(p>.05)와 0.111(p>.05)이며 유의수준 α 을 0.05로 할 경우 상지 골밀도와 하지 골밀도 모두 오차 분산이 동일하다는 영가설을 수렴한다. 기준을 중위 수 및 자유도를 수정한 중위 수 및 절삭 평균으로도 판단할 수 있다.

오차 분산의 동일성에 대한 Levene의 검정[a]

		Levene 통계량	자유도1	자유도2	유의확률
상지골밀도	평균을 기준으로 합니다.	1.415	2	27	.260
	중위수를 기준으로 합니다.	1.327	2	27	.282
	자유도를 수정한 상태에서 중위수를 기준으로 합니다.	1.327	2	19.871	.288
	절삭평균을 기준으로 합니다.	1.419	2	27	.259
하지골밀도	평균을 기준으로 합니다.	.111	2	27	.895
	중위수를 기준으로 합니다.	.058	2	27	.943
	자유도를 수정한 상태에서 중위수를 기준으로 합니다.	.058	2	24.883	.943
	절삭평균을 기준으로 합니다.	.106	2	27	.900

여러 집단에서 종속변수의 오차 분산이 동일한 영가설을 검정합니다.

a. Design: 절편 + 수련기간

(6) 개체-간 효과검정

태권도 수련 기간에 따른 두 종속변수 상지 골밀도와 하지 골밀도에 대한 차이 검정을 나타낸 결과이다. 수정된 모형에서 상지 골밀도의 유의확률이 0.220으로 유의수준 $p<0.05$ 수준에서 유의하지 않은 것으로 나타났지만, 하지 골밀도의 유의확률이 0.002로 $p<0.01$ 수준에서 유의한 것으로 나타났다. 즉, 태권도 수련 기간에 따라서 상지 골밀도($F=1.604$)는 차이가 없지만 하지 골밀도($F=8.324$)는 매우 차이가 있는 것으로 나타났다.

개체-간 효과 검정

소스	종속변수	제 III 유형 제곱합	자유도	평균제곱	F	유의확률
수정된 모형	상지골밀도	.006[a]	2	.003	1.604	.220
	하지골밀도	.134[b]	2	.067	8.324	.002
절편	상지골밀도	21.960	1	21.960	12525.544	.000
	하지골밀도	56.675	1	56.675	7037.099	.000
수련기간	상지골밀도	.006	2	.003	1.604	.220
	하지골밀도	.134	2	.067	8.324	.002
오차	상지골밀도	.047	27	.002		
	하지골밀도	.217	27	.008		
전체	상지골밀도	22.013	30			
	하지골밀도	57.026	30			
수정된 합계	상지골밀도	.053	29			
	하지골밀도	.352	29			

a. R 제곱 = .106 (수정된 R 제곱 = .040)
b. R 제곱 = .381 (수정된 R 제곱 = .336)

(7) 대비 결과(K 행렬)

두 종속변수와 태권도 수련 기간의 대비 결과(K 행렬)이다. 여기에서 "수준 1 및 평균", "수준 2 및 평균"은 수련 기간의 종류 3가지를 나타낸다. 3번째의 평균은 생략되어 있다고 표시되어 있다. 상지 골밀도에 대한 각각의 범주의 값을 0으로 가정했을 때 대비된 값을 나타낸 것이다. 예를 들면 상지 골밀도와 하지 골밀도의 "수준 1 및 평균"

을 0으로 가정할 때 -0.018의 차이를 보이고 표준오차는 0.011이며 하지 골밀도는 평
균 -0.093과 표준오차 0.023의 차이를 나타냈다.

대비 결과(K 행렬)

수련기간 편차 대비[a]			종속변수	
			상지골밀도	하지골밀도
수준 1 및 평균	대비 추정값		-.018	-.093
	가설값		0	0
	차이(추정값 - 가설값)		-.018	-.093
	표준오차		.011	.023
	유의확률		.116	.000
	차이에 대한 95% 신뢰구간	하한	-.040	-.141
		상한	.005	-.046
수준 2 및 평균	대비 추정값		.002	.033
	가설값		0	0
	차이(추정값 - 가설값)		.002	.033
	표준오차		.011	.023
	유의확률		.874	.163
	차이에 대한 95% 신뢰구간	하한	-.020	-.014
		상한	.024	.081

a. 생략된 범주 = 3

(8) 다변량 검정 결과

태권도 수련 기간에 따른 상지 골밀도와 하지 골밀도의 차이를 분석한 결과이다. 앞
에서 이미 언급한 분석결과와 동일하다.

다변량 검정 결과

	값	F	가설 자유도	오차 자유도	유의확률
Pillai의 트레이스	.415	3.533	4.000	54.000	.012
Wilks의 람다	.590	3.918[a]	4.000	52.000	.007
Hotelling의 트레이스	.685	4.279	4.000	50.000	.005
Roy의 최대근	.671	9.062[b]	2.000	27.000	.001

a. 정확한 통계량

b. 해당 유의수준에서 하한값을 발생하는 통계량은 F에서 상한값입니다.

(9) 일변량 검정 결과

두 종속변수에 대한 일변량 분석결과를 제시한 것이다. 일변량 분석결과에는 자유도 (df), 평균 제곱, F-값 그리고 유의확률이 제시된다. 상지 골밀도와 하지 골밀도의 F-값 은 각각 1.604와 8.324이고 유의수준은 0.220과 0.002로 나타났다. 따라서 유의수준 $p<0.05$에서 상지 골밀도의 경우 수련 기간 집단 간 차이가 없는 것으로 나타났으나 하 지 골밀도의 경우 수련 기간 집단 간 매우 차이가 있는 것으로 나타났다.

일변량 검정 결과

소스	종속변수	제곱합	자유도	평균제곱	F	유의확률
대비	상지골밀도	.006	2	.003	1.604	.220
	하지골밀도	.134	2	.067	8.324	.002
오차	상지골밀도	.047	27	.002		
	하지골밀도	.217	27	.008		

(10) 예측 주변 평균(추정값)

종속변수에 관한 독립변수의 추정 주변 평균이 제시되어 있다.

추정값

종속변수	수련기간	평균	표준오차	95% 신뢰구간 하한	95% 신뢰구간 상한
상지골밀도	비수련	.838	.013	.811	.865
	5년수련	.857	.013	.830	.884
	10년수련	.871	.013	.844	.899
하지골밀도	비수련	1.281	.028	1.223	1.339
	5년수련	1.408	.028	1.349	1.466
	10년수련	1.434	.028	1.376	1.493

(11) 사후검정(다중비교)

다중비교

종속변수		(I) 수련기간	(J) 수련기간	평균차이(I-J)	표준오차	유의확률	95% 신뢰구간 하한	95% 신뢰구간 상한
상지골밀도	Bonferroni	비수련	5년수련	-.01930	.018725	.935	-.06710	.02850
			10년수련	-.03340	.018725	.257	-.08120	.01440
		5년수련	비수련	.01930	.018725	.935	-.02850	.06710
			10년수련	-.01410	.018725	1.000	-.06190	.03370
		10년수련	비수련	.03340	.018725	.257	-.01440	.08120
			5년수련	.01410	.018725	1.000	-.03370	.06190
	Dunnett T3	비수련	5년수련	-.01930	.020151	.715	-.07366	.03506
			10년수련	-.03340	.020887	.330	-.08916	.02236
		5년수련	비수련	.01930	.020151	.715	-.03506	.07366
			10년수련	-.01410	.014477	.704	-.05209	.02389
		10년수련	비수련	.03340	.020887	.330	-.02236	.08916
			5년수련	.01410	.014477	.704	-.02389	.05209
하지골밀도	Bonferroni	비수련	5년수련	-.12650*	.040134	.012	-.22894	-.02406
			10년수련	-.15330*	.040134	.002	-.25574	-.05086
		5년수련	비수련	.12650*	.040134	.012	.02406	.22894
			10년수련	-.02680	.040134	1.000	-.12924	.07564
		10년수련	비수련	.15330*	.040134	.002	.05086	.25574
			5년수련	.02680	.040134	1.000	-.07564	.12924
	Dunnett T3	비수련	5년수련	-.12650*	.038444	.012	-.22722	-.02578
			10년수련	-.15330*	.040327	.004	-.25914	-.04746
		5년수련	비수련	.12650*	.038444	.012	.02578	.22722
			10년수련	-.02680	.041570	.888	-.13574	.08214
		10년수련	비수련	.15330*	.040327	.004	.04746	.25914
			5년수련	.02680	.041570	.888	-.08214	.13574

관측평균을 기준으로 합니다.
오차항은 평균제곱(오차) = .008입니다.

*. 평균차이는 .05 수준에서 유의합니다.

태권도 수련 기간에 따라서 상지 골밀도와 하지 골밀도에 대한 평균 차이가 보다 구체적으로 어느 집단에서 발생했는지를 검정한 결과이다. 즉, 상지와 하지 골밀도의 집단 간 평균 차이를 검정하기 위하여 태권도 비수련 집단과 5년 수련집단, 10년 수련집단 단계를 구분하여 평균 차이를 모두 검정한 것이다. 먼저 상지 골밀도의 분석결과를 살펴보면 Bonferroni 검정방법에서는 모든 집단 간 유의한 차이를 보이지 않았다. Dunnett T3 검정방법에서도 모든 집단 간 유의한 차이는 없었다.

그러나 하지 골밀도에서는 Bonferroni 검정방법에서는 비수련 그룹과 5년 수련 그룹, 비수련 그룹과 10년 수련 그룹에서 통계적으로 유의한 차이를 나타냈으며 나머지 집단들은 유의하지 않은 것으로 나타났다. 또한 Dunnett T3도 마찬가지로 비수련 그룹과 5년 수련집단, 비수련 그룹과 10년 수련집단 간에서 유의한 차이를 나타냈다.

(12) 동질적 부분집합 (상·하지 골밀도)

상지 골밀도와 하지 골밀도에 대한 동일집단에 대한 평균값이 제시되어 있다. Duncan 분석결과 상지 골밀도에 대한 동일집단군의 평균값이며 모든 집단의 평균값이 차이가 없는 것을 알 수 있다. 그러나 하지 골밀도에 대한 동일집단군은 비수련 집단은 단독 집단이고 5년 수련집단과 10년 수련집단이 동일집단군으로 나타났다.

동질적 부분집합

상지골밀도

	수련기간	N	부분집합 1
Duncan[a,b]	비수련	10	.83800
	5년수련	10	.85730
	10년수련	10	.87140
	유의확률		.102

동질적 부분집합에 있는 집단에 대한 평균이 표시됩니다.
관측평균을 기준으로 합니다.
오차항은 평균제곱(오차) = .002입니다.

a. 조화평균 표본크기 10.000을(를) 사용합니다.

b. 유의수준 = .05.

하지골밀도

	수련기간	N	부분집합 1	부분집합 2
Duncan[a,b]	비수련	10	1.28120	
	5년수련	10		1.40770
	10년수련	10		1.43450
	유의확률		1.000	.510

등질적 부분집합에 있는 집단에 대한 평균이 표시됩니다.

관측평균을 기준으로 합니다.

오차항은 평균제곱(오차) = .008입니다.

a. 조화평균 표본크기 10.000을(를) 사용합니다.

b. 유의수준 = .05.

(13) 상·하지 골밀도의 추정 주변 평균

프로파일 도표

상지골밀도

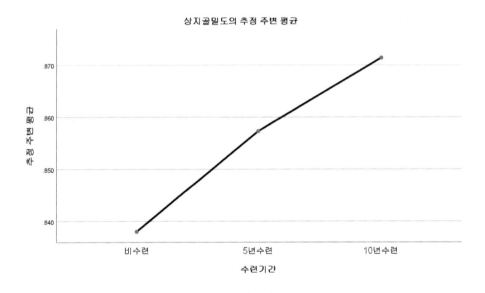

상지골밀도의 추정 주변 평균

하지골밀도

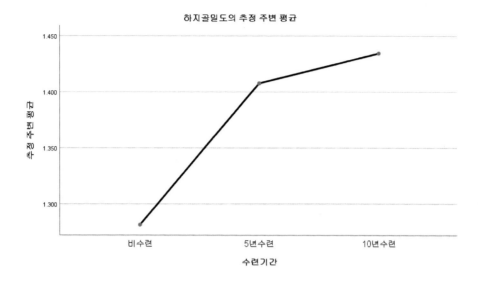

제22장

회귀분석(Regression Analysis)

목적

한 변수가 다른 변수들과 상호 간의 무슨 관계가 있는지(영향을 미치는지, 인과관계가 있는지 등)를 분석하기 위하여 사용되는 방법으로 한 변수의 값을 가지고 다른 변수의 값을 예언하고자 할 때 사용된다. 회귀계수(Regression Coefficient)는 이 예언의 값(계수)이라고 볼 수 있는데 상관관계와 비슷하지만 회귀분석은 두 변수 간(또는 둘 이상)의 관계에 대한 " $\hat{Y}=bX+a$ "라는 직선의 방정식을 구함으로써 훨씬 더 정확하게 예측할 수 있다.

1. 회귀분석(Regression Analysis)의 기본개념

회귀분석은 회귀방정식이라 불리는 직선의 방정식을 구하는 것을 말한다.

<그림 22-1>을 살펴보면, 두 집단의 분포 그림에서 각 분포의 직선과 각 개별 값들의 편차가 가장 적게 나타나는 가상의 직선을 긋는다. 편차는 모두 더하면 0이 되기 때문에, 여러 직선들 중에서 각 편차들을 제곱해서 만들어낸 값이 가장 작은 최소 자승 라인(the least square line, 최소제곱선)이라고 불리는 가장 적합도가 높은 직선을 선택한다. 이 선이 바로 회귀선(Regression Line)이다.

회귀분석은 독립변수(X)에 의하여 발생하는 종속변수(Y)의 변화에 관심이 있다. 따라서 기울기 b와 Y 절편 a의 값을 구하는 것을 말한다. b와 a의 값이 구해지면, 그 이후로는 X(독립변수)의 값만 있으면, 바로 Y(종속변수)의 값이 얼마인지 예측(예언)할 수 있다. **단순 선형회귀분석(Simple Linear Regression)**은 " $\hat{Y}=bX+a$ "처럼 독립변수와 종속변수가 1개씩이며, 독립변수가 종속변수에 미치는 영향을 살펴볼 경우를 말한다. **중다 선형회귀분석(Multiple Linear Regression)**은 " $\hat{Y}=b_1X_1+b_2X_2+b_3X_3+a$ "와 같이 여

러 독립변수(2개 이상)가 동시에 한 종속변수에 미치는 영향을 분석할 때 사용한다.

독립변수와 종속변수의 분포에서 실제 분포된 종속변수의 값들로부터 가장 오차가 적은(이탈의 합이 가장 적은) 직선을 찾아내는 과정(최소자승법)을 거치며, 이 최적의 직선을 "$\hat{Y}=bX+a$"와 같은 방정식의 형태로 표현할 수 있다.

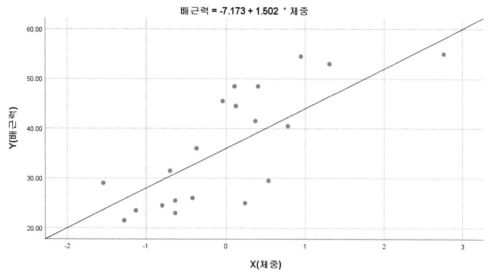

〈그림 22-1〉 배근력과 체중의 회귀직선

이 최적의 선이 나오는 직선의 방정식을 회귀방정식이라고 하고, **기울기 b를 회귀계수(Regression Coefficient)**라도 라며, **a를 상수(constant)**라고 한다. 바로 이러한 직선의 방정식(회귀방정식)을 구하여 인과관계를 예측하는 것이 회귀분석이다. 또한 명목척도나 서열척도로 측정된 변수를 독립변수로 사용하고자 하는 경우에는 이항변수(Binary Variable)로 표시된 몇 개의 더미 변수(Dummy Variable)를 이용하여 분석할 수 있는데, 이러한 변수들을 사용한 회귀분석을 등간척도나 비율척도로 측정한 변수들만을 독립변수로 사용하는 일반회귀분석과 구분하여 **더미 회귀분석(Dummy Variable Regression)**이라 한다. 이외에도 독립변수와 종속변수 간의 관계유형에 따라 회귀분석을 **선형회귀분석과 비선형회귀분석**으로 나누어 볼 수 있다.

※ 회귀분석(Regression Analysis)에서의 기본가정

· 주어진 자료에서 독립변수와 종속변수 값의 분포가 직선 관계(선형성, Linear)이어야 한다.
· 서로 독립적이어야 한다(Durbin-Watson 검정 활용).
· 분산(변량)이 모두 일정해야 한다.
· 분포가 정상분포를 이루어야 한다.

2. 회귀분석 실시 전 변수들 간의 선형관계 확인

회귀분석은 분석을 실시하기 전에 종속변수와 독립변수 간의 관계를 어느 정도 파악하고 분석하는 것이 필요하다. 이를 위해서는 하나의 독립변수와 종속변수를 X축과 Y축으로 하는 2차원의 평면상에 분석하고자 하는 입력 자료의 개별 관측값들을 점으로 나타내는 **산점도**를 그려볼 필요가 있다.

산점도 상에서 두 변수가 선형에 유사한 관계가 있는 것으로 나타나면 현재의 변수를 그대로 사용하여 분석한다. 그러나 만일 두 변수가 선형이 아닌 다른 형태의 관계가 있다고 판단되는 경우에는 독립변수를 어떠한 방법(예: log 또는 $\sqrt{}$)으로 치환하면 종속변수와 선형에 가까운 관계를 맺을 수 있는지를 파악한 다음, 독립변수를 치환하여 얻은 새로운 변수를 독립변수로 사용해서 회귀분석 해야 한다. 이를 **비선형회귀분석**이라고 한다. 우선, 회귀분석을 시행하기에 앞서 종속변수와 독립변수 간의 선형관계를 파악하는 산점도 검사를 실시하려면 다음과 같다.

1) 산점도의 경로

경로 ☞ 탑 메뉴 > 그래프 > 레거시 대화상자(L) >산점도/점도표(S)

2) 산점도의 실행

단순 산점도를 선택한 후 정의를 누른다.

대화상자 왼쪽에 있는 변수 중 종속변수인 배근력을 Y-축(<u>Y</u>)으로 이동시키고 독립변수인 체중을 X-축(<u>X</u>)으로 화살표를 이동시킨 후 확인을 누른다.

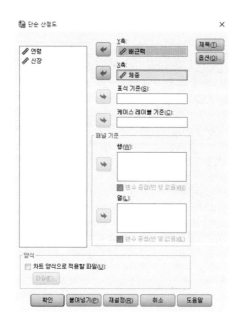

3) 산점도의 결과

독립변수(체중)와 종속변수(배근력) 간의 선형관계를 파악하기 위해 산점도 검사를 실시한 결과 아래와 같이 선형으로 나타났다.

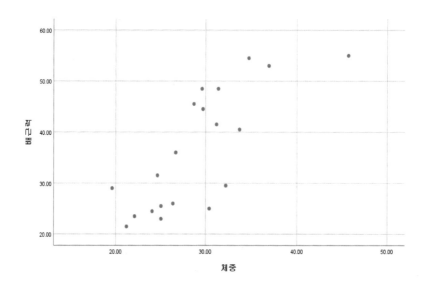

3. 단순 선형회귀분석(Simple Liner Regression)

독립변수와 종속변수가 각각 하나일 경우 독립변수가 종속변수에 미치는 영향, 또는 어떤 관계가 있는지, 인과가 있는지 등을 분석하고자 할 경우 단순 선형회귀분석을 사용한다. 단순 선형회귀분석은 "$\hat{Y}=bX+a$"와 같은 직선의 방정식을 구한다. 이때 주의할 점은 독립변수와 종속변수의 인과관계가 명확해야 한다.

1) 단순 선형회귀분석의 경로

경로 ☞ 탑 메뉴 > 분석 > 회귀분석 > 선형(L)

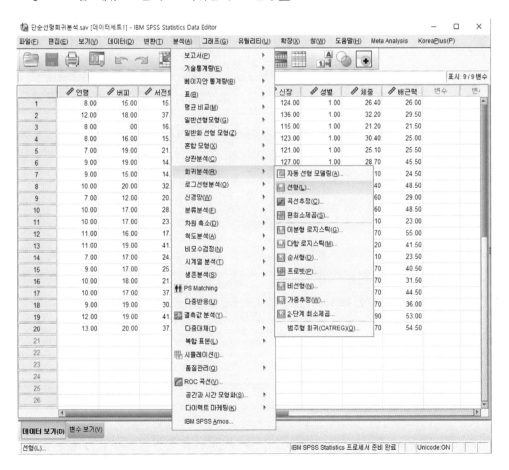

2) 단순 선형회귀분석의 실행

태권도를 수련하고 있는 초등학생들의 체력을 측정하였다. 측정항목 중 측정자의 체중이 배근력에 미치는 영향을 살펴보고자 하였다. 이런 경우 종속변수(D)에 "배근력"을 이동시킨 후, 독립변수(I)에 "체중"을 이동한다. 그리고 확인을 누른다. 방법(M)은 기본 선택인 "입력"을 유지한다.

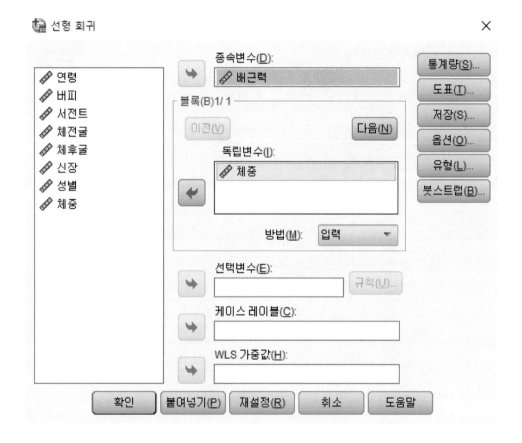

3) 단순 선형회귀분석의 결과해설

(1) 입력/제거된 변수[a]

입력된 변수는 독립변수(체중[b])를 의미한다. 방법은 입력(enter)방식을 선택하였다. [a] 종속변수는 배근력을 의미한다.

입력/제거된 변수^a

모형	입력된 변수	제거된 변수	방법
1	체중^b	.	입력

a. 종속변수: 배근력

b. 요청된 모든 변수가 입력되었습니다.

(2) 모형 요약

단순 선형회귀분석의 모델에 대한 설명이다.

모형 요약

모형	R	R 제곱	수정된 R 제곱	추정값의 표준오차
1	.776^a	.603	.580	7.61516

a. 예측자: (상수), 체중

① R

독립변수, 종속변수 두 변수 간 적률 상관관계(Pearson r)로 0.776은 높은 상관관계를 가지고 있음을 알려준다.

② R^2(설명력 또는 결정계수)

독립변수에 의하여 설명되는 종속변수의 비율을 말한다. 즉, 종속변수 배근력의 60.3%가 표본회귀선에 적합한 것으로 체중에 의하여 설명되는 것을 의미한다. R^2가 1에 가까울수록 완벽한 관계에 가까워지는 것을 의미한다.

③ 수정된 R 제곱(Adjusted R Square)

자유도(df)를 고려하여 모집단의 결정계수를 추정할 때 사용한다.

(3) 분산분석(ANOVA)

회귀선의 분산분석(ANOVA, F 분석)모델이다. 여기에서 F 분석은 **"모집단의 회귀선의 기울기가 0이다"**라는 가설에 대한 검정이다. F값이 27.285, 유의도가 0.000으로 독립변수의 기울기(예측자, b : (상수), 체중)가 0이라는 가설을 기각해도 오류가 $p < 0.001$ 이므로 회귀선의 모델이 적합한 것으로 인정된다. 회귀모형을 더 정확하게 파악하기 위해서 잔차(Residual)를 분석해야 한다.

ANOVA[a]

모형		제곱합	자유도	평균제곱	F	유의확률
1	회귀	1582.305	1	1582.305	27.285	.000[b]
	잔차	1043.833	18	57.991		
	전체	2626.138	19			

a. 종속변수: 배근력
b. 예측자: (상수), 체중

(4) 계수[a]

배근력을 종속변수로 하는 회귀계수가 얼마인지 알려준다. 회귀선은 "$\hat{Y}=bX+a$"라는 직선의 방정식이다. 아래 표의 비표준화 계수(Unstandardized Coefficients) B를 살펴보자.

계수[a]

모형		비표준화 계수		표준화 계수	t	유의확률
		B	표준화 오류	베타		
1	(상수)	-7.173	8.500		-.844	.410
	체중	1.502	.288	.776	5.224	.000

a. 종속변수: 배근력

① 상수(Constant)

상수로 Y 절편(a)에 해당한다. 즉, Y 절편(a)은 b 값 아래와 상수(Constant)가 만나는 -7.173이다. t=-0.844, p>0.05로 무의미하다.

② 체중

회귀선의 기울기(b)이다. 즉, 기울기(b)는 b와 체중이 만나는 영향, 관계의 정도가 커진다. 상관관계와 마찬가지다.

③ 베타(Beta, B)

Z-score로 표현될 때 즉, 표준화된 회귀계수로 흔히 표준화 계수라고 한다. X, Y값을 z 점수로 환산할 경우의 기울기이다. 중다 선형회귀분석에서 여러 독립변수들을 상대적으로 비교할 경우 유용하다.

④ t / Sig.

각 상수와 기울기에 대한 t 검정을 통하여 유의도를 검정한다. 상수는 p>0.05이므로 무의미하고 기울기는 p<0.001로 유의미한 것을 볼 수 있다. 따라서 독립변수(체중)는 종속변수(배근력)에 영향을 미치는 것을 알 수 있다. 따라서 다음과 같은 관계가 성립된다. 배근력($\hat{Y}$)=b * 체중(X)+a이며 다시 표현하면,

$$\hat{Y}=1.502*X\ -7.173의\ 관계이다.$$

중요한 것은 기울기의 방향과 크기이다. 기울기의 방향은 양(+)이다. 즉, 독립변수(체중)가 증가할수록 종속변수(배근력)도 증가한다는 말이다. 만약 음(-)이라면 독립변수(체중)가 증가할수록 종속변수(배근력)는 감소할 것이다. 관계하는 정도의 크기, 또는 미치는 영향의 크기는 기울기의 크기와 같다. 현재 여기에서는 1.502이다.

4. 중다 선형회귀분석(Multiple Linear Regression)

중다 선형회귀분석(Multiple Linear Regression)은 "$\hat{Y}=b_1X_1+b_2X_2+b_3X_3+a$"와 같이 여러 개의 독립변수가 동시에 한 종속변수에 미치는 영향을 분석할 때 사용된다.

1) 중다 선형회귀분석의 경로

경로 ☞ 탑 메뉴 > 분석 > 회귀분석 > 선형(L)

2) 중다 선형회귀분석의 실행

연령(X₁)과 신장(X₂), 체중(X₃)이 배근력(Y)에 미치는 영향을 살펴보기 위하여 독립변수(I)에 연령과 신장, 체중을 이동한 후 종속변수(D)에 배근력을 이동시킨 후 확인을 누른다. 먼저 입력(Enter)방식으로 실시하고 단계 투입(Stepwise)방식은 뒤에서 다룬다.

3) 중다 선형회귀분석의 결과해설

(1) 입력/제거된 변수[a]

입력된 변수는 독립변수(연령=X_1, 신장=X_2, 체중=X_3[b])를 의미한다. 방법은 입력(enter) 방식을 선택하였다. [a]종속변수는 배근력을 의미한다.

입력/제거된 변수[a]

모형	입력된 변수	제거된 변수	방법
1	체중, 연령, 신장[b]	.	입력

a. 종속변수: 배근력

b. 요청된 모든 변수가 입력되었습니다.

(2) 모형 요약

중다 선형회귀분석의 모델에 대한 설명을 알려준다.

모형 요약

모형	R	R 제곱	수정된 R 제곱	추정값의 표준 오차
1	.882[a]	.778	.736	6.59893

a. 예측자: (상수), 체중, 연령, 신장

① R

독립변수와 종속변수의 적률 상관관계(Pearson r)는 0.882[a]로 높다.

[a].예측자: (상수), 연령(X_1), 신장(X_2), 체중(X_3)

② R 제곱(R Square, R^2)

R제곱(결정계수)은 0.778로, 종속변수를 77.8% 설명한다.

③ 수집된 R 제곱(Adjusted R Square)

수정된 R 제곱 값으로 자유도(df)를 고려하여 모집단의 결정계수를 추정할 경우 0.736이다.

(3) ANOVA(분산분석)[a]

모집단 회귀선의 기울기가 0이라는 가설에 대한 검정을 F값으로 알아본다. F값이 18.689, 유의도(Sig.)가 0.000으로 독립변수의 기울기가 0이라는 가설이 기각되므로, 회귀선의 모델이 적합한 것으로 인정된다. 회귀모형을 더 정확하게 파악하기 위해서 잔차(Residual)를 분석해야 한다.

ANOVA[a]

모형		제곱합	자유도	평균제곱	F	유의확률
1	회귀	2441.503	3	813.834	18.689	.000[b]
	잔차	696.734	16	43.546		
	전체	3138.238	19			

a. 종속변수: 배근력

b. 예측자: (상수), 체중, 연령, 신장

(4) 계수[a]

배근력을 종속변수로 하는 회귀계수가 얼마인지 알려준다. 중다 회귀선은 " $\hat{Y}=b_1X_1+b_2X_2+b_3X_3+a$ "라는 직선의 방정식이다. 아래의 표에서 비표준화 계수(Unstandardized Coefficients)의 B를 살펴보자

계수[a]

모형		비표준화 계수		표준화 계수		
		B	표준화 오류	베타	t	유의확률
1	(상수)	-67.553	34.450		-1.961	.068
	연령	-.838	2.066	-.113	-.406	.690
	신장	.594	.427	.459	1.392	.183
	체중	1.201	.413	.568	2.907	.010

a. 종속변수: 배근력

① 상수(Constant)

Y절편(a)에 해당한다. 즉, Y절편(a)은 B값 아래와 상수가 만나는 -67.553이며, t=-1.961, p>0.05로 무의미하다.

② 각 독립변수(X_1, X_2, X_3)의 회귀선의 기울기(b_1, b_2, b_3)

기울기 b는 각 독립변수들과 만나는 값으로 체중 변수가 1.201이고 신장은 0.594, 연령은 -0.838로 나타났다.

③ 베타(Beta, β)

Z-score로 표현될 때 즉, 표준화된 회귀계수(Standardized Coefficient)로 X, Y값을 z 점수로 환산할 경우의 기울기이다. 표준화된 값으로 독립변수 간의 영향력을 서로 비교할 수 있다. 베타 값(β)을 기준으로 체중이 0.568로 가장 크며, 신장이 0.459로 두 번째로 크다. 이는 종속변수(배근력)에 독립변수 중 체중이 가장 큰 영향을 미쳤고 두 번째로 신장이 영향을 미쳤다고 해석할 수 있다.

최종적으로 실제 독립변수가 종속변수에 유의한 영향을 미치는지에 대한 판단은 **t/Sig.**으로 결정한다.

④ t/Sig.

각 상수와 기울기에 대한 t 검정을 통하여 유의도를 검정한다. 변수 중에서 체중의 독립변수만이 기울기가 0.05 이하로 유의한 것으로 볼 수 있다. 신장과 연령은 배근력에 미치는 영향력은 없는 것으로 나타났다. 따라서 다음과 같은 회귀방정식이 도출된다.

배근력(Y) = −0.838 × 연령(X₁) + 0.594 × 신장(X₂) + 1.201 × 체중(X₃) −67.553

Beta 값을 보면 알 수 있듯이 배근력에 가장 영향력이 있는 변수는 체중이고 그다음으로 신장, 연령순이다.

4) 중다 선형회귀분석의 옵션

회귀분석에서 독립변수가 증가하면 R^2(R제곱)이 커지는데, 이런 경우 다중공선성(Multicollinearity)의 문제가 자주 발생한다. 이때 이러한 문제와 오차를 줄여 최적화된 회귀선을 찾아내는 방법이 **단계선택(Stepwise)방법**이며 비교적 많이 사용된다.

〈표 22-1〉 회귀모델을 선정하는 데 사용되는 변수의 투입방법

옵션	
입력(Enter)	선택한 모든 독립변수를 동시에 투입한다.
단계선택(Stepwise)	단계별로 독립변수의 유의도에 따라 최적화되도록 투입한다.
제거(Remove)	지정된 변수들을 동시 투입 후(Enter 실행 후) 탈락시켜 나간다
후진(Backward)	등록된 변수의 제거기준에 따라 한 변수씩 뒤에서부터 제거한다.
전진(Forward)	등록된 변수의 제거기준에 따라 한 변수씩 앞에서부터 제거한다.

① 선형회귀분석의 통계량 선택

선형회귀의 통계량은 회귀계수, 잔차, 기타 옵션으로 구성되어 있다.

〈표 22-2〉 선형회귀의 통계량

	추정값(Estimates)	회귀계수의 추정치를 알려주며 기본설정임
회귀계수 (Regression Coefficients)	신뢰구간 (Confidence intervals)	각 비표준 회귀계수에 대한 95% 신뢰구간을 표시한다.
	공분산 행렬 (Covariance matrix)	비표준 회귀계수에 대한 공분산 행렬을 알려준다.

잔차 (Residuals)	Durbin-Watson(DW)	더빈 왓슨의 통계량(DW)을 표시한다. 이는 잔차에 대하여 알아보기 위해 사용하는 통계량으로 기준값은 정상 분포곡선을 의미하는 2가 되며, 잔차에 대한 상관관계가 없음을 의미한다. 잔차와의 상관관계는 0에 가까울수록 양(+)의, 4에 가까울수록 음(-)의 상관관계가 있음을 나타낸다. 만약 DW 값이 0 값 또는 4에 가까울 경우 잔차들 간에 상관관계가 있어 회귀모형이 부적합함을 알 수 있다.
	케이스별 진단 (Casewise diagnostics)	사례의 잔차의 정규분포성을 파악하는 것으로 이 값이 작을수록 회귀모형이 잘 추정되었다고 진단한다.
	모형 적합(Model fit)	상관관계 R, 결정계수 R^2, 수정된 R^2, 표준추정오차, 자유도, 자승합(SS), 분산의 추정치(MS), F값 등을 알려주며 기본설정임
	R 제곱 변화량 (R square change)	수정된 결정계수로 나타나는 F 검정의 변화를 알려준다.
	기술통계(Descriptive)	평균, 표준편차, 상관행렬 등을 제시한다.
	부분 상관 및 편 상관계수 (Part & partial Correlations)	부분 상관관계를 제시한다.
	공선성 진단 (Collinearity Diagnostics)	공선성 여부를 진단한다. 투입되는 독립변수의 수가 증가하게 되면 설명력이 커지며, t 값으로 판단하는 각 변수에 대한 모수 추정치가 0으로 나타나게 된다. 이 경우 다중 공선상(Multicollinearity)의 문제가 발생한 것으로 볼 수 있는데, 이를 검정해 확인해 볼 필요가 있다. 이 경우 모수 추정치에 대한 허용도(Tolerance)가 0.1 이하이면, 다중 공선상의 문제가 있다고 할 수 있다. 이 경우 다중 공선상의 문제가 발생하는 변수를 더 낮은 허용도를 갖는 변수를 제거하고 다시 분석하거나, 회귀분석 방법(Method)에서 단계선택(Stepwise)방법을 사용한다.

② Plots 그리기

다음의 도표(L)를 선택하여 Plots를 그릴 수 있으며, 그래프 그리기도 이용할 수 있다. 특히 히스토그램을 통하여 정규분포곡선과 어떤 분포를 보이는지 유의해서 살펴보자.

Plots 그리기의 옵션 내용	
DEPENDENT	종속변수
ZPRED	표준화되지 않은 예측값
ZRESID	표준화된 예측값
DRESID	삭제된 잔차
ADJPRED	수정된 예측값
SRESID	표준화된 잔차
SERESID	표준화된 삭제 잔차
표준화 잔차도표(Standardized Residual Plots) > 히스토그램(H)	
표준화 잔차도표(Standardized Residual Plots) > 정규확률도표(R)	
편회귀 잔차도표 모두 출력(Produced all partial plots)	

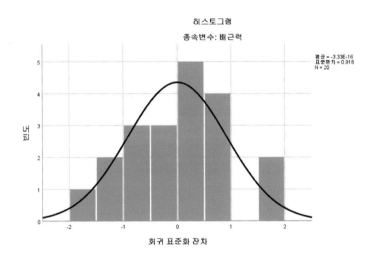

5. 단계선택(Stepwise)인 경우의 해설

왼쪽 대화상자에 있는 독립변수(연령, 체중, 신장)들은 오른쪽 독립변수(I)로, 종속변수(배근력)는 종속변수(D)로 화살표를 이용하여 이동시키고 확인을 누른다.

1) 단계선택(Stepwise)인 경우의 결과해설

(1) 입력/제거된 변수[a]

단계선택(Stepwise) 방식으로 다단계 투입의 조건과 각 투입 모델이다. 모형 1에 입력된 변수는 체중이라는 독립변수 하나가 투입되었고 이 조건은 F값에 의한 유의수준이 $p < 0.05$를 충족시키면 투입되고 0.100 이상이면 제거된다는 것을 알려준다.

입력/제거된 변수[a]

모형	입력된 변수	제거된 변수	방법
1	체중	.	단계선택 (기준: 입력에 대한 F의 확률 <= .050, 제거에 대한 F의 확률 >= .100).

a. 종속변수: 배근력

(2) 모형 요약[b]

단계선택(Stepwise)방식으로 다단계 투입할 경우 각 모델에 투입된 독립변수가 어떤 것인지 알려주고 있으며, 각 모델별로 상관관계와 설명력을 제시한다.

모형 1의 설명력은 0.731이고 투입되는 독립변수가 많을수록 설명력은 증가하지만, 1개의 독립변수 당 설명력은 감소하게 된다.

모형 요약[b]

모형	R	R 제곱	수정된 R 제곱	추정값의 표준 오차	Durbin-Watson
1	.855[a]	.731	.716	6.85466	1.564

a. 예측자: (상수), 체중
b. 종속변수: 배근력

(3) ANOVA(분산분석)[b]

단계선택(Stepwise) 방식으로 다단계 투입할 경우 각 모델별로 F 검정을 한다. F 검정 결과 아래 체중 모델만 유의미함을 알 수 있다.

ANOVA[a]

모형		제곱합	자유도	평균제곱	F	유의확률
1	회귀	2292.484	1	2292.484	48.790	.000[b]
	잔차	845.754	18	46.986		
	전체	3138.237	19			

a. 종속변수: 배근력
b. 예측자: (상수), 체중

(4) 계수[a]

단계선택(Stepwise) 방식으로 다단계 투입할 경우 각 모델별로 t 검정을 통하여 유의미한 회귀계수를 찾아낸다. 단계선택(Stepwise)방식에서는 자동으로 최적화된 모델을 찾아내므로 매우 편리하게 사용할 수 있다. 체중 독립변수와 배근력 종속변수와의 관계의 최적화된 모델로 볼 수 있다.

계수[a]

모형		비표준화 계수		표준화 계수			공선성 통계량	
		B	표준화 오류	베타	t	유의확률	공차	VIF
1	(상수)	-15.582	7.651		-2.037	.057		
	체중	1.808	.259	.855	6.985	.000	1.000	1.000

a. 종속변수: 배근력

(5) 제외된 변수[a]

단계선택(Stepwise)방식으로 다단계 투입한 경우 제외된 독립변수를 나타낸다. 연령과 신장의 독립변수들은 모두 무의미함을 알 수 있다.

제외된 변수[a]

모형		베타 입력	t	유의확률	편상관계수	공선성 통계량		최소공차
						공차	VIF	
1	연령	.200[b]	1.186	.252	.277	.515	1.941	.515
	신장	.351[b]	1.851	.082	.410	.367	2.727	.367

a. 종속변수: 배근력

b. 모형내의 예측자: (상수), 체중

6. 더미 변수(가변수, Dummy Variable)

회귀분석 모형에서 명목(서열)척도로 측정된 독립변수가 있을 때 더미 변수(**Dummy Variable**)를 이용하여 분석한다. 즉 질적 척도로 측정된 명목과 서열척도가 회귀분석에서 독립변수로 사용될 경우 등간척도 이상이라는 선형성의 조건에 적합하지 않기 때문에 이를 해결하기 위해 고안된 방식이다. 명목척도로 측정된 변수를 이용하여 더미 변수를 만들 때는 0과 1의 숫자를 이용한다. 예를 들면 만약 성별이 신장에 영향을 미칠 수 있는지를 보고자 할 때, T-test를 이용하여 분석할 수도 있지만, 다른 변수들과의 관련성을 보거나 회귀계수를 산출하는 것은 원칙적으로 수행할 수 없다. 이때 성별의 범주인 남자와 여자를 더미화하면 사용할 수 있는데, 더미화(Dummy) 한다는 것은 '있다 (1)'와 '없다(0)'로 속성을 변경하는 것을 말한다. 즉, "'남자이다(1)'와 '남자가 아니다 (0)'라는 변수"로 만들어주는 것이다.

남자가 아니라는 것은 남자가 없다는 개념으로 비율척도와 같은 성격이 되도록 변경한다. 또한, 더미 변수의 개수는 명목(서열) 자료의 (범주-1)로 설정할 수 있다.

1) 더미 회귀분석의 경로

경로 ☞ 탑 메뉴 > 분석 > 회귀분석 > 선형(L)

	id	성별	신장	체중	더미성별	변수	변수	변수	변수	변수	변수
1	1	1.00	176.00	72.00	1						
2	2	1.00	172.00	72.00	1						
3	3	1.00	182.00	70.00	1						
4	4	2.00	160.00	43.00	0						
5	5	2.00	163.00	48.00	0						
6	6	2.00	165.00	54.00	0						
7	7	2.00	168.00	51.00	0						
8	8	2.00	163.00	52.00	0						
9	9	1.00	182.00	73.00	1						
10	10	2.00	148.00	45.00	0						
11	11	1.00	170.00	60.00	1						
12	12	1.00	166.00	62.00	1						
13	13	1.00	172.00	64.00	1						
14	14	2.00	160.00	47.00	0						
15	15	2.00	163.00	51.00	0						
16	16	1.00	170.00	74.00	1						
17	17	1.00	182.00	88.00	1						
18	18	1.00	174.00	64.00	1						
19	19	2.00	164.00	56.00	0						
20	20	2.00	160.00	56.00	0						
21	21	1.00	174.00	91.00	1						
22	22	1.00	178.00	65.00	1						
23	23	1.00	175.00	70.00	1						
24	24	1.00	182.00	76.00	1						
25	25	1.00	174.00	60.00	1						
26	26	1.00	171.00	64.00	1						

코딩 설명 : 더미 변수(성별) 여자=0, 남자=1

2) 더미 회귀분석의 실행

체중과 성별(명목척도)이 신장에 미치는 영향을 살펴보기 위하여 독립변수에 체중과 성별을 이동한 후, 종속변수에 신장을 이동시킨 후 확인을 누른다. 방식은 투입(Enter)으로 설정한다. 이때 주의할 점은 체중은 비율척도이지만 성별은 명목척도이다. 따라서 성별을 더미 변수(Dummy Variable)로 변경해 주어야 한다. 이때 앞에서 배운 코딩변경(R)을 활용하면 수월하게 변경해 줄 수 있다. 더미 변수 개수는 (2-1)=1개가 필요하다. "성별"을 "여자=0", "남자=1"로 변경하여 "더미 성별"변수를 새롭게 만든다.

3) 더미 회귀분석의 결과해설

(1) 입력/제거된 변수[a]

더미 변수를 이용한 다중회귀분석을 실시하기 위해 입력(Enter)방식을 지정하였다.

종속변수인 신장을 설명하기 위해 독립변수 체중과 성별(더미 성별)이 분석에 입력되고 제거된 변수는 없음을 나타낸다.

입력/제거된 변수[a]

모형	입력된 변수	제거된 변수	방법
1	체중, 더미로 바꾼변수[b]	.	입력

a. 종속변수: 신장

b. 요청된 모든 변수가 입력되었습니다.

(2) 모형 요약

모형 요약은 모형의 적합도를 분석할 때 사용되는 방법이다. 더미 회귀분석의 모형에 대한 설명 요약을 제시하고 있다. 독립변수와 종속변수와의 상관관계는 0.831이며, 설명력(결정계수) R^2(제곱)은 0.690이다.

모형 요약

모형	R	R 제곱	수정된 R 제곱	추정값의 표준 오차
1	.831[a]	.690	.677	4.26932

a. 예측자: (상수), 체중, 더미로바꾼변수

(3) ANOVA[a](분산분석)

모형의 적합도를 평가하는 두 번째 방법은 ANOVA를 이용하는 것이다. ANOVA에 의한 평가는 자유도 k와 (n-k-1)인 F-분포에 의해서 검정한다. 표본으로부터 자료에 의해 설명되는 회귀(SSR)는 1905.006이고 잔차(SSE)는 856.674이며 전체(SST)는 2761.680이다. F-비율은 52.257이고 유의수준 $p < 0.0001$에서 유의적인 것으로 나타났다. 즉 회귀선의 기울기가 0이 아니고 회귀선의 모델이 적합한 것으로 인정된다.

ANOVA^a

모형		제곱합	자유도	평균제곱	F	유의확률
1	회귀	1905.006	2	952.503	52.257	.000^b
	잔차	856.674	47	18.227		
	전체	2761.680	49			

a. 종속변수: 신장

b. 예측자: (상수), 체중, 더미로바꾼변수

(4) 계수^a

"신장"을 종속변수로 하여 분석된 "더미 변수 성별"과 "체중"의 회귀분석 결과이다. 여기에서 "체중"과 "성별(더미 성별)" 모두 종속변수에 영향을 미치는 것으로 나타났다. "체중"은 기울기의 방향이 +값을 나타냄으로 체중 값이 클수록 신장이 높게 나타난다는 것으로 알 수 있었다. 또한 "성별(더미 성별)"에서도 남자의 경우가 "1"이므로 기울기의 방향이 +값을 나타낸다는 것은 남자들이 신장에 더 많이 영향을 준다는 것으로 의미한다.

표준화된 회귀계수(Standardized Coefficient)로 X, Y값을 z 점수로 환산하여 기울기를 구하였다. 또한, 표준화된 값으로 독립변수 간 영향력을 비교하였다. 체중이 0.582를 나타내어 신장에 가장 많은 영향을 미쳤으며 그다음으로 성별(더미 성별)이 두 번째로 영향을 미치는 것으로 나타났다.

계수^a

모형		비표준화 계수		표준화 계수	t	유의확률
		B	표준화 오류	베타		
1	(상수)	145.215	4.056		35.801	.000
	더미로바꾼변수	4.462	1.941	.294	2.299	.026
	체중	.351	.077	.582	4.549	.000

a. 종속변수: 신장

제23장

요인분석(Factor Analysis)

목적

요인분석(Factor Analysis)은 질문 문항들, 변수들 혹은 측정 대상들 간의 상관관계를 고려하여 이들 측정값 사이에 공유하는 구조를 파악해 내는 기법을 말한다. 이를 통해 연구자에게 측정 문항(개념)의 형태로 주어진 많은 정보를 용이하도록 적은 수의 요인(개념)으로 제시해 주는 분석방법이다. 또한 요인분석은 자료 및 변수의 감축 기법으로 변수가 독립변수/종속변수 인지를 구분하지 않는다. 요인분석의 구체적인 사용 목적을 살펴보면 첫째, 자료의 요약이고 둘째, 불필요한 변수들을 제거하며 셋째, 변수의 구조 파악이다. 마지막으로 넷째, 측정 도구의 타당성을 평가한다. 특정 개념을 측정하기 위해 복수 문항의 측정값을 사용하였다면, 측정값들 사이에는 높은 상관관계가 존재하여야 한다. 측정한 변수들이 동일한 요인으로 묶이는지를 확인함으로써 측정 도구의 타당성을 평가할 수 있다.

---

1. 요인분석(Factor Analysis)의 활용

요인분석은 새로운 모델의 개발과 기존의 모델에 대한 적합성을 판단하고, 새로운 측정값을 얻기 위한 목적으로 사용된다. 체육학(스포츠) 분야에서 자주 사용하는 다변량 통계기법 중의 하나가 요인분석이다. 지금까지 체력검사의 개발에서 체력의 구조 분석을 위한 연구에서 요인분석을 활용하였으며, 정의적 영역에서도 스포츠 태도나 불안 수준 등과 관련된 필기검사의 개발에서 요인분석을 이용한 연구가 이루어졌다. 최근에는 스포츠 경영학이나 스포츠 사회학 등의 분야에서 주요 주제인 인과구조모형의 개발에서 선형구조모형(LISREL: Linear Structural Relations)의 구조 방정식을 구하기 전에 요인분석을 통한 변인의 선택과 질문지 개발이 이루어지고 있는 경향이다. 체력에 관한 연구에서 요인분석을 이용한 대표적 연구는 Fleishman(1964), Cureton(1966), Jackson(1971), Zuidema와 Bau mgartner(1974) 등이 있다. Fleishman(1964)은 60가지 체력검사를 요인 분석하여 9가지 요인으로 도출하였다.

1) 요인분석의 단계

요인분석의 수행 단계는 <그림 23-1>에서 볼 수 있는 것처럼 7단계로 구성할 수 있다. 요인분석의 **제1단계는 연구문제의 설정**이다. 이 단계에서는 연구에 사용된 변수의 형태(등간, 비율척도)가 무엇이며, 연구에 포함된 변수의 수는 몇 개인지 그리고 표본의 수는 충분한지를 결정하는 단계이다. 요인분석을 수행하기 위한 표본의 수는 50개 이상이며, 일반적으로 측정변수의 4~5배가 필요하다.

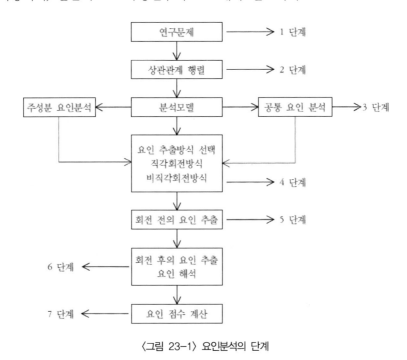

〈그림 23-1〉 요인분석의 단계

제2단계는 연구의 목적에 따른 R-type 또는 Q-type을 이용한 상관관계 행렬의 계산이다. 연구의 목적이 변수들 간의 특성을 파악하기 위한 것이라면 R-type을 이용하고, 연구의 목적이 많은 수의 대상들을 보다 적고 상이한 집단으로 분류한다면 Q-type을 이용한다. 상관관계 행렬을 산출함으로써 변수들 간의 상호관련성을 파악한다.

제3단계는 요인을 추출하기 위한 분석모델을 결정하는 단계이다. 요인을 추출하기 위한 방법에는 주성분 요인분석(Principle Component Analysis)과 공통요인분석(Common Factor Analysis)이 있다.

제4단계는 요인회전 방식을 결정하는 단계이다. 회전방식에는 직각 회전(Orthogonal

Rotation)과 비직각 회전(Oblique Rotation)방식이 있다.

제5단계는 최초의 요인의 추출단계이다.

제6단계는 추출요인에 대한 해석단계이다.

마지막 **제7단계는** 추후 분석에 이용할 수 있는 요인점수의 계산과 이를 저장하는 단계이다.

2) 상관관계 행렬의 검토

우선, 요인분석을 수행하기 위해서는 측정변수들 간의 상관관계를 고려하여 계산된 상관관계 매트릭스를 검토하여야 한다. 요인분석의 목적이 측정변수들 간의 동질적이거나 유사한 집단으로 묶는 것이므로 어느 한 특정변수는 유사한 다른 변수와 높은 상관관계를 가져야 한다. 변수들 간의 상관관계가 높다는 것은 하나의 요인으로 나타난다는 것을 의미하고, 측정변수들 간의 상관관계가 낮다는 것은 하나의 요인으로 묶이지 않는다는 것을 의미한다. 따라서 상관관계 매트릭스에 나타나는 상관계수는 측정개념별로 다르게 도출되어야 연구목적에 맞는 요인 해(Factor Solution)를 찾을 수 있게 된다.

3) 요인분석 모델

사용자들이 요인 해를 얻기 위해 이용할 수 있는 요인분석 모델은 **주성분 요인분석(Principle Component Analysis)**과 **공통 요인분석(Common Factor Analysis)**이 있다. 이 두 가지 방법은 폭넓게 사용되지만 (1) 요인분석을 수행하는 사용자의 목적과 (2) 측정변수의 분산에 대한 사전지식의 정도에 따라 적절한 방법을 선택할 수 있다. 따라서 연구목적에 알맞은 적절한 요인분석 방법을 선택하기 위해서는 분산의 개념을 이해해야만 한다. 측정된 변수의 값의 분산은 공통분산, 고유분산, 오차 분산으로 구성되어 있다. 전체분산 중 분산에 이용하는 분산의 형태에 따라 요인분산 모델이 달라진다.

① 주성분 요인분석(Principle Component Analysis)

주성분 요인분석은 변수가 가지는 공통분산, 고유분산, 오차 분산을 모두 분석에 포함한 총분산에 기초하여 요인을 추출하는 방법이다. 따라서 대각선 분산은 항상 "1"이

된다. 측정된 변수들의 집합에 있는 분산을 가능한 많이 설명할 수 있는 최소한의 요인의 집합을 이용하여 예측하거나 고유분산과 오차 분산이 적을 때 사용하는 방법이다.

② 공통 요인분석(Common Factor Analysis)

공통 요인분석은 측정변수가 가지는 고유분산과 오차 분산을 제외한 다른 변수들과 공유되어 있는 공통분산(Common Variance)에 기초하여 요인을 추출하는 방식이다. 이 방법은 변수들의 집합에 내재해 있는 고유분산 또는 오차 분산에 대한 사전지식이 없는 경우 사용한다.

4) 요인회전 방식(Rotation of Factor)

요인분석의 중요한 개념은 요인의 회전이다. 주성분 요인 또는 공통요인에 의해 얻어진 최초 요인행렬은 측정변수들의 분산을 어느 정도 설명할 수 있으나, 대부분 각 변수들과 요인들 간의 관계가 명확하게 나타나진 않는다. 회전되지 않은 요인(Unrotation Factor)은 단순히 자료를 감축시키는 과정으로 요인들의 중요성에 따라 요인을 추출하기 때문에 변수의 형태에 따른 의미 있는 정보를 얻기 어렵다. 첫 번째 추출되는 요인은 거의 모든 변수에 대해 유의적인 요인적재량을 보이지만, 두 번째 요인과 나머지 요인은 설명된 분산을 제외한 나머지 분산을 이용하여 추출되기 때문에 해석하기가 어렵다. 따라서 요인회전의 궁극적인 목적은 요인을 해석하기 쉽고 의미 있는 요인패턴을 갖도록 분산을 재분배시키는 과정(차이가 더 크게 나오도록 유도)이다. 요인을 회전시키는 방법에는 **직각 회전 방식(Orthogonal rotation)**과 **비직각 회전(Oblique rotation)방식**이 있다.

(1) 직각 회전 방식(Orthogonal rotation)

요인들 간의 상관관계가 없도록 요인을 회전시키는 방법으로 각 요인 간의 각도를 90°로 유지하면서 회전시킨다. 이 방식은 변수들 간의 독립성을 유지하면서 회전시킨다. 여기에는 Varimax와 Quartimax가 있다.

① Varimax

요인행렬의 열(Column)을 단순화시키는 방식으로 대부분 이 방법을 사용한다. 요인

행렬의 각 열에 1 또는 0에 가까운 요인적재량을 보인다. 변수와 요인 간의 관계가 명확해지고 해석하기에 용이하기 때문에 단순한 요인구조를 산출할 때 사용한다.

② Quartimax

이 방식은 요인행렬의 행(Row)을 단순화시키는 방식으로 한 변수가 어떤 요인에 대해 높은 요인적재량을 가지면 다른 요인에 대해서는 낮은 요인적재량을 갖게 한다. 단순한 요인구조를 얻기에는 문제가 있는 반면, 많은 변수에 대해 문항 간 높은 적재량을 갖는 변수들의 일반적 요인을 만들어 낼 수 있다.

(2) 비직각 회전 방식(Oblique Rotation)

이 방식은 요인들 간의 상관관계가 있을 때 사용한다. 요인 간의 각도를 90° 이외의 사각을 유지하면서 변수를 회전시키는 방법이다. 요인 간의 상관관계를 인정하기 때문에 다소 설득력이 떨어지지만 이론적으로나 경험적인 근거를 가지고 요인구조를 만들어 낼 수 있기 때문에 사회현상 분석에 많이 사용할 수 있다.

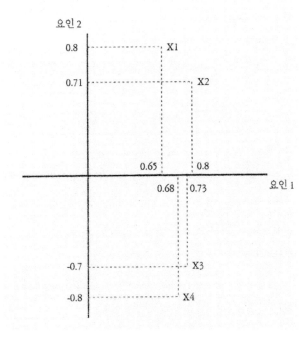

〈그림 23-2〉 회전 전의 요인

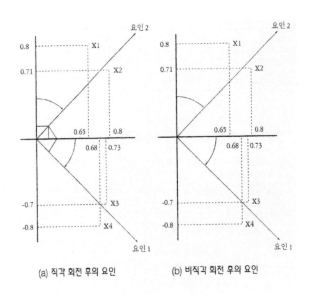

(a) 직각 회전 후의 요인　　　(b) 비직각 회전 후의 요인

〈그림 23-3〉 요인의 회전

5) 추출요인 수의 결정

최초 요인행렬의 결과를 토대로 몇 개의 요인을 추출할 것인가를 결정한다. 하지만 분석에 사용될 요인의 수를 결정하는 절대적인 기준은 없으며 분석의 목적, 분석의 방법 등에 따라 요인의 수를 결정할 수 있다.

최종 요인의 수를 결정하는 방식에는 **고유값의 절대치, 스크리 테스트, 최대 분산 퍼센트** 등이 이용된다.

① 고유값의 절대치

요인이 설명하는 변량의 크기를 나타내는 고유값을 변수의 수를 선택하는 기준으로 이용하는 방법이다. 이 방법을 이용하는 경우 보통 고유값이 1 이상 되어야 한다.

② 스크리 테스트(Scree Test)

가장 중요한 요인에서부터 고유값이 하락하다가 급격한 하락에서 완만한 하락으로 추세가 바뀌는 지점에서 요인의 수를 결정하는 방식이다.

③ 최대 분산 퍼센트

연구자가 필요로 하는 분산의 부분만큼을 설명하는 요인의 수를 추출하는 방식이며, 보통 75~85%의 분산 이상을 설명할 수 있도록 요인의 수를 결정한다.

2. 요인분석(Factor Analysis)

1) 요인분석의 경로

경로 ☞ 탑 메뉴 > 분석 > 차원 감소(D) > 요인분석(F)

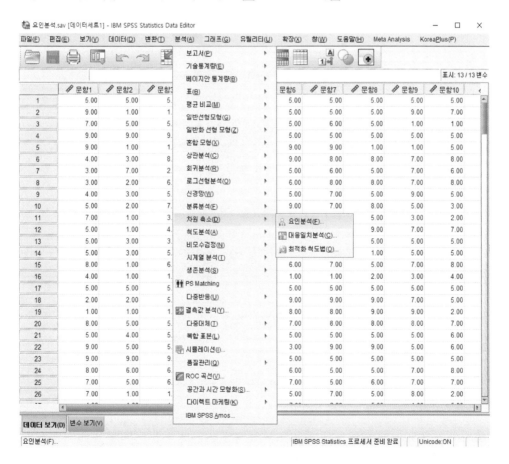

2) 요인분석의 실행

스포츠 센터를 이용하는 고객 200명을 대상으로 스포츠 센터를 선택할 때 우선 고려하는 사항이 무엇인지를 파악하고자 **9점 척도**인 10개 항목의 설문지 조사를 실시하였다. 먼저 대화상자 왼쪽에 있는 10개 항목을 화살표를 이용하여 변수(V)로 이동시킨다. 요인분석 대화상자에서 분석에 필요한 기술 통계량(D), 요인 추출(E), 요인회전(T), 점수(S), 옵션(O)을 지정한다.

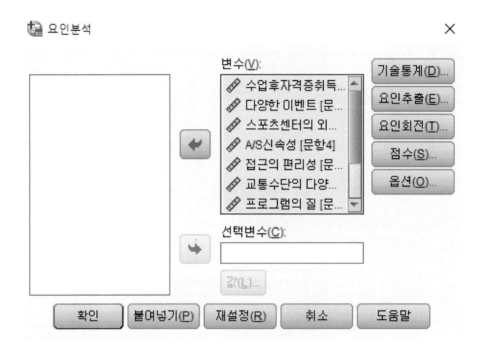

요인분석 : 기술통계(D)의 옵션은 다음과 같다.

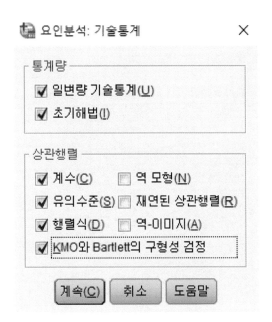

<표 23-1> 기술통계의 옵션

통계량	
일변량 기술 통계(U)	표본 개수, 평균, 표준편차를 출력
초기 해법(I)	초기 커뮤넬리티, 고유치를 출력
상관행렬	
계수(C)	변수들 간의 상관관계 행렬을 출력
역 모형(N)	역상관 관계 행렬과 공분산 행렬을 출력
유의수준(S)	상관관계 행렬의 계수에 대한 유의수준을 출력
재연된 상관행렬(R)	요인 해에 의해 추정된 상관관계 행렬을 출력
행렬식(D)	상관계수 행렬의 행렬식의 값을 출력
역-이미지(A)	Anti-image Covariance 행렬과 Anti-image Correlation
KMO와 Bartlett의 구형성 검정(K)	전체 자료와 개별 자료의 적합도를 출력, Bartlett의 단위행렬 검정 결과를 출력

요인 추출(E)의 옵션은 다음과 같다. 요인 추출 방식은 주성분 요인(principal component) 방식으로 지정하고 요인분석에 이용될 상관행렬(R)과 공분산 행렬(V)을 지정한다. 또한 출력형식은 회전하지 않은 요인 해법(F)과 스크리 도표(S)를 지정하고 계속(C) 버튼을 누른다. 본 교재에서는 실제 분석에서 주성분 요인분석이지만 베리멕스(V)를 선택하여 실행하였다.

요인분석: 요인추출 ✕

방법(M): 주성분 ▼

분석
◉ 상관행렬(R)
○ 공분산 행렬(V)

표시
☑ 회전하지 않은 요인해법(F)
☑ 스크리 도표(S)

추출
◉ 고유값 기준(E)
다음 값보다 큰 고유값(A): 1
○ 고정된 요인 수(N)
추출할 요인(T):

수렴을 위한 최대 반복(X): 25

계속(C) 취소 도움말

〈표 23-2〉 요인 추출의 옵션

방법(M)	
주성분 요인분석	변수들의 전체분산을 이용해 요인을 추출하는 방식
비가중 최소 제곱법	표본으로부터 관찰도니 상관행렬과 요인형태 행렬로부터 계산된 상관행렬 간의 차의 제곱의 합이 최소가 되는 요인 추출법
일반화된 최소 제곱법	일반화된 최초 제곱법
최대 우도	최우 추정 요인 추출법
주축 요인 추출	주축 요인 추출법
알파 요인 추출	변수를 분석하여 얻은 결론을 모집단에 일반화시킬 수 있는 추정치를 찾을 때 유용한 방법
이미지 요인 추출	이미지 요인 추출법
분석	
상관행렬(R)	변수들 간의 상관관계 행렬
공분산 행렬(V)	변수들 간의 공분산 행렬
추출	
고유값 기준(E)	지정한 고유값 이상의 값을 가진 요인만을 추출
	다른 값보다 큰 고유값(A) : 1
고정된 요인의 수(N)	요인 수를 사전에 지정하여 지정된 요인 수만큼 출력
	추출할 요인(T)
출력	
회전하지 않는 요인 해법(F)	회전하지 않은 요인 해법 출력
스크리 도표(S)	요인의 수를 그래프로 표시
수렴을 위한 최대반복 (X) : 25	최대반복 회수의 지정

요인 회전(T)의 옵션은 다음과 같다. 요인의 회전방식은 베리멕스(Varimax) 방식과 회전 후 요인 해(R)를 지정하고 계속 버튼을 누른다.

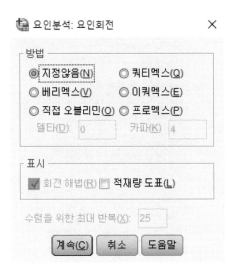

<표 23-3> 요인회전의 옵션

방법(선택 1)	
지정 않음(N)	추출된 요인을 회전시키지 않음-**주성분 분석**인 경우 지정
베리멕스(V)	각 요인이 서로 독립성을 유지하도록 하는 직각 회전방식, 각 열의 요인적 재량을 제곱한 값의 분산이 최대화시켜 각 요인을 설명(기본으로 지정)-**요인분석**인 경우 지정
쿼티멕스(Q)	직각 회전방식, 각 행의 요인적재량이 높은 요인의 수를 최소화시키는 방법
이쿼멕스(E)	직각 회전방식이며 베리멕스와 쿼티멕스의 혼합형
직접 오블리민(O)	사각 회전방식, 변수들 간의 상관관계를 인정하는 방식
프로멕스(P)	사각 회전/먼저 직교회전을 시킨 다음 사각 회전을 시키는 방식
표시	
회전 해법(R)	회전된 요인의 출력
적재량 도표(L)	요인별로 적재되는 적재 값을 출력
수렴을 위한 최대반복 (X) : 25	최종 요인 해를 찾기 위해 요인회전 반복 회수를 지정

점수(S)의 옵션은 다음과 같다. 추가 분석에 이용할 변수를 만들 요인점수를 지정한다. 여기에서는 회귀(R)를 지정하고 계속 버튼을 누른다.

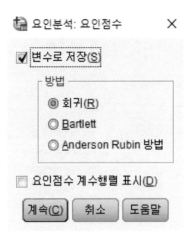

〈표 23-4〉 요인점수의 옵션

변수로 저장(S)	
방법	
회귀(R)	동분산과 평균을 가지며 개개의 요인 값과 추정된 요인 값 간의 차이를 제곱한 값이 최소가 되도록 한다.
Bartlett(B)	요인들의 제곱한 값의 합이 최소가 되도록 한다.
Anderson-Rubin 방법(A)	무상관 관계를 검정하기 위하여 Bartlett 값을 수정한다.
요인점수 계수행렬 표시(D)	요인점수 계수행렬 표시

요인분석 옵션(O)은 다음과 같다. 대화상자처럼 옵션을 지정하고 계속 버튼을 누른다.

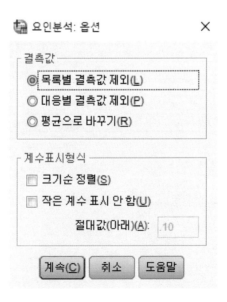

<표 23-5> 요인분석의 옵션

결측값	
목록별 결측값 제외(L)	모두 변수에 대해 유효한 사례만을 분석에 사용
대응별 결측값 제외(P)	각 변수의 대응 쌍에 유효한 사례만을 분석에 사용
평균으로 바꾸기(R)	결측치가 있는 변수는 그 문항의 평균으로 대체
계수 표시 형식	
크기순 정렬(S)	크기순으로 정렬 출력
작은 계수 표시 안 함(U)	절댓값(아래)(A)_ 제시된 기준보다 작은 요인 적재치는 제외

3) 요인분석 결과해설

(1) 기술 통계량

요인분석에 사용된 문항들의 평균과 표준편차 그리고 표본의 개수가 나타나 있다. 예를 들면, 9점 척도로 측정된 스포츠 센터의 가격은 평균이 6.0914, 표준편차 1.94616 그리고 총 사례 수는 200명 중 197명으로 나타나 있다.

기술동계량

	평균	표준편차	분석수
수업후자격증취득	5.8985	1.75250	197
다양한 이벤트	3.7665	1.97595	197
스포츠센터의 외형	5.2741	1.94464	197
A/S신속성	5.0558	2.09029	197
접근의 편리성	6.0863	2.10385	197
교통수단의 다양성	5.8477	2.12064	197
프로그램의 질	5.8680	1.84691	197
강사의 실력	5.7513	1.97796	197
스포츠센터의가격	6.0914	1.94616	197
수업의 연계성	5.8985	1.86806	197

(2) 상관행렬

요인분석에 투입된 변수들 간의 상관행렬이다. 분석결과에서 볼 수 있듯이 스포츠센터를 등록하기 전에 고려할 사항에서 프로그램의 질과 강사의 실력 변수들 간의 상관관계는 높게 나타났고(r=0.639), 유의수준(p<0.001)도 모두 유의한 것으로 나타났다.

상관행렬^a

상관행렬[a]

		수업후자격증취득	다양한 이벤트	스포츠센터의 외형	A/S신속성	접근의 편리성
상관관계	수업후자격증취득	1.000	.086	-.107	-.043	-.201
	다양한 이벤트	.086	1.000	.338	.350	.054
	스포츠센터의 외형	-.107	.338	1.000	.259	.219
	A/S신속성	-.043	.350	.259	1.000	.272
	접근의 편리성	-.201	.054	.219	.272	1.000
	교통수단의 다양성	-.222	.013	.229	.127	.635
	프로그램의 질	-.069	.085	.262	.422	.407
	강사의 실력	-.021	.261	.286	.402	.368
	스포츠센터의가격	-.062	.132	.248	.310	.292
	수업의 연계성	-.056	.130	.356	.265	.215
유의확률 (단측)	수업후자격증취득		.115	.067	.274	.002
	다양한 이벤트	.115		.000	.000	.226
	스포츠센터의 외형	.067	.000		.000	.001
	A/S신속성	.274	.000	.000		.000
	접근의 편리성	.002	.226	.001	.000	
	교통수단의 다양성	.001	.426	.001	.037	.000
	프로그램의 질	.168	.117	.000	.000	.000
	강사의 실력	.387	.000	.000	.000	.000
	스포츠센터의가격	.195	.033	.000	.000	.000
	수업의 연계성	.217	.034	.000	.000	.001

a. 행렬식 = .061

		교통수단의 다양성	프로그램의 질	강사의 실력	스포츠센터의 가격	수업의 연계성
상관관계	수업후자격증취득	-.222	-.069	-.021	-.062	-.056
	다양한 이벤트	.013	.085	.261	.132	.130
	스포츠센터의 외형	.229	.262	.286	.248	.356
	A/S신속성	.127	.422	.402	.310	.265
	접근의 편리성	.635	.407	.368	.292	.215
	교통수단의 다양성	1.000	.446	.317	.223	.215
	프로그램의 질	.446	1.000	**.639**	.398	.268
	강사의 실력	.317	.639	1.000	.500	.298
	스포츠센터의가격	.223	.398	.500	1.000	.499
	수업의 연계성	.215	.268	.298	.499	1.000
유의확률(단측)	수업후자격증취득	.001	.168	.387	.195	.217
	다양한 이벤트	.426	.117	.000	.033	.034
	스포츠센터의 외형	.001	.000	.000	.000	.000
	A/S신속성	.037	.000	.000	.000	.000
	접근의 편리성	.000	.000	.000	.000	.001
	교통수단의 다양성		.000	.000	.001	.001
	프로그램의 질	.000		**.000**	.000	.000
	강사의 실력	.000	.000		.000	.000
	스포츠센터의가격	.001	.000	.000		.000
	수업의 연계성	.001	.000	.000	.000	

a. 행렬식 = .061

반면, 교통수단의 다양성과 다양한 이벤트 간에는 상관계수가 0.20 미만으로 모두 낮은 것으로 나타나고 있으며, 유의수준도 무의미한 것으로 나타났다. 요인분석에서 상관관계 행렬을 분석할 때 유의할 점은 측정하고 있는 개념과 관련된 변수들끼리는 높은 상관관계가 있어야 하며 관련되지 않은 변수들끼리는 상관관계가 낮거나 없어야 한다. 만약 모든 변수에서 상관관계가 높게 나타났다면 측정하고자 하는 개념의 조작적 정의가 잘못됐거나 측정오류가 생긴 것으로 판단해야 한다.

(3) KMO와 Bartlett의 검정

Kaiser-Meyer-Olkin(KMO) 통계량은 전체 자료와 개별 자료의 표본 적합도를 평가한다. 일반적으로 표본 적합도의 적용 기준은 0.6 이상이면 요인분석에 적합한 표본으로 판단할 수 있다. 또한 Bartlett의 단위행렬 점검(Bartlett's Test of Sphericity)은 요인분석에 이용될 변수들의 상관행렬이 단위행렬(Identity matrix)인지 아닌지를 평가한다. 즉,

변수들이 서로 독립적인지 아닌지를 점검한다.

※ 단위행렬이란?: 상호 독립적이며 변수 간의 상관이 없다.

KMO와 Bartlett의 검정

표본 적절성의 Kaiser-Meyer-Olkin 측도.		.747
Bartlett의 구형성 검정	근사 카이제곱	536.797
	자유도	45
	유의확률	.000

만일 모든 변수들의 관계가 모집단 내에서 독립적이라면 변수들 간의 상관관계는 존재하지 않을 것이며 변수들 간에 상관관계가 없다면 요인분석을 적용할 필요가 없다. Bartlett의 단위행렬 점검(구형성 검정)은 "영가설 H_0: 모 상관계수 행렬은 단위행렬이다"와 "대립가설 H_A : 모 상관계수 행렬은 단위행렬이 아니다"를 검정한다. 분석결과를 보면, 표본 적합도는 0.7을 넘고 Bartlett의 단위행렬 검정 통계량도 유의수준($p<0.001$)에서 유의한 것으로 나타나고 있다. 따라서 분석에 이용된 표본은 요인분석에 적합한 것으로 판단한다.

(4) 공통성(h^2)

공통성(커뮤넬리티)은 공통분산 또는 공통요인분산(Common Factor Variance, h^2)이라고도 하며 공통성은 요인들로 설명되는 각 변수들의 백분율로 나타낸 것으로 공통분산을 관찰함으로써 요인들에 의해 설명되는 각 변수의 분산의 양을 알 수 있다.

공통성은 각 요인의 적재량(Loading)의 값을 제곱하여 이를 더한 값이다. 공통성은 해당 변수를 요인분석에 포함할 것인지 아니면 제외할 것인지를 결정하는 중요한 판단기준이 된다. 일반적으로 공통성이 **0.4** 이하이면 낮다고 평가하고 분석에 제외하는 것이 바람직하다. 주의할 점은 이론상으로 꼭 중요한 변수인 경우에는 제외해서는 안 된다. 분석의 결과 "수업의 연계성" 변수만 0.368로 공통성이 낮게 나타났고 나머지 모든 변수에서 0.40 이상을 나타냈다.

공동성

	초기	추출
수업후자격증취득	1.000	.623
다양한 이벤트	1.000	.636
스포츠센터의 외형	1.000	.639
A/S신속성	1.000	.474
접근의 편리성	1.000	.647
교통수단의 다양성	1.000	.690
프로그램의 질	1.000	.686
강사의 실력	1.000	.686
스포츠센터의가격	1.000	.507
수업의 연계성	1.000	.368

추출 방법: 주성분 분석.

(5) 설명된 총분산

추출된 3요인의 고유치는 각각 제1요인 3.500, 제2요인 1.439, 제3요인 1.017로 요인 고유치가 1 이상인 요인만이 추출되었다. 강사의 실력을 나타내고 있는 제1요인은 35.000%, 다양한 이벤트를 나타내는 제2요인은 14.390%, 수업 후 자격증취득을 나타내는 제3요인은 10.169%를 설명함으로써 전체 59.559%를 설명하고 있다.

설명된 총분산

성분	초기 고유값			추출 제곱합 적재량			회전 제곱합 적재량		
	전체	% 분산	누적 %	전체	% 분산	누적 %	전체	% 분산	누적 %
1	3.500	35.000	35.000	3.500	35.000	35.000	2.688	26.876	26.876
2	1.439	14.390	49.389	1.439	14.390	49.389	1.638	16.379	43.255
3	1.017	10.169	59.559	1.017	10.169	59.559	1.630	16.303	59.559
4	.977	9.766	69.325						
5	.801	8.008	77.333						
6	.630	6.297	83.631						
7	.575	5.747	89.378						
8	.439	4.392	93.770						
9	.348	3.485	97.254						
10	.275	2.746	100.000						

추출 방법: 주성분 분석.

(6) 성분 행렬[a]

분석결과 각 변수들은 3개의 요인으로 추출되었다. 제1 요인에는 강사의 실력, 프로그램의 질, 스포츠 센터의 가격, 접근의 편리성 등이 적재되었고, 제2 요인에는 다양한 이벤트, 교통수단의 다양성 등이 적재되었고, 제3 요인에는 수업 후 자격증취득 등이 적재되는 것으로 나타났다.

성분행렬[a]

	성분		
	1	2	3
수업후자격증취득	-.184	.504	**.578**
다양한 이벤트	.338	**.624**	-.364
스포츠센터의 외형	.541	.250	-.533
A/S신속성	.600	.337	.005
접근의 편리성	.649	-.474	-.035
교통수단의 다양성	.602	-.568	-.068
프로그램의 질	.750	-.108	.335
강사의 실력	**.761**	.118	.306
스포츠센터의가격	.666	.127	.216
수업의 연계성	.574	.175	-.087

추출 방법: 주성분 분석.
    a. 추출된 3 성분

즉 일반인들이 스포츠 센터를 등록할 때 고려하는 사항 중 제1 요인에서는 강사의 실력과 프로그램의 질 및 스포츠 센터의 가격을 나타내는 것으로 보아 복합적인 요인 형태를 보이나, 강사의 실력과 프로그램의 질의 부하량이 높게 나타난 것으로 보아 "스포츠 프로그램의 질적 요인"으로 해석할 수 있다.

제2 요인에는 다양한 이벤트, 교통수단의 다양성이 나타나는 것으로 보아 복합적인 요인형태를 보이나, 다양한 이벤트 변인의 부하량이 가장 높게 나타난 것으로 보아 "스포츠 센터의 이벤트 제공요인"으로 해석할 수 있다. 제3 요인에서 높은 부하량을 나타내고 있는 변인은 수업 후 자격증취득 변인으로 "스포츠 센터 이용 후 활용"요인으로 해석할 수 있다.

(7) 회전된 성분 행렬[a]

요인분석의 최종결과 분석 부분이다. 측정된 각 요인들의 특성을 효과적으로 이해하기 위해서 베리멕스 회전을 시킨 후의 요인행렬을 보면 회전 전과 약간 다른 점을 볼 수 있다.

회전된 성분행렬[a]

	성분		
	1	2	3
수업후자격증취득	.194	-.126	-.754
다양한 이벤트	.086	.776	-.163
스포츠센터의 외형	.146	.731	.288
A/S신속성	.504	.467	-.032
접근의 편리성	.500	-.005	.631
교통수단의 다양성	.440	-.064	.702
프로그램의 질	.804	.035	.198
강사의 실력	.802	.203	.044
스포츠센터의가격	.673	.226	.047
수업의 연계성	.427	.412	.130

추출 방법: 주성분 분석.
회전 방법: 카이저 정규화가 있는 베리멕스.
a. 7 반복계산에서 요인회전이 수렴되었습니다.

분석결과 제1 요인에 높은 부하량을 나타내고 있는 변인은 프로그램의 질과 강사의 실력, 스포츠 센터의 가격이 적재되었고, 제2 요인에 높은 부하량을 나타내고 있는 변인은 다양한 이벤트와 스포츠 센터의 외형이 적재되었다. 제3 요인에 높은 부하량을 나타내고 있는 변인은 수업 후 자격증취득과 교통수단의 다양성 및 접근의 편리성이 적재되는 것으로 나타났다. 즉 회전 후 일반인들이 스포츠 센터를 등록할 때 고려하는 사항은 제1 요인에서는 프로그램의 질과 강사의 실력 및 스포츠 센터의 가격이었다. 이는 복합적인 요인형태를 취하고 있으나 프로그램의 질과 강사의 실력 변수의 부하량이 높게 나온 것으로 보아 "스포츠 프로그램의 질적 요인"으로 해석할 수 있다. 제2 요인에서는 다양한 이벤트와 스포츠 센터의 외형 변인이 높은 부하량을 나타낸 복합적인 요인형태를 취하고 있으며, 이는 "스포츠 센터의 이벤트 제공요인"으로 해석할 수 있다. 제3 요인에서는 수업 후 자격증취득과 교통수단의 다양성 및 접근의 편리성이 적재되어 복합적인 요인형태를 취하고 있으며, 이는 "스포츠 센터 이용 후 활용"요인으로 해석할 수 있다. 따라서 일반인들이 스포츠 센터를 등록할 때 고려하는 사항으로는 "스포츠 프로그램의 질적 요인"과 "스포츠 센터의 이벤트 제공요인" 및 "스포츠 센터 이용 후 활용"으로 나타났다. 일선 스포츠 센터에서는 이러한 점을 고려하여 스포츠 프로그램 작성과 운영방침을 설계하도록 하여야 할 것이다.

회전된 성분행렬은 초기 해와 달리 각 변수들은 측정변수에는 높게 적재되고 나머지 변수에는 낮게 적재된다. 따라서 회전 후의 적재량을 바탕으로 변수를 집단화하여 요인을 해석하게 된다. 분석결과 3 요인으로 추출되고 있으며 이 결과를 가지고 각 변수에 대한 명칭을 부여하고 보고서 작성할 때 이용한다.

(8) 스크리 도표(테스트)

스크리 도표(테스트)는 각 요인의 고유치를 Y-축에, 요인의 개수를 X-축으로 표시하여 요인의 수가 증가할수록 고유치는 줄어드는 형태로 보여주며 초기에는 급격히 감소하다가 점점 감소 폭이 줄어들게 된다. 스크리 검정을 이용하여 요인의 수를 결정할 수 있다. 분석결과를 보면 고유치가 3번째 요인까지는 급격하게 감소하다 4번째 요인에서 완만하게 감소하고 있다. 추출된 요인이 3 요인인 것을 알 수 있다.

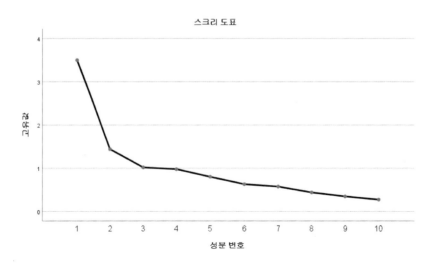

(9) 요인점수 변수로 저장

출력된 3개의 요인점수를 기존변수 옆에 새롭게 저장되어 나타난다.

	문항5	문항6	문항7	문항8	문항9	문항10	FAC1_1	FAC2_1	FAC3_1
1	5.00	5.00	5.00	5.00	5.00	5.00	-.80523	.45780	-.01763
2	9.00	5.00	5.00	5.00	9.00	7.00	1.05443	-2.48664	-.84223
3	5.00	5.00	6.00	5.00	1.00	1.00	-1.04309	-.25458	-.51099
4	5.00	5.00	5.00	5.00	5.00	5.00	-.71483	2.24910	-1.17124
5	1.00	9.00	9.00	1.00	1.00	5.00	-.41618	-2.81468	-.76123
6	9.00	9.00	8.00	8.00	7.00	8.00	1.06184	.61578	1.63354
7	6.00	5.00	6.00	5.00	7.00	6.00	-.26009	.58361	.16628
8	5.00	6.00	8.00	8.00	7.00	8.00	.54495	-.00840	.76964
9	5.00	5.00	7.00	5.00	9.00	5.00	.39744	.23729	-.04119
10	9.00	9.00	7.00	8.00	5.00	3.00	.43403	-.78454	1.51489
11	8.00	7.00	7.00	5.00	3.00	2.00	.01062	-2.36742	.38036
12	9.00	9.00	9.00	9.00	7.00	7.00	1.58446	-1.93939	1.26095
13	7.00	6.00	7.00	5.00	5.00	5.00	-.10806	-1.18462	.49102
14	5.00	1.00	1.00	1.00	5.00	5.00	-2.36083	.62211	-.33025
15	5.00	6.00	7.00	5.00	7.00	8.00	.70389	-.58613	-.61213
16	1.00	1.00	1.00	2.00	3.00	4.00	-2.31596	-.60812	-1.01424
17	9.00	5.00	5.00	5.00	5.00	5.00	-.57021	.24867	.63183
18	9.00	9.00	9.00	9.00	7.00	5.00	1.34791	-.60122	1.89321
19	8.00	8.00	8.00	9.00	9.00	2.00	.85655	-2.79585	1.86523
20	7.00	7.00	8.00	8.00	8.00	7.00	1.54785	-.18143	-.70388
21		5.00	5.00	5.00	5.00	6.00			
22	7.00	3.00	9.00	9.00	5.00	6.00	1.43505	-.24217	-1.72682
23	5.00	5.00	5.00	5.00	5.00	5.00	-.71483	2.24910	-1.17124
24	6.00	6.00	5.00	5.00	7.00	8.00	.08349	.92928	-.70239
25	8.00	7.00	5.00	6.00	7.00	7.00	.48095	.75867	-.04134
26	5.00	5.00	7.00	5.00	8.00	2.00	.78260	-2.39544	-1.06555

【요인분석의 결과를 연구논문에 삽입하는 형식】

변인	요인 1	요인 2	요인 3	h^2
X_1	0.194	-0.126	-0.754	0.623
X_2	0.086	0.776	-0.163	0.636
X_3	0.146	0.731	0.288	0.639
X_4	0.504	0.467	-0.032	0.474
X_5	0.500	-0.005	0.631	0.647
X_6	0.440	-0.064	0.702	0.690
X_7	0.804	0.035	0.198	0.686
X_8	0.802	0.203	0.044	0.686
X_9	0.673	0.226	0.047	0.507
X_{10}	0.427	0.412	0.130	0.368
고유값	3.500	1.439	1.017	
PCT of VAR	35.000	14.39	10.169	
CUM PCT	35.000	49.389	59.559	

*X_1=자격증취득, X_2=이벤트, X_3=센터 외형, X_4=AS 신속성, X_5=접근의 편리성, X_6=교통수단 다양성, X_7=프로그램 질, X_8=강사 실력, X_9=센터 가격, X_{10}=연계성, PCT of VAR =공통 분산치의 백분율, CUM PCT =공통 분산치의 누적 백분율

제24장

정준상관분석(Canonical Correlation Analysis)

목적

정준상관분석(Canonical Correlation Analysis)은 여러 개의 변수들로 구성된 X 변수들과 여러 개의 변수들로 구성된 Y 변수들 사이의 연관성을 구하는 방법이다. 즉, X 변수들의 선형결합으로 이루어진 변수와 Y 변수들의 선형결합으로 이루어진 변수들을 만들어 이들의 상관계수로 두 집단 사이의 상관관계를 구하는 분석을 말한다.

---

1. 정준상관분석(Canonical Correlation Analysis)의 기본개념

다수의 변수들로 이루어진 집단들 사이의 연관성에 관심이 있는 경우 두 변수 집단 사이의 연관성을 구하는 분석방법이다. 다시 말해 X 변수들과 1개 이상의 Y 변수들 간의 연관성을 구하기 위한 분석으로 상관분석과 회귀분석이 결합 확장된 분석방법이다. 즉, 두 변수 집단의 상관계수가 최대가 될 수 있도록 두 변수 집단의 선형결합변수를 유도하여 분석한다.

선형결합변수는 X 변수들의 선형결합을 **W**로 Y 변수들의 선형결합을 **V**로 유도하여 **W와 V의 상관관계**를 구하는 방식이다.

일반적으로 상관분석은 1개의 종속변수(Y_1)와 다수의 독립변수(X_1, X_2, X_3) 간의 상관관계를 구하기 위한 분석이지만 정준상관분석은 다수의 종속변수(Y_1, Y_2, Y_3)와 다수의 독립변수(X_1, X_2, X_3)의 상관관계를 구할 수 있다.

(예제) 여자대학생들의 신체조성과 운동능력 사이의 상관성을 구해보자.

여자대학생 100명을 대상으로 신체조성(근육량, 체지방량, 제지방량, 총수분량)과 운동능력(순발력, 민첩성, 근력)의 상관관계를 알아보고자 할 때 사용할 수 있는 분석방법이다.

Y_1(순발력), Y_2(민첩성), Y_3(근력)=X_1(근육량)+X_2(체지방량)+(제지방량)+X_4(총수분량)

1단계 : 각 신체조성 변수들과 운동능력 변수들을 일대일로 대응하여 상관관계를 구한다. ※ 이 방법으로는 종합적인 신체조성과 운동능력 사이의 상관성은 구할 수 없다.

2단계 : X 변수들의 선형결합(W)으로 이루어진 변수와 Y 변수들의 선형결합(V)으로 이루어진 변수를 만들어 이들의 상관계수로 두 집단 사이의 상관관계를 구할 수 있다.

$$W=a_1X_1+a_2X_2+a_3X_3+a_4X_4$$

$$V=b_1Y_1+b_2Y_2+b_3Y_3$$

X 변수들의 제1선형결합함수 W1, 제2선형결합함수 W2, 제3선형결합함수 W3
Y 변수들의 제1선형결합함수 V1, 제2선형결합함수 V2, 제3선형결합함수 V3

최종적으로 정준상관분석(Canonical Correlation Analysis)을 이용하여 W와 V의 상관계수를 구한다.

2. 정준상관분석(Canonical Correlation Analysis)의 경로

경로☞ 탑 메뉴 > 분석 > 상관분석(C) > 정준상관

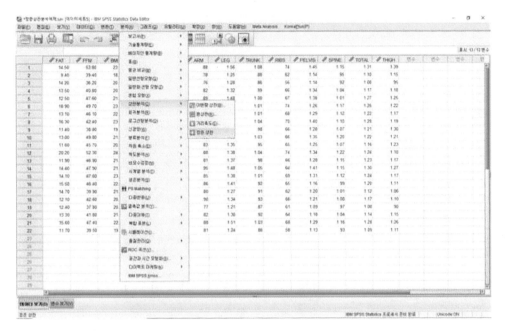

변수 설명 : FAT=체지방량, FFM=제지방량, Pfat=체지방률, BMI=체질량지수, WHR=복부비만율 ARM=팔, LEG=다리, TRUNK=몸통, RIBS=늑골, PELVIS=골반, SPINE=척추, TOTAL=총 골밀도, THIGH=대퇴

■ 예제 설명

다음은 여자태권도 선수 22명의 신체조성과 전신 부위별 골밀도에 관한 다차원적 관계를 구하기 위해 정준상관분석을 이용하였다. 여자태권도 선수의 신체조성(X)변수는 FAT(X_1), FFM(X_2), BMI(X_3), Pfat(X_4), WHR(X_5)이고 전신 부위별 골밀도(Y)변수는 ARM(Y_1), LEG(Y_2), TRUNK(Y_3), RIBS(Y_4), PELVIS(Y_5), SPINE(Y_6), TOTAL(Y_7), THIGH(Y_8)로 설정하였다.

3. 정준상관분석(Canonical Correlation Analysis)의 실행

정준상관을 선택하면 대화창이 나타나고, 대화상자에서 정준상관분석을 실행할 왼쪽의 변수들 중 독립변수(X)에 해당하는 변수들을 "변수군 1(S)"로 이동시킨다. 또한 왼쪽의 변수들 중 종속변수(Y)에 해당하는 변수들을 "변수군 2(E)"로 이동시킨 후 확인을 누른다. 옵션(O)은 선택사항이다.

1단계

2단계

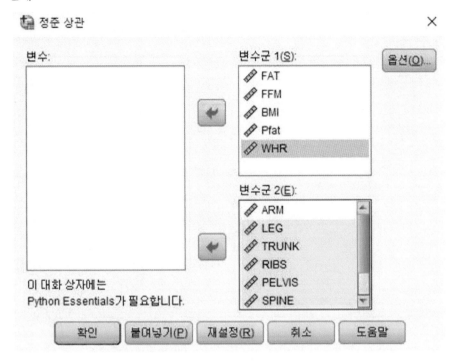

3단계

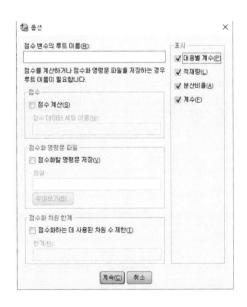

변수 간 상관관계를 구하기 원한다면 대응별 계수(**P**)를 선택한다.

4. 정준상관분석(Canonical Correlation Analysis)의 결과해설

1) 상관관계

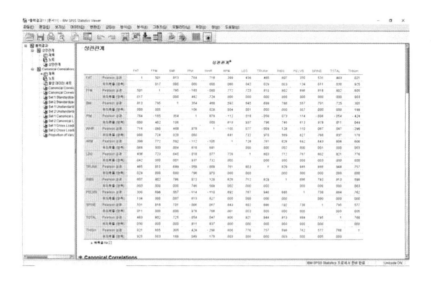

　　독립변수(X₁, X₂, X₃, X₄, X₅)집단과 종속변수(Y₁, Y₂, Y₃, Y₄, Y₅, Y₆, Y₇, Y₈)집단
의 각 변인별 상관계수가 나타났다. 즉, 독립변수들 간의 상관계수와 종속변수들 간의
상관계수가 산출되었으며 특히, 정준상관분석에서 가장 주 관심의 대상인 독립변수들
과 종속변수들 간의 상관관계가 나타났다. 더 구체적으로 아래에서 살펴보면 독립변수
X_1(FAT)과 X_2(FFM) 및 X_3(BMI)는 종속변수(Y_1, Y_2, Y_3, Y_4, Y_5, Y_6, Y_7, Y_8)들과 모
두 정적상관을 나타냈으나 X_4(Pfat)와 X_5(WHR)는 종속변수(Y_1, Y_2, Y_3, Y_4, Y_5, Y_6,
Y_7, Y_8)들과 대부분 부적 상관을 나타내어 독립변수와 종속변수의 관련성을 나타냈다.

	ARM	LEG	TRUNK	RIBS	PELVIS	SPINE	TOTAL	THIGH
FAT	.399	.436	.465	.607	.330	.531	.463	.021
	.066	.042	.029	.003	.134	.011	.030	.925
FFM	.772	.723	.810	.802	.696	.816	.802	.605
	.000	.000	.000	.000	.000	.000	.000	.003
BMI	.592	.645	.699	.786	.557	.701	.725	.305
	.004	.001	.000	.000	.007	.000	.000	.168
Pfat	-.112	-.018	-.058	.073	-.114	-.006	-.054	-.424
	.618	.937	.796	.746	.613	.978	.811	.049
WHR	-.105	.077	-.009	.128	-.110	.067	.047	-.298
	.641	.732	.970	.569	.627	.766	.837	.178

2) 정준상관의 설정

정준상관분석에 사용되는 독립변수(Set 1 Variables)와 종속변수(Set 2 Variables)의 설정을 나타낸다. 또한 두 변수 그룹 중 적은 변인 그룹의 숫자만큼 정준상관계수가 나타난다. 즉, 아래의 결과를 보면 독립변수(5개)와 종속변수(8개) 중 적은 변인 독립변수 숫자만큼 5개의 정준상관계수가 나타난다.

Canonical Correlations Settings

	Values
Set 1 Variables	FAT FFM BMI Pfat WHR
Set 2 Variables	ARM LEG TRUNK RIBS PELVIS SPINE TOTAL THIGH
Centered Dataset	None
Scoring Syntax	None
Correlations Used for Scoring	5

3) 정준상관관계

Canonical Correlations

	Correlation	Eigenvalue	Wilks Statistic	F	Num D.F	Denom D.F.	Sig.
1	**.956**	**10.683**	.004	2.627	40.000	42.025	.001
2	.859	2.820	.050	1.740	28.000	37.478	.050
3	.781	1.561	.190	1.405	18.000	31.598	.196
4	.592	.541	.485	1.045	10.000	24.000	.438
5	.502	.337	.748	1.096	4.000	13.000	.399

H_0 for Wilks test is that the correlations in the current and following rows are zero

참고로 정준상관분석을 위한 다변량 통계와 F 근사 값 산출을 위해 Wilks Lambda, Pillai's Trace, Hotelling-Lawley Trace, Roy's Greatest Root를 활용하지만 여기에서는 Wilks Lambda만 이용됨.

가능한 정준상관계수 쌍은 두 변수 그룹 중 적은 값이므로 총 5개의 정준상관계수가 나타났으며 두 변수 그룹 사이의 제 1 정준상관계수는 0.956을 나타냈다. 이는 두 변수 그룹(신체조성, 전신 부위별 골밀도) 사이에는 매우 높은 상관관계를 나타낸다고 볼 수 있다. 또한 제 2 정준상관계수도 0.859를 나타내 유의한 것으로 볼 수 있다. 위의 결과는 각 정준상관계수 쌍에 대한 고유근(Eigenvalue) 값의 크기와 각 단계 이하의 정준상관계수가 모두 "0"인가에 대한 검정 통계량의 결과가 나타난다.

더 구체적으로 살펴보면 제 1 정준상관계수 쌍(0.956)은 고유근 10.683이고 제 2 정준상관계수 쌍(0.859)은 2.820으로 모두 고유근 1보다 크다. 일반적으로 고유근 1보다 크면 유의하다고 판단한다. 또한 제 3 정준상관계수 쌍(0.781)도 고유근 1.561을 나타냈지만 유의확률에서 영가설을 나타냈다($p>0.05$). 즉, 제 1 정준상관계수 쌍($p<0.001$)과 제 2 정준상관계수 쌍($p<0.05$)은 영가설을 기각하였지만 제 3 정준상관계수 쌍부터는 영가설을 수렴한 것으로 나타났다(영가설 H_0 = 두 변수 간의 상관계수가 "0"이다).

4) 표준화된 선형결합계수

Set 1 Standardized Canonical Correlation Coefficients

Variable	W_1	W_2	W_3	W_4	W_5
FAT	**-1.391**	-8.152	-1.682	-3.560	-4.199
FFM	-.010	7.595	-.407	2.476	1.230
BMI	-.097	-2.658	1.579	-.183	1.973
Pfat	**.599**	7.964	2.314	1.452	3.296
WHR	.316	.650	-.953	2.058	-1.251

표준화된 선형결합계수는 각 변수들이 정준 변수를 구성할 때의 상대적인 기여도를 나타낸다. 즉, 독립변수(X_1, X_2, X_3, X_4, X_5)집단과 종속변수(Y_1, Y_2, Y_3, Y_4, Y_5, Y_6, Y_7, Y_8)집단의 표준화한 자료를 이용한 정준상관계수를 말한다.

다시 말해 독립변수(X_1, X_2, X_3, X_4, X_5)집단을 각각 표준화한 변수가 ZX_1, ZX_2, ZX_3, ZX_4, ZX_5라고 할 때

제1 선형결합함수는
$ZW_1 = -1.391ZX_1 - 0.010ZX_2 - 0.097ZX_3 + 0.599ZX_4 + 0.316ZX_5$

제2 선형결합함수는
$ZW_2 = -8.152ZX_1 + 7.595ZX_2 - 2.658ZX_3 + 7.794ZX_4 = 0.650ZX_5$로 나타난다.

또한 종속변수(Y_1, Y_2, Y_3, Y_4, Y_5, Y_6, Y_7, Y_8)집단을 각각 표준화한 변수가 ZY_1, ZY_2, ZY_3, ZY_4, ZY_5, ZY_6, ZY_7, ZY_8이라고 할 때

제1 선형결합함수는 $ZV_1 = -0.473ZY_1 - 0.833ZY_2 + 0.746ZY_3 - 0.698ZY_4 - 0.614ZY_5 - 0.779ZY_6 + 1.036ZY_7 + 0.474ZY_8$

제2 선형결합함수는 $ZV_2 = 0.300ZY_1 + 2.568ZY_2 + 1.181ZY_3 - 1.173ZY_4 + 0.687ZY_5 + 0.867ZY_6 - 3.703ZY_7 - 0.493ZY_8$로 나타났다.

제1 정준 변수 W1의 경우 변수 X_1(FAT=체지방량), X_4(Pfat=체지방률) 순서로 다른 변수들에 비해 상대적 기여도가 높은 것으로 나타났다. **결론적으로 독립변수(신체조성) 중 체지방량(FAT)과 체지방률(Pfat)이 다른 변수들에 비해 상대적 기여도가 높은 것으로 나타났다.**

제1 정준 변수 V1의 경우 변수 Y_7(TOTAL=총 골밀도), Y_2(LEG=다리 부위 골밀도) 순서로 다른 변수들에 비해 상대적 기여도가 높은 것으로 나타났다. **결론적으로 종속변수(전신 부위별 골밀도) 중 총 골밀도(TOTAL)와 다리 부위(LEG) 골밀도가 다른 변수들에 비해 상대적 기여도가 높은 것으로 나타났다.**

Set 2 Standardized Canonical Correlation Coefficients

Variable	V_1	V_2	V_3	V_4	V_5
ARM	-.473	.300	-.434	-1.076	.000
LEG	**-.833**	2.568	.630	.145	-1.399
TRUNK	.746	1.181	2.698	2.039	1.641
RIBS	-.698	-1.173	.077	-1.223	-.434
PELVIS	-.614	.687	-.500	-2.346	.117
SPINE	-.779	.867	-1.219	-.178	-1.650
TOTAL	**1.036**	-3.703	-.387	2.369	1.657
THIGH	.474	-.493	-1.573	.029	.152

5) 비표준화된 선형결합계수

비표준화된 선형결합계수는 표준화되지 않은 각 변수들이 구성할 때의 상대적인 기여도를 말한다. 위의 표준화된 선형결합계수의 결과와 약간 다른 것을 알 수 있다.

Set 1 Unstandardized Canonical Correlation Coefficients

Variable	W_1	W_2	W_3	W_4	W_5
FAT	-.565	-3.312	-.683	-1.446	-1.706
FFM	-.002	1.553	-.083	.506	.252
BMI	-.067	-1.833	1.089	-.126	1.361
Pfat	.218	2.893	.841	.528	1.197
WHR	13.078	26.843	-39.374	85.061	-51.707

Set 2 Unstandardized Canonical Correlation Coefficients

Variable	V_1	V_2	V_3	V_4	V_5
ARM	-10.144	6.427	-9.312	-23.073	-.010
LEG	-9.034	27.837	6.825	1.571	-15.164
TRUNK	11.063	17.521	40.033	30.261	24.344
RIBS	-15.220	-25.590	1.671	-26.673	-9.461
PELVIS	-6.078	6.795	-4.943	-23.212	1.153
SPINE	-8.684	9.663	-13.588	-1.983	-18.396
TOTAL	14.180	-50.688	-5.293	32.425	22.682
THIGH	4.351	-4.522	-14.428	.266	1.393

6) 정준 변수 부하

Set 1 Canonical Loadings

Variable	W_1	W_2	W_3	W_4	W_5
FAT	**-.790**	.045	.484	.116	-.355
FFM	**-.909**	.028	-.303	.142	.248
BMI	**-.876**	-.126	.261	.368	.119
Pfat	-.218	.106	.819	.065	-.517
WHR	-.197	-.042	.647	.502	-.537

일반적으로 정준 변수에 대한 각 변수의 기여도는 **표준화된 선형결합계수**를 이용한다. 단, 표준화된 선형결합계수는 표본 수가 적거나 변수들 사이에 다중 공선성이 있는

경우 불안정하기 때문에 이러한 경우 정준 변수와 각 변수들의 상관계수를 이용하여
정준 변수 부하를 적용한다.

제1 정준 변수 W_1은 X_2(FFM=제지방량), X_3(BMI=체질량지수), X_1(FAT=체지방량)이
모두 관련이 높은 것으로 나타났다. 즉 다른 변수들에 비해 영향이 큰 것으로 나타났다.

Set 2 Canonical Loadings

Variable	V_1	V_2	V_3	V_4	V_5
ARM	-.754	.081	-.270	.002	.404
LEG	-.693	.153	-.160	.428	.350
TRUNK	-.795	.045	-.172	.206	.487
RIBS	**-.883**	-.325	-.076	.087	.140
PELVIS	-.651	.165	-.152	.097	.661
SPINE	**-.833**	.001	-.252	.223	.108
TOTAL	-.774	-.016	-.166	.374	.473
THIGH	-.433	.051	-.640	.233	.459

제1 정준 변수 V_1은 Y_4(RIBS=늑골), X_6(SPINE=척추) 부위 골밀도가 관련이 높은
것으로 나타났다. 즉 다른 변수들에 비해 영향이 큰 것으로 나타났다.

7) 교차 정준 변수 부하

Set 1 Cross Loadings

Variable	V_1	V_2	V_3	V_4	V_5
FAT	-.756	.038	.378	.068	-.178
FFM	**-.869**	.024	-.236	.084	.125
BMI	**-.837**	-.108	.204	.218	.060
Pfat	-.209	.091	.639	.038	-.259
WHR	-.189	-.036	.505	.297	-.270

교차 정준 변수 부하는 교차해서 상대변수에 영향을 미치는 상대적인 기여도를 나타냈
다. 즉, 독립변수 중 종속변수에 상대적으로 가장 높은 기여도를 나타낸 것은 X_2(FFM=
제지방량)와 X_3(BMI=체질량지수)로 나타났다. **결론적으로 신체조성 변수 중 전신 부위
별 골밀도에 가장 높은 영향을 미치는 것은 제지방량과 체질량지수로 나타났다.**

Set 2 Cross Loadings

Set 2 Cross Loadings

Variable	W_1	W_2	W_3	W_4	W_5
ARM	-.721	.070	-.211	.001	.203
LEG	**-.963**	.131	-.125	.253	.176
TRUNK	-.760	.039	-.135	.122	.244
RIBS	**-.844**	-.279	-.059	.052	.070
PELVIS	-.623	.142	-.119	.057	.332
SPINE	-.797	.001	-.197	.132	.054
TOTAL	-.740	-.014	-.129	.222	.237
THIGH	-.414	.044	-.500	.138	.231

또한 종속변수 중 독립변수에 상대적으로 가장 높은 기여도를 나타낸 것은 Y_2(LEG= 다리)와 Y_4(RIBS=늑골) 부위 골밀도로 나타났다. **결론적으로 전신 부위별 골밀도 중 신 체조성에 가장 높은 영향을 미치는 것은 다리와 늑골 부위 골밀도로 나타났다.**

8) 변수의 정보 확보율 해석

Proportion of Variance Explained

Canonical Variable	Set 1 by Self	Set 1 by Set 2	Set 2 by Self	Set 2 by Set 1
1	.461	**.421**	.546	**.499**
2	.006	.005	.021	.015
3	.296	.181	.082	.050
4	.085	.030	.061	.021
5	.151	.038	.178	.045

제 1 정준상관계수 쌍(0.956)은 고유값 10.683이고 종속변수(Set 2)에 의한 독립변수 (Set 1)의 정보확보율은 42.1%이고 독립변수(Set 1)에 의한 종속변수(Set 2)의 정보확 보율은 49.9%로 나타났다. 제 1 정준상관계수의 누적 정보량은 92%로 나타났다.

【Tip-SAS를 활용한 정준상관분석 명령어】

```
data example;

input x1 x2 x3 x4 x5 y1 y2 y3 y4 y5 y6 y7 y8;

label x1='FAT'x2='FFM'x3='BMI'x4='Pfat'x5='WHR' y1='ARM'

y2='LEG'y3='TRUNK' y4='RIBS' y5='PELVIS' y6='SPINE'

y7='TOTAL' y8='THIGH';


cards;


해당 데이터 삽입

14.50 53.80 23.20 21.20 .76 .88 1.56 1.08 .74 1.45 1.15 1.31 1.39

9.40 39.40 18.80 19.40 .75 .78 1.25 .88 .62 1.14 .95 1.10 1.15

14.20 36.20 20.50 28.20 .82 .76 1.28 .86 .56 1.14 .92 1.08 .95

.

.

.

.

.

.

proc print;

proc cancorr out=scores simple vname='y vars' wname='w vars';

var y1 y2 y3 y4 y5 y6 y7 y8;

with x1 x2 x3 x4 x5;

run;

proc print data=scores; run;

proc gplot data=scores;

plot v1*w1;

title "plot of cannonical variable";

run;
```

【정준상관분석의 결과를 연구논문에 삽입하는 형식】

Variable		Standard	Structure	
			Lording	Cross Lording
X1-X6	%fat(%)	-1.41	0.19	0.18
	WHR	-0.40	0.29	0.27
	SM((kg)	0.68	0.71	0.66
	FFM(kg)	0.82	0.79	0.74
	BMI (kg/m^2)	-0.81	0.26	0.23
	VFA(cm)	-0.03	0.31	0.29
Y1-Y7 (g/m^3)	Arm	0.09	0.32	0.39
	Leg	0.50	0.12	0.12
	Trunk	0.40	0.19	0.17
	Rib	-0.07	0.25	0.23
	Spine	0.74	0.40	0.28
	Pelvis	-0.17	0.04	0.04
	Lumber	-0.72	0.10	0.09
Canonical r		0.93		0.79
Canonical r^2		0.87		0.63
Eigen Value		6.83		1.68
p-value		0.001		0.12

양윤권(2016) 한국체육과학회지

제25장

메타분석(Meta Analysis)

목적

메타분석(Meta Analysis)이란 분석들에 대한 분석(Analysis of Analysis)이라고 말하며(Glass, 1976), 객관적이고 포괄적인 선행연구의 고찰방법이며 문헌고찰의 주관성을 극복하는 방법이다. 즉, 일치되지 않는 개별 연구결과의 비교분석을 통해 결과의 이질성의 원인이 되는 연구 특성을 규명하고 서로 다른 특징과 조건들을 가진 일관적이지 않은 연구결과 중 타당한 결론을 도출하기 위한 통계적 방법이다.

---

1. 메타분석(Meta Analysis)의 기본개념

메타분석이란 동일하거나 유사한 주제로 연구된 많은 연구물들의 결과를 객관적으로, 그리고 계량적으로 종합하여 고찰하는 연구방법을 말한다. 즉 메타분석은 문헌연구가 갖는 제한적인 여러 가지 한계를 넘어서 개별 연구결과들을 통계적으로 통합 또는 비교하여 포괄적이고 거시적인 연구 결론을 끌어낼 수 있는 연구방법이다. 메타분석은 서로 상이하고 크기가 다른 개별 연구결과들을 효과 크기로 환산하여 종합적인 결론을 끌어내는 장점이 있다(Borestein 등, 2009).

2. 메타분석(Meta Analysis)의 장점

① 하나의 결론으로 종합 가능

동일한 연구주제에 대해 선행연구가 많은 경우 메타분석은 연구별 서로 다른 분석결과값들을 표준화하여(단위를 동일화) 결론을 종합할 수 있다.

② 더욱 일반화할 수 있는 추정값

한 연구의 표본은 작지만 이를 누적한 여러 연구의 표본을 이용하면 더욱 일반화된 추정값을 가질 수 있다.

③ 다른 결과에 대한 원인 파악 가능

개별 연구들이 각기 다른 결과를 보인 이유를 살펴보며 연구결과들의 차이를 설명하는 조절변수의 규명이 가능해질 수 있다.

④ 중복연구의 방지

많이 누적된 연구를 종합 정리함으로써 향후 동일 주제의 연구에 대한 중복을 막고 새로운 연구 방향을 제시할 수 있다.

3. 메타분석(Meta Analysis)의 절차

① 연구문제 설정 및 변수의 조작적 정의

두 집단의 평균값의 차이 또는 두 변수 간의 관계 등의 연구문제를 설정한다.

② 연구 결과물 수집

동일주제의 선행연구를 최대한 수집하고 이때 연구의 질을 위해 검증된 학술지로 한정한다.

③ 효과 크기 계산

표준화된 평균 차이, 상관계수, 승산비 등을 산출한다.

④ 통계적 모형 선택

고정효과(Fixed Effect) 또는 무선효과(Random Effect)를 선택한다.

⑤ 연구별 특성 정리

개별 연구의 추가적인 특징 및 정보를 정리한다. 예를 들면, 연령, 거주지, 연구 기간, 경력 등을 정리한다.

⑥ 분석의 실행

SPSS, CMA, STATA, R 등의 프로그램을 이용하여 메타분석을 실행한다.

⑦ 분석의 결과 제시 및 해석

효과 크기, 신뢰구간, 동질성 검정, 출판 편향 등의 결과를 제시하고 해석한다.

4. 메타분석(Meta Analysis)의 효과 크기(Effect Size) 실행

경로☞ 탑 메뉴 > Meta Analysis > Effect Size > 연속형 데이터

	study	n1	mean1	sd1	n2	mean2	sd2	
1	study1	7	3.81	4.97	7.00	2.90	4.75	
2	study2	10	1.92	1.85	10.00	1.55	3.58	
3	study3	8	3.70	3.95	8.00	2.00	3.28	8
4	study4	10	4.08	1.13	10.00	2.40	.69	12
5	study5	8	18.14	4.43	8.00	11.16	5.21	24
6	study6	9	1.97	.39	9.00	1.76	.30	8
7	study7	15	2.77	1.01	15.00	2.49	1.59	8
8	study8	9	10.48	1.44	9.00	9.80	2.14	12
9	study9	10	6.02	1.35	10.00	4.82	.97	12
10	study10	7	3.81	4.97	7.00	2.90	4.75	16
11	study11	11	6.38	5.24	11.00	5.27	4.47	8
12	study12	10	3.32	1.80	10.00	2.81	1.40	8
13	study13	16	4.78	4.73	10.00	1.43	1.71	12
14	study14	10	2.76	.38	10.00	2.43	.24	8
15	study15	10	2.77	.72	9.00	2.85	1.07	12
16	study16	10	3.70	.81	8.00	2.94	.55	24

메뉴 항목: Effect Size | 연속형 데이터, Moderator Analysis | 이분형 데이터, Publication Bias Anlaysis | 상관관계 데이터, Cumulative Meta Analysis, Sensitivity Analysis

변수 설명 : n1=a 그룹 사례 수, mean 1=a 그룹 평균값, SD1=a 그룹 표준편차,
n2=b 그룹 사례 수, mean 2=b 그룹 평균값, SD2=b 그룹 표준편차, duration=수련 기간

■ 예제 설명

다음은 태권도 수련이 아동의 성장호르몬에 미치는 효과를 연구한 선행연구를 대상으로 메타분석을 실시하였다. 일정 기간 태권도를 훈련한 수련 그룹(A그룹)과 비수련 그룹(B그룹)의 성장호르몬(GH : Growth Hormone)의 평균과 표준편차 및 사례 수를 입력하여 효과 크기(Effect Size)를 산출하였다. 예제에 사용한 변인은 모두 연속형 데이터(변인)로 구성되었다.

메타분석 중 연속형 데이터의 효과 크기 분석(Effect Size)을 선택하면 대화창이 나타나고, 대화상자에서 메타분석을 실행할 왼쪽의 변수들을 항목에 알맞게 오른쪽으로 이동시킨다. 첫 번째 변수인 study는 Study name으로 이동시키고 A그룹(수련 그룹)과 B그룹(비수련 그룹)의 항목을 확인한 후 아래 그림과 같이 모두 이동시킨다.

> Group-A Mean : A그룹의 평균값
> Group-A Std-Dev : A그룹의 표준편차 값
> Group-A Sample Size : A그룹의 샘플 사이즈(사례 수)
>
> Group-B Mean : B그룹의 평균값
> Group-B Std-Dev : B그룹의 표준편차 값
> Group-B Sample Size : B그룹의 샘플 사이즈(사례 수)

① Effect measure(효과 측정)

각 논문에서 나온 결과를 비교하기 위해서 개별 논문 결과를 효과 크기(ES : Effect Size)로 계산한 후 전체 효과 크기를 계산한다. 일반적으로 평균 효과 크기는 **Cohen(1988)의 기준을 참고하여 작은 효과 크기(0.20), 중간 정도의 효과 크기(0.50), 큰 효과 크기(0.80), 매우 큰 효과 크기(1.50)로 설정**한다.

> ◎ Hedges' g –Hedges 방법의 효과 크기 선택*(최근에 주로 사용되고 있음)*
> ◎ Cohen's d –Cohen 방법의 효과 크기 선택

② Model(모형)-여러 연구를 병합하여 평균 효과 크기를 추정하기 위한 방법

> ◎ Fixed(고정효과)
> ◎ Random(무선효과)-확률효과, 임의효과라고도 함.

◎ Both(모두)

※ Fixed(고정효과)와 Random(무선효과)의 선택기준

·수집된 연구의 특성과 통계적 검정을 고려해서 선택한다.
·수집된 연구가 동질적일 때는 고정효과를 이질적일 때는 무선효과를 선택한다.
·동질성 검정(Homogeneity Test)을 통해 동질성과 이질성을 판단한다.

※ Fixed(고정효과)와 Random(무선효과)의 모형별 장단점

·고정효과-장점 : 수집된 연구의 수가 적은 경우에 적합함.
　　　　　　단점 : 이질적 특성의 연구에 대한 효과 차이를 파악하는 데 어려움.

·무선효과-장점 : 수집된 연구에서 설명되지 않는 효과 크기의 차이를 고려하여 연
　　　　　　　　구결과를 통합할 수 있음.
　　　　　　단점 : 수집된 연구의 수가 충분해야 정확한 추정이 가능함.

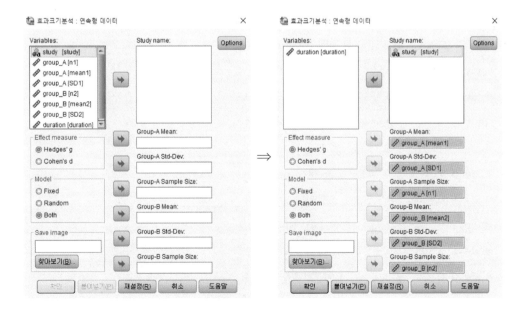

4-1) 메타분석(Meta Analysis)의 효과 크기(Effect Size) 결과해설

① R 그래프

R 그래프

Study	Experimental Total	Mean	SD	Control Total	Mean	SD	Standardised Mean Difference	SMD	95%-CI	Weight (fixed)	Weight (random)
study1	7	3.81	4.97	7	2.90	4.75		0.175	[-0.875; 1.226]	4.9%	4.9%
study2	10	1.92	1.85	10	1.55	3.58		0.124	[-0.753; 1.002]	7.0%	6.9%
study3	8	3.70	3.95	8	2.00	3.28		0.443	[-0.553; 1.438]	5.4%	5.4%
study4	10	4.08	1.13	10	2.40	0.69		1.719	[0.660; 2.778]	4.8%	4.8%
study5	8	18.14	4.43	8	11.16	5.21		1.365	[0.244; 2.486]	4.3%	4.3%
study6	9	1.97	0.39	9	1.76	0.30		0.575	[-0.373; 1.523]	6.0%	6.0%
study7	15	2.77	1.01	15	2.49	1.59		0.205	[-0.513; 0.922]	10.4%	10.2%
study8	9	10.48	1.44	9	9.80	2.14		0.355	[-0.578; 1.288]	6.2%	6.2%
study9	10	6.02	1.35	10	4.82	0.97		0.978	[0.038; 1.917]	6.1%	6.1%
study10	7	3.81	4.97	7	2.90	4.75		0.175	[-0.875; 1.226]	4.9%	4.9%
study11	11	6.38	5.24	11	5.27	4.47		0.219	[-0.620; 1.058]	7.6%	7.6%
study12	10	3.32	1.80	10	2.81	1.40		0.303	[-0.580; 1.186]	6.9%	6.9%
study13	16	4.78	4.73	10	1.43	1.71		0.835	[0.008; 1.663]	7.8%	7.8%
study14	10	2.76	0.38	10	2.43	0.24		0.994	[0.053; 1.936]	6.0%	6.1%
study15	10	2.77	0.72	9	2.85	1.07		-0.085	[-0.986; 0.816]	6.6%	6.6%
study16	10	3.70	0.81	8	2.94	0.55		1.022	[0.019; 2.026]	5.3%	5.4%
Fixed effect model	160			151				0.539	[0.307; 0.770]	100.0%	--
Random effects model								0.540	[0.305; 0.775]	--	100.0%

Heterogeneity: $I^2 = 3\%$, $\tau^2 = 0.0067$, $p = 0.42$

Loading 'meta' package (version 4.8-4).

Type 'help(meta)' for a brief overview.

	SMD	95%-CI	%W(fixed)	%W(random)
study 1	0.1752	[-0.8752; 1.2257]	4.9	4.9
study 2	0.1244	[-0.7532; 1.0019]	7.0	6.9
study 3	0.4427	[-0.5531; 1.4385]	5.4	5.4
study 4	1.7186	[0.6596; 2.7777]	4.8	4.8
study 5	1.3647	[0.2435; 2.4858]	4.3	4.3
study 6	0.5748	[-0.3732; 1.5229]	6.0	6.0
study 7	0.2045	[-0.5133; 0.9224]	10.4	10.2
study 8	0.3551	[-0.5781; 1.2883]	6.2	6.2
study 9	0.9777	[0.0383; 1.9172]	6.1	6.1
study 10	0.1752	[-0.8752; 1.2257]	4.9	4.9
study 11	0.2193	[-0.6195; 1.0580]	7.6	7.6

study 12 0.3029 [-0.5798; 1.1857] 6.9 6.9

study 13 0.8354 [0.0078; 1.6631] 7.8 7.8

study 14 0.9945 [0.0529; 1.9361] 6.0 6.1

study 15 -0.0847 [-0.9858; 0.8163] 6.6 6.6

study 16 1.0222 [0.0187; 2.0257] 5.3 5.4

Number of studies combined: k = 16

                                          SMD 95%-CI   z p-value

Fixed effect model 0.5385 [0.3070; 0.7700] 4.56 < 0.0001

Random effects model 0.5400 [0.3049; 0.7751] 4.50 < 0.0001

Quantifying heterogeneity:

$tau^2 = 0.0067$; H = 1.01 [1.00; 1.47]; $I^2 = 2.9\%$ [0.0%; 53.7%]

Test of heterogeneity:

    Q d.f. p-value

15.45 15 0.4197

Details on meta-analytical method:

- Inverse variance method

- DerSimonian-Laird estimator for tau^2

- Hedges' g (bias corrected standardised mean difference)

IBM SPSS Statistics 25버전과 연계된 **R**을 통한 메타분석 결과가 그래프와 결과분석 형식으로 출력된다.

메타분석에 활용된 선행연구 study 1부터 study 16까지의 효과 크기가 산출되어 나타나고 95% 신뢰구간의 하한 값과 상한 값이 출력된다. 또한 고정효과와 무선효과의 가중치가 나타난다. 우선 이질성 검사(Heterogeneity chi-squared)를 통해 고정효과 (Fixed)와 무선효과(Random)의 모형을 결정한다. **Cohen의 Q 값은 15.45를 나타냈고 I^2는 2.9%를 나타내 동질성을 나타냈다.** 참고로 이질성을 판단할 때 I^2를 참고하는데 75% 이상이면 매우 높은 이질성을 나타내고 50%는 보통수준, 25% 또는 미만은 낮은 이질성을 나타내어 동질적인 연구로 판단한다. **따라서 예제의 선행연구들의 효과 크기 는 매우 동질적인 것으로 나타났으며 최종 해석은 고정효과(Fixed effect)를 기준으로 판단한다.**

단, 본 교재의 예제는 고정효과(Fixed effect)와 무선효과(Random effect)가 모두 출력 되도록 선택하여 실행하였다. 또한 효과 크기의 측정은 **Hedges g**를 적용하였다.

```
                          SMD            95%-CI     z  p-value
Fixed effect model    0.5385 [0.3070; 0.7700] 4.56 < 0.0001
Random effects model 0.5400 [0.3049; 0.7751] 4.50 < 0.0001
```

결론적으로 Hedges g의 고정효과를 적용하면 선행연구(study 1~study 16)의 전체 효 과 크기는 0.5385(0.307-하한, 0.77-상한)로 나타났으며 통계적으로 중간 정도의 효과 크기가 있는 것으로 나타났다. 참고로 Cohen(1988)의 효과 크기 기준은 0.20(작은 효 과 크기), 0.50(중간 정도 효과 크기), 0.80(큰 효과 크기), 1.50(매우 큰 효과 크기)으로 설정한다.

태권도 수련 그룹의 성장호르몬이 비수련 그룹에 비해 더 효과가 있는 것으로 나타 났다. 즉, **선행연구를 종합하여 메타 분석한 결과 태권도 수련 그룹이 비수련 그룹보다 성장호르몬의 효과가 더 유의한 것으로 나타났다.**

5. 메타분석(Meta Analysis)의 조절 효과 분석(Moderator Analysis; 메타 회귀(Meta Regression)) 실행

경로☞ 탑 메뉴 > Meta Analysis > Moderator Analysis > 연속형 데이터

※ 태권도 수련이 아동의 성장호르몬에 미치는 효과를 연구한 선행연구를 대상으로 메타분석을 실시하여 수련 그룹(A그룹)에서 성장호르몬이 비수련 그룹(B그룹)보다 더 효과가 있는지 알 수 있었다. 이와 더불어 태권도 수련 기간이 효과 크기에 미치는 영향을 규명하기 위해 메타 회귀(Meta Regression)를 이용하여 조절 효과 분석을 실시하였다. 예제에 사용한 변인은 모두 연속형 데이터(변인)로 구성되었다.

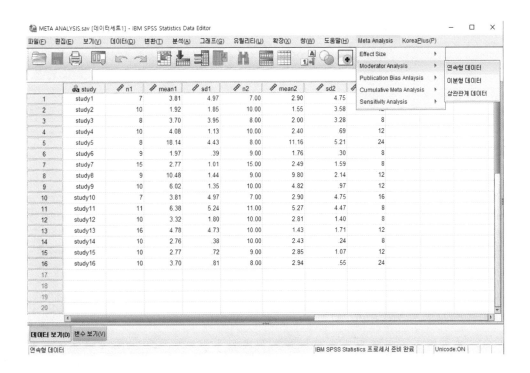

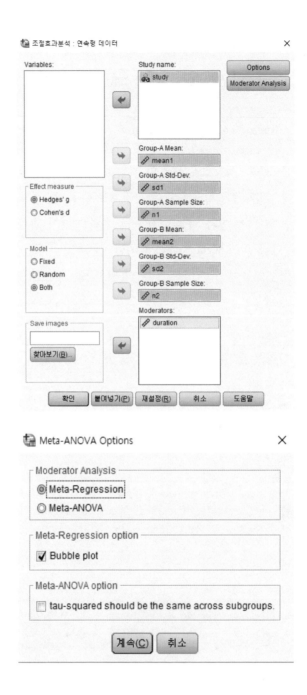

일반적으로 조절 효과 분석에서는 메타 회귀(Meta Regression)를 선택하여 분석한다.
또한 메타 회귀 옵션(Meta Regression Option)으로 Bubble plot을 선택한다.

5-1) 메타분석(Meta Analysis)의 조절 효과 분석(Moderator Analysis ; 메타 회귀(Meta Regression) 결과해설

① R 그래프

Study	Experimental Total	Mean	SD	Control Total	Mean	SD	Standardised Mean Difference	SMD	95%-CI	Weight (fixed)	Weight (random)
study1	7	3.81	4.97	7	2.90	4.75		0.175	[-0.875; 1.226]	4.9%	4.9%
study2	10	1.92	1.85	10	1.55	3.58		0.124	[-0.753; 1.002]	7.0%	6.9%
study3	8	3.70	3.95	8	2.00	3.28		0.443	[-0.553; 1.438]	5.4%	5.4%
study4	10	4.08	1.13	10	2.40	0.69		1.719	[0.660; 2.778]	4.8%	4.8%
study5	8	18.14	4.43	8	11.16	5.21		1.365	[0.244; 2.486]	4.3%	4.3%
study6	9	1.97	0.39	9	1.76	0.30		0.575	[-0.373; 1.523]	6.0%	6.0%
study7	15	2.77	1.01	15	2.49	1.59		0.205	[-0.513; 0.922]	10.4%	10.2%
study8	9	10.48	1.44	9	9.80	2.14		0.355	[-0.578; 1.288]	6.2%	6.2%
study9	10	6.02	1.35	10	4.82	0.97		0.978	[0.038; 1.917]	6.1%	6.1%
study10	7	3.81	4.97	7	2.90	4.75		0.175	[-0.875; 1.226]	4.9%	4.9%
study11	11	6.38	5.24	11	5.27	4.47		0.219	[-0.620; 1.058]	7.6%	7.6%
study12	10	3.32	1.80	10	2.81	1.40		0.303	[-0.580; 1.186]	6.9%	6.9%
study13	16	4.78	4.73	16	1.43	1.71		0.835	[0.008; 1.663]	7.8%	7.8%
study14	10	2.76	0.38	10	2.43	0.24		0.994	[0.053; 1.936]	6.0%	6.1%
study15	10	2.77	0.72	9	2.85	1.07		-0.085	[-0.986; 0.816]	6.6%	6.6%
study16	10	3.70	0.81	8	2.94	0.55		1.022	[0.019; 2.026]	5.3%	5.4%
Fixed effect model	**160**			**151**				0.539	[0.307; 0.770]	100.0%	--
Random effects model								0.540	[0.305; 0.775]	--	100.0%

Heterogeneity: $I^2 = 3\%$, $\tau^2 = 0.0067$, $p = 0.42$

효과 크기 분석을 참고한다.

R 그래프

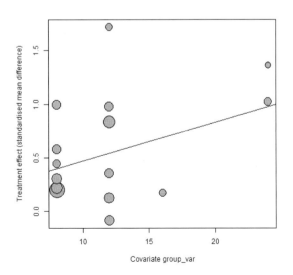

Bubble Plot을 나타낸다.

IBM SPSS Statistics 25버전과 연계된 R을 통한 메타 조절 효과 분석 결과가 아래의 그래프와 결과분석 형식으로 출력된다. 아래 결과를 살펴보면 개별 연구의 훈련 기간은 효과 크기에 정적인(+) 경향을 나타냈지만 영향을 미치진 못하였다(b=0.0359, p=0.1531). 즉, 훈련 기간(**Duration=group_var**)은 기울기(**b**) **0.0359**를 나타내어 정적인 관계(+)를 나타냈지만 유의한 영향은 없었다(**p=0.1531**).

결론적으로 훈련 기간이 높을수록 효과 크기(평균 차이)는 높아졌지만 통계적으로 유의한 영향은 없었다. 다시 말해 훈련 기간 1년당 **0.0359** 효과 크기가 증가하였지만 통계적으로 유의하지 않아 훈련 기간은 효과 크기에 영향을 미치지 않았다.

```
Loading 'meta' package (version 4.8-4).
Type 'help(meta)' for a brief overview.

Mixed-Effects Model (k = 16; tau^2 estimator: DL)

tau^2 (estimated amount of residual heterogeneity):    0 (SE = 0.0841)
tau (square root of estimated tau^2 value):            0
I^2 (residual heterogeneity / unaccounted variability): 0.00%
H^2 (unaccounted variability / sampling variability):   1.00
R^2 (amount of heterogeneity accounted for):           100.00%

Test for Residual Heterogeneity:
QE(df = 14) = 13.4065, p-val = 0.4948

Test of Moderators (coefficient(s) 2):
QM(df = 1) = 2.0406, p-val = 0.1531

Model Results:

            estimate      se    zval    pval    ci.lb   ci.ub
intrcpt       0.1134  0.3202  0.3540  0.7233  -0.5142  0.7410
group_var     0.0359  0.0251  1.4285  0.1531  -0.0134  0.0851

---
Signif. codes:  0 '***' 0.001 '**' 0.01 '*' 0.05 '.' 0.1 ' ' 1
```

6. 메타분석(Meta Analysis)의 출판 편향 (Publication Bias) 실행

경로☞ 탑 메뉴 > Meta Analysis > Publication Bias Analysis > 연속형 데이터

※ 출판 편향이란? "출판 비뚤림"이라고도 하는데 긍정적인 결과와 통계적으로 유의미한 결과를 나타낸 연구는 더 쉽게 출간되는 경향이 있다. 이는 실제 효과가 과대 추정되었거나 실제 효과를 대표하지 못할 수가 있다. 즉, 메타분석을 위해 선택된 자료들에 편향(Bias)이 존재하는 것으로 출판 편향(Publication Bias)이라고 한다. 따라서 선행연구의 효과 크기를 산출하여 분석된 결과의 타당도를 확인하기 위해 **Funnel plot과 Egger et al(1997)**의 메타 회귀분석을 사용하여 출판 편향 유무의 검증을 실시한다.

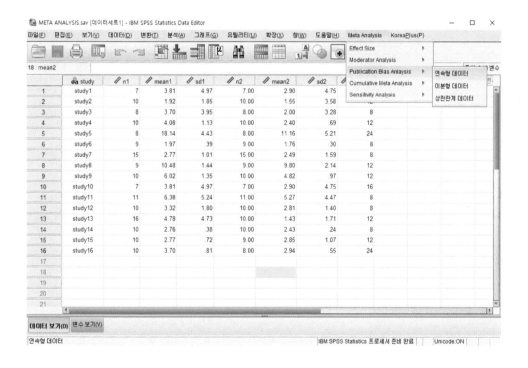

출판편향(Publication bias, 출간오류분석)실시 방법은 효과 크기 분석과 동일하나 Output(결과)에서 Funnel Plot(깔때기 도표)과 Egger regression test(에거 회귀 검정)를 선택한다.

6-1) 메타분석(Meta Analysis)의 출판 편향(Publication Bias) 결과해설

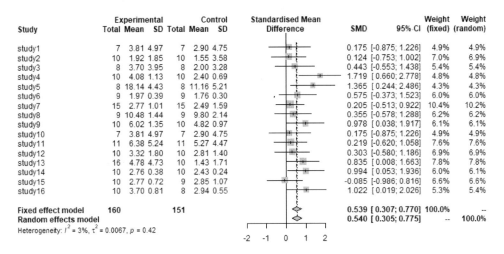

Study	Experimental Total	Mean	SD	Control Total	Mean	SD	Standardised Mean Difference	SMD	95% CI	Weight (fixed)	Weight (random)
study1	7	3.81	4.97	7	2.90	4.75		0.175	[-0.875; 1.226]	4.9%	4.9%
study2	10	1.92	1.85	10	1.55	3.58		0.124	[-0.753; 1.002]	7.0%	6.9%
study3	8	3.70	3.95	8	2.00	3.28		0.443	[-0.553; 1.438]	5.4%	5.4%
study4	10	4.08	1.13	10	2.40	0.69		1.719	[0.660; 2.778]	4.8%	4.8%
study5	8	18.14	4.43	8	11.16	5.21		1.365	[0.244; 2.486]	4.3%	4.3%
study6	9	1.97	0.39	9	1.76	0.30		0.575	[-0.373; 1.523]	6.0%	6.0%
study7	15	2.77	1.01	15	2.49	1.59		0.205	[-0.513; 0.922]	10.4%	10.2%
study8	9	10.48	1.44	9	9.80	2.14		0.355	[-0.578; 1.288]	6.2%	6.2%
study9	10	6.02	1.35	10	4.82	0.97		0.978	[0.038; 1.917]	6.1%	6.1%
study10	7	3.81	4.97	7	2.90	4.75		0.175	[-0.875; 1.226]	4.9%	4.9%
study11	11	6.38	5.24	11	5.27	4.47		0.219	[-0.620; 1.058]	7.6%	7.6%
study12	10	3.32	1.80	10	2.81	1.40		0.303	[-0.580; 1.186]	6.9%	6.9%
study13	16	4.78	4.73	10	1.43	1.71		0.835	[0.008; 1.663]	7.8%	7.8%
study14	10	2.76	0.38	10	2.43	0.24		0.994	[0.053; 1.936]	6.0%	6.1%
study15	10	2.77	0.72	9	2.85	1.07		-0.085	[-0.986; 0.816]	6.6%	6.6%
study16	10	3.70	0.81	8	2.94	0.55		1.022	[0.019; 2.026]	5.3%	5.4%
Fixed effect model	160			151				0.539	[0.307; 0.770]	100.0%	--
Random effects model								0.540	[0.305; 0.775]	--	100.0%

Heterogeneity: $I^2 = 3\%$, $\tau^2 = 0.0067$, $p = 0.42$

효과 크기 분석을 참고한다.

① Funnel Plot(깔때기 도표)

도출된 도표 결과를 설명해 보면 대부분의 연구들이 깔때기 안에 포함되어 있고 왼쪽과 오른쪽이 균형 있게 분포되어 있는 것으로 보아 출판 편향은 없는 것으로 나타났다.

연구들의 분포가 깔때기 안쪽에 위치하고 좌우 균형을 이루면서 깔때기 위쪽으로 올라갈수록 출판 편향은 없는 것으로 해석한다.

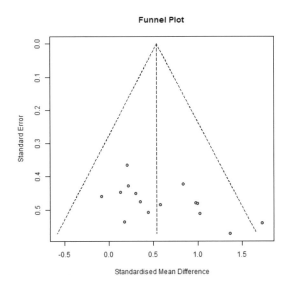

Funnel Plot

Number of studies combined: k = 16

SMD 95%-CI   z p-value

Fixed effect model 0.5385 [0.3070; 0.7700] 4.56 < 0.0001

Random effects model 0.5400 [0.3049; 0.7751] 4.50 < 0.0001

Quantifying heterogeneity:

tau^2 = 0.0067; H = 1.01 [1.00; 1.47]; I^2 = 2.9% [0.0%; 53.7%]

Test of heterogeneity:

Q d.f. p-value

15.45   15   0.4197

Details on meta-analytical method:

- Inverse variance method

- DerSimonian-Laird estimator for tau^2

- Hedges' g (bias corrected standardised mean difference)

Linear regression test of funnel plot asymmetry

메타분석에 활용된 선행연구 study 1부터 study 16까지의 효과 크기가 산출되어 나타나고 95% 신뢰구간의 하한 값과 상한 값이 출력된다. 또한 고정효과와 무선효과의 가중치가 나타난다. 우선 이질성 검사(Heterogeneity chi-squared)를 통해 고정효과(Fixed)와 무선효과(Random)의 모형을 결정한다. Cohen의 Q 값은 15.45를 나타냈고 I^2는 2.9%를 나타내 동질성을 나타냈다. 참고로 이질성을 판단할 때 I^2를 참고하는데 75% 이상이면 매우 높은 이질성을 나타내고 50%는 보통수준, 25% 또는 미만은 낮은 이질성을 나타내어 동질적인 연구로 판단한다. 따라서 예제의 선행연구들의 효과 크기는 매우 동질적인 것으로 나타났으며 최종 해석은 고정효과(Fixed effect)를 기준으로 판단한다.

단, 본 교재의 예제는 고정효과(Fixed effect)와 무선효과(Random effect)가 모두 출력되도록 선택하여 실행하였다. 또한 효과 크기의 측정은 **Hedges g**를 적용하였다.

data: meta1

t = 1.985, df = 14, p-value = 0.06709

alternative hypothesis: asymmetry in funnel plot

sample estimates:

bias se.bias slope

4.111287 2.071162 -1.391717

② Egger Regression Test(에거 회귀(검정) 테스트)

```
data: meta1
t = 1.985, df = 14, p-value = 0.06709
alternative hypothesis: asymmetry in funnel plot
sample estimates:
     bias   se.bias    slope
 4.111287  2.071162  -1.391717
```

편향(bias)은 4.111287을 나타냈고 표준오차(SE)는 2.071162, 경사도(Slope)는 -1.391717을 나타냈다. 또한 t 값은 1.985를 나타내 유의하지 않았다(p=0.06709). 만일 유의하였다면(p<.05) 활용된 연구들이 동질적이라고 볼 수 없어 출판 편향이 발생했다고 말할 수 있다. 이는 편향 값이(bias) 높으면 유의도가 낮게 발생하여 출판 편향이 발생할 수 있다. 따라서 bias의 값이 큰 요인(연구)은 배제하고 다시 분석할 것을 추천한다. **결론적으로 활용된 연구들의 출판 편향은 없는 것으로 나타나 메타분석의 활용에 적절한 것으로 나타났다.**

참고문헌

강병서, 석기석, 오윤조. 통계분석을 위한 SPSS/PC+ 무역경영사, 1993

강상조. 체육통계. 도서출판 21세기 교육사, 2001

김광석. 포스트 코로나 2021년 경제전망, 경제를 읽어주는 남자, 2021

김종택. 체육과 운동과학을 위한 운동통계학, 도서출판 태근, 1997

강명학, 양윤권, 이종호. 체육학 통계분석, 영문출판사, 2003

양윤권. SPSS Statistic을 활용한 스포츠 통계학, 이담북스, 2012

양윤권. 여대생의 신체조성과 부위별 골밀도의 정준상관분석, 한국체육과학회지, 25권 3호 1227-1236, 2016

양윤권. 태권도 수련이 아동의 성장호르몬과 IGF-1에 미치는 효과의 메타분석, 한국발육발달학 회지, 27권 193-198, 2019

양윤권, 소인철. SPSS 12.0 for Windows 스포츠 통계학, 2008

엄한주. 신뢰 계수의 종류와 추정법에 관한 고찰. 1권 1호 35-49, 1999

오수학 등. 운동지속수행 검사지의 구인타당화, 한국체육측정평가학회지, 2(2), 39-52, 2000

우수명. 마우스로 잡는 SPSS 10.0 인간과 복지 2001

우수명. 마우스로 잡는 PASW Statistics 18.0 인간과 복지 2010

이동옥. 체육 통계학, 태근문화사, 1997

예종이. 체육통계와 연구설계, 도서출판 태근, 1999

정미미 등. SPSS 통계 프로그램을 이용한 상호작용의 사후검정방법 한국체육측정평가학회지 7권 1호 33-43, 2005

조한범. 체육학의 연구 경향 분석. 한국체육학회지 37권 2호 414-422, 1998

Borenstein, M., Hedges, L V., Higgins, J., & Rothstein, H.R. Introduction to Meta-Analysis. UK, John Wiley & Sons, Lt. 2009

Cohen, J. Statistical power analysis for the behavioral sciences(2nd ed.). Hillsdale, New Jersey : Erlbaum. 1988

Cureton, T.K. Comparison of Various Factor Analysis of Cardiovascular-Respiratory Test Variables. Research Quarterly, 37(3), 317-325. 1996

Egger, M., Smith, GD., Philips, AN. Meta-Analysis : principles and procedures. BMJ. 315(7121) : 1553-7. 1997

Fleishman, E. A. The Structure and Measurement of Physical Fitness. Englewood Cliffs, N.J. : Prentice-Hall. 1964

Jackson, A. S. Factor Analysis of Selected Muscular Strength and Motor Performance Tests.

Research Quarterly, 42(2), 164-172. 1971

Zuidema, M. A. and Baumgartner, T. A. Second Factor Analysis Study of Physical Fitness Tests. Research Quarterly, 45(3), 247-256. 1974

부록

표 1. 난수표

열	행						
	1-5	6-10	11-15	16-20	21-25	26-30	31-35
1	13284	16834	74151	92027	24670	36665	00770
2	21224	00370	30420	03883	94648	89428	41583
3	99052	47887	81085	64933	66279	80432	65793
4	00199	50993	98603	38452	87890	94624	69721
5	60578	06483	28733	37867	07936	98710	98539
6	91240	18312	17441	01929	18163	69201	31211
7	97458	14229	12063	59611	32249	90466	33216
8	35249	38646	34475	72417	60514	69257	12489
9	38980	46600	11759	11900	46743	27860	77940
10	10750	52745	38749	87365	58959	53731	89295
11	36247	27850	73958	20673	37800	63835	71051
12	70994	66986	99744	72438	01174	42159	11392
13	99638	94702	11463	18148	81386	80431	90628
14	72055	15774	43857	99805	10419	76939	25993
15	24038	65541	85788	55835	38835	59399	13790
16	74976	14631	35908	28221	39470	91548	12854
17	35553	71628	70189	26436	63407	91178	90348
18	35676	12797	51434	82976	42010	26344	92920
19	74815	67523	72985	23183	02446	63594	98924
20	45246	88048	65173	50989	91060	89894	36036
21	76509	47069	86378	41797	11910	49672	88575
22	19689	90332	04315	21358	97248	11188	39062
23	42751	35318	97513	61537	54955	08159	00337
24	11946	22681	45045	13964	57517	59419	58045
25	96518	48688	20996	11090	48396	57177	83867
26	35726	58643	76869	84622	39098	36083	72505
27	39737	42750	48968	70536	84864	64952	38404
28	97025	66492	56177	04049	80312	48028	26408
29	62814	08075	09788	56350	76787	51591	54509
30	25578	22950	15227	83291	41737	59599	96191
31	68763	69576	88991	49662	46704	63362	56625
32	17900	00813	64361	60725	88974	61005	99709
33	71944	60227	63551	71109	05624	43836	58254
34	54684	93691	85132	64399	39182	44324	14491
35	25946	27623	11258	65204	52832	50880	22273
36	01353	39318	44961	44972	91766	90262	56073

열	행						
	1-5	6-10	11-15	16-20	21-25	26-30	31-35
37	99083	88191	27662	99113	57174	35571	99884
38	52021	45406	37945	75234	24327	86978	22644
39	78755	47744	43776	83098	03225	14281	83637
40	25282	69106	59180	16257	22810	43609	12224
41	11959	94202	02743	86847	79725	51811	12998
42	11644	13792	98190	01424	30078	28197	55583
43	06307	97912	68110	59812	95448	43244	31262
44	76285	75714	89585	99296	52640	46518	55486
45	55322	07598	39600	60866	63007	20007	66819
46	78017	90928	90220	92503	83375	26986	74399
47	44768	43342	20696	26331	43140	69744	82928
48	25100	19336	14605	86603	51680	97678	24261
49	83612	46623	62876	85197	07824	91392	58317
50	41347	81666	82961	60413	71020	83658	02415

표 2. 이항분포표

*: 시행횟수, x: 앞면이 나오는 횟수, p: 앞면이 나올 확률

n	x	p 0.1	0.15	0.2	0.25	0.3	0.35	0.4	0.45	0.5
2	0	0.8100	0.7225	0.6400	0.5625	0.4900	0.4225	0.3600	0.3025	0.2500
	1	0.1800	0.2550	0.3200	0.3750	0.4200	0.4550	0.4800	0.4950	0.5000
	2	0.0100	0.0225	0.0400	0.0625	0.0900	0.1225	0.1600	0.2025	0.2500
3	0	0.7290	0.6141	0.5120	0.4219	0.3430	0.2746	0.2160	0.1664	0.1250
	1	0.2430	0.3251	0.3840	0.4219	0.4410	0.4436	0.4320	0.4084	0.3750
	2	0.0270	0.0574	0.0960	0.1406	0.1890	0.2389	0.2880	0.3341	0.3750
	3	0.0010	0.0034	0.0080	0.0156	0.0270	0.0429	0.0640	0.0911	0.1250
4	0	0.6561	0.5220	0.4096	0.3164	0.2401	0.1785	0.1296	0.0915	0.0625
	1	0.2916	0.3685	0.4096	0.4219	0.4116	0.3845	0.3456	0.2995	0.2500
	2	0.0486	0.0975	0.1536	0.2109	0.2646	0.3105	0.3456	0.3675	0.3750
	3	0.0036	0.0115	0.0256	0.0469	0.0756	0.1115	0.1536	0.2005	0.2500
	4	0.0001	0.0005	0.0016	0.0039	0.0081	0.0150	0.0256	0.0410	0.0625
5	0	0.5905	0.4437	0.3277	0.2373	0.1681	0.1160	0.0778	0.0503	0.0312
	1	0.3280	0.3916	0.4096	0.3955	0.3601	0.1324	0.2592	0.2059	0.1562
	2	0.0729	0.1382	0.2048	0.2637	0.3087	0.3364	0.3456	0.3369	0.3125
	3	0.0081	0.0244	0.0512	0.0879	0.1323	0.1811	0.2304	0.2757	0.3125
	4	0.0004	0.0022	0.0064	0.0146	0.0283	0.0488	0.0768	0.1128	0.1562
	5	0.0000	0.0001	0.0003	0.0010	0.0024	0.0053	0.0102	0.0185	0.0312
6	0	0.5314	0.3771	0.2621	0.1780	0.1176	0.0754	0.0467	0.0277	0.0156
	1	0.3543	0.3993	0.3932	0.3560	0.3025	0.2437	0.1866	0.1359	0.0938
	2	0.0984	0.1762	0.2458	0.2966	0.3241	0.3280	0.3110	0.2780	0.2344
	3	0.0146	0.0415	0.0819	0.1318	0.1852	0.2355	0.2765	0.3032	0.3125
	4	0.0012	0.0055	0.0154	0.0330	0.0595	0.0951	0.1382	0.1861	0.2344
	5	0.0001	0.0005	0.0015	0.0044	0.0102	0.0205	0.0369	0.0609	0.0938
	6	0.0000	0.0000	0.0001	0.0002	0.0007	0.0018	0.0041	0.0083	0.0156
7	0	0.4783	0.3206	0.2097	0.1335	0.0824	0.0490	0.0280	0.0152	0.0078
	1	0.3720	0.3960	0.3670	0.3115	0.2471	0.1848	0.1306	0.0872	0.0547
	2	0.1240	0.2097	0.2753	0.3115	0.3177	0.2985	0.2613	0.2140	0.1641
	3	0.0230	0.0617	0.1147	0.1730	0.2269	0.2679	0.2903	0.2918	0.2734
	4	0.0026	0.0109	0.0287	0.0577	0.0972	0.1442	0.1935	0.2388	0.2734
	5	0.0002	0.0012	0.0043	0.0115	0.0250	0.0466	0.0774	0.1172	0.1641
	6	0.0001	0.0001	0.0004	0.0013	0.0036	0.0084	0.0172	0.0320	0.0547

n	x	\multicolumn{9}{c}{p}								
		0.1	0.15	0.2	0.25	0.3	0.35	0.4	0.45	0.5
	7	0.0000	0.0000	0.0000	0.0001	0.0002	0.0006	0.0016	0.0037	0.0078
8	0	0.4305	0.2725	0.1678	0.1001	0.0576	0.0319	0.0168	0.0084	0.0039
	1	0.3826	0.3847	0.3355	0.2670	0.1977	0.1373	0.0896	0.0548	0.0312
	2	0.1488	0.2376	0.2936	0.3115	0.2965	0.2587	0.2090	0.1569	0.1094
	3	0.0331	0.0839	0.1468	0.2076	0.2541	0.2786	0.2787	0.2568	0.2188
	4	0.0046	0.0185	0.0459	0.0865	0.1361	0.1875	0.2322	0.2627	0.2734
	5	0.0004	0.0026	0.0092	0.0231	0.0467	0.0808	0.1239	0.1719	0.2188
	6	0.0000	0.0002	0.0011	0.0038	0.0100	0.0217	0.0413	0.0703	0.1094
	7	0.0000	0.0000	0.0001	0.0004	0.0012	0.0033	0.0079	0.0164	0.0312
	8	0.0000	0.0000	0.0000	0.0000	0.0001	0.0002	0.0007	0.0017	0.0039
9	0	0.3874	0.2316	0.1342	0.0751	0.0404	0.0207	0.0101	0.0046	0.0020
	1	0.3874	0.3679	0.3020	0.2253	0.1556	0.1004	0.0605	0.0339	0.0176
	2	0.1722	0.2597	0.3020	0.3003	0.2668	0.2162	0.1612	0.1110	0.0703
	3	0.0446	0.1069	0.1762	0.1762	0.2668	0.2716	0.2508	0.2119	0.1641
	4	0.0074	0.0283	0.0661	0.0661	0.1715	0.2194	0.2508	0.2600	0.2461
	5	0.0008	0.0050	0.0165	0.0165	0.0735	0.1181	0.1672	0.2128	0.2461
	6	0.0001	0.0006	0.0028	0.0168	0.0210	0.0424	0.0743	0.1160	0.1641
	7	0.0000	0.0000	0.0003	0.0012	0.0039	0.0098	0.0212	0.0407	0.0703
	8	0.0000	0.0000	0.0000	0.0001	0.0004	0.0013	0.0035	0.0083	0.0176
	9	0.0000	0.0000	0.0000	0.0000	0.0000	0.0001	0.0003	0.0008	0.0020
10	0	0.3487	0.1969	0.1074	0.0563	0.0282	0.0135	0.0060	0.0025	0.0010
	1	0.3874	0.3474	0.2684	0.1877	0.1211	0.0725	0.0403	0.0207	0.0098
	2	0.1937	0.2759	0.3020	0.2816	0.2335	0.1757	0.1209	0.0763	0.0439
	3	0.0574	0.1298	0.2013	0.2503	0.2668	0.2522	0.2150	0.1665	0.1172
	4	0.0112	0.0401	0.0881	0.1460	0.2001	0.2377	0.2508	0.2384	0.2051
	5	0.0015	0.0085	0.0264	0.0584	0.1029	0.1536	0.2007	0.2340	0.2461
	6	0.0001	0.0012	0.0055	0.0162	0.0368	0.0689	0.1115	0.1596	0.2051
	7	0.0000	0.0001	0.0008	0.0031	0.0090	0.0212	0.0425	0.0746	0.1172
	8	0.0000	0.0000	0.0001	0.0004	0.0014	0.0043	0.0106	0.0229	0.0439
	9	0.0000	0.0000	0.0000	0.0000	0.0001	0.0005	0.0016	0.0042	0.0098
	10	0.0000	0.0000	0.0000	0.0000	0.0000	0.0000	0.0001	0.0003	0.0010
12	0	0.2824	0.1422	0.0687	0.0317	0.0138	0.0057	0.0022	0.0008	0.0002
	1	0.3766	0.3012	0.2062	0.1267	0.0712	0.0368	0.0174	0.0075	0.0029
	2	0.2301	0.2924	0.2835	0.2323	0.1678	0.1088	0.0639	0.0339	0.0161
	3	0.0852	0.1720	0.2362	0.2581	0.2397	0.1954	0.1419	0.0923	0.0537
	4	0.0213	0.0683	0.1329	0.1936	0.2311	0.2367	0.2128	0.1700	0.1208

n	x	p								
		0.1	0.15	0.2	0.25	0.3	0.35	0.4	0.45	0.5
	5	0.0038	0.0193	0.0532	0.1032	0.1585	0.2039	0.2270	0.2225	0.1934
	6	0.0005	0.0040	0.0155	0.0401	0.0792	0.1281	0.1766	0.2124	0.2256
	7	0.0000	0.0006	0.0033	0.0115	0.0291	0.0591	0.1009	0.1489	0.1934
	8	0.0000	0.0001	0.0005	0.0024	0.0078	0.0199	0.0420	0.0762	0.1208
	9	0.0000	0.0000	0.0001	0.0004	0.0015	0.0048	0.0125	0.0277	0.0537
	10	0.0000	0.0000	0.0000	0.0000	0.0002	0.0008	0.0025	0.0068	0.0161
	11	0.0000	0.0000	0.0000	0.0000	0.0000	0.0001	0.0003	0.0010	0.0029
	12	0.0000	0.0000	0.0000	0.0000	0.0000	0.0000	0.0000	0.0001	0.0002
15	0	0.2059	0.0874	0.0352	0.0134	0.0047	0.0016	0.0005	0.0001	0.0000
	1	0.3432	0.2312	0.1319	0.0668	0.0305	0.0126	0.0047	0.0016	0.0005
	2	0.2669	0.2856	0.2309	0.1559	0.0916	0.0476	0.0219	0.0090	0.0032
	3	0.1285	0.2184	0.2501	0.2252	0.1700	0.1110	0.0634	0.0318	0.0139
	4	0.0428	0.1156	0.1876	0.2252	0.2186	0.1792	0.1268	0.0780	0.0417
	5	0.0105	0.0449	0.1032	0.1651	0.2061	0.2123	0.1859	0.1404	0.0916
	6	0.0019	0.0132	0.0430	0.0917	0.1472	0.1906	0.2066	0.1914	0.1527
	7	0.0003	0.0030	0.0138	0.0393	0.0811	0.1319	0.1771	0.2013	0.1964
	8	0.0000	0.0005	0.0035	0.0131	0.0348	0.0710	0.1181	0.1647	0.1964
	9	0.0000	0.0001	0.0007	0.0034	0.0116	0.0298	0.0612	0.1048	0.1527
	10	0.0000	0.0000	0.0001	0.0007	0.0030	0.0096	0.0245	0.0515	0.0916
	11	0.0000	0.0000	0.0000	0.0001	0.0006	0.0024	0.0074	0.0191	0.0417
	12	0.0000	0.0000	0.0000	0.0000	0.0001	0.0004	0.0016	0.0052	0.0135
	13	0.0000	0.0000	0.0000	0.0000	0.0000	0.0001	0.0003	0.0010	0.0032
	14	0.0000	0.0000	0.0000	0.0000	0.0000	0.0000	0.0000	0.0001	0.0005
	15	0.0000	0.0000	0.0000	0.0000	0.0000	0.0000	0.0000	0.0000	0.0000

표 3. 정규분포표(z분포표)

Z	A	B	Z	A	B	Z	A	B
0.00	.0000	.5000	0.35	.1368	.3632	0.70	.2580	.2420
0.01	.0040	.4960	0.36	.1406	.3594	0.71	.2611	.2389
0.02	.0080	.4920	0.37	.1443	.3557	0.72	.2642	.2358
0.03	.0120	.4880	0.38	.1480	.3520	0.73	.2673	.2327
0.04	.0160	.4840	0.39	.1517	.3483	0.74	.2704	.2296
0.05	.0199	.4801	0.40	.1554	.3446	0.75	.2734	.2266
0.06	.0239	.4761	0.41	.1591	.3409	0.76	.2764	.2236
0.07	.0379	.4721	0.42	.1628	.3372	0.77	.2794	.2206
0.08	.0319	.4681	0.43	.1664	.3336	0.78	.2823	.2177
0.09	.0359	.4641	0.44	.1700	.3300	0.79	.2852	.2148
0.10	.0398	.4602	0.45	.1736	.3264	0.80	.2881	.2119
0.11	.0438	.4562	0.46	.1772	.3228	0.81	.2910	.2090
0.12	.0478	.4522	0.47	.1808	.3192	0.82	.2939	.2061
0.13	.0517	.4483	0.48	.1844	.3156	0.83	.2967	.2033
0.14	.0557	.4443	0.49	.1879	.3121	0.84	.2995	.2005
0.15	.0596	.4404	0.50	.1915	.3085	0.85	.3023	.1977
0.16	.0636	.4364	0.51	.1950	.3050	0.86	.3051	.1949
0.17	.0675	.4325	0.52	.1985	.3015	0.87	.3078	.1922
0.18	.0714	.4286	0.53	.2019	.2981	0.88	.3106	.1894
0.19	.0753	.4247	0.54	.2054	.2946	0.89	.3133	.1867
0.20	.0793	.4207	0.55	.2088	.2912	0.90	.3159	.1841
0.21	.0832	.4168	0.56	.2123	.2877	0.91	.3186	.1814
0.22	.0871	.4129	0.57	.2157	.2843	0.92	.3212	.1788
0.23	.0910	.4090	0.58	.2190	.2810	0.93	.3238	.1762
0.24	.0948	.4052	0.59	.2224	.2776	0.94	.3264	.1736
0.25	.0987	.4013	0.60	.2257	.2743	0.95	.3289	.1711
0.26	.1026	.3974	0.61	.2291	.2709	0.96	.3315	.1685
0.27	.1064	.3936	0.62	.2324	.2676	0.97	.3340	.1660
0.28	.1103	.3897	0.63	.2357	.2643	0.98	.3365	.1635
0.29	.1141	.3859	0.64	.2389	.2611	0.99	.3389	.1611
0.30	.1179	.3821	0.65	.2422	.2578	1.00	.3413	.1587
0.31	.1217	.3783	0.66	.2454	.2546	1.01	.3438	.1562

Z	A	B	Z	A	B	Z	A	B
0.32	.1255	.3745	0.67	.2486	.2514	1.02	.3461	.1539
0.33	.1293	.3707	0.68	.2517	.2483	1.03	.3485	.1515
0.34	.1331	.3669	0.69	.2549	.2451	1.04	.3508	.1492

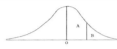

* 예를 들어, z값이 0.30인 경우 A의 면적(0≤z<0.3)은 전체 면적의 11.79%이고, B의 면적(z≥0.3)은 38.21%이다. 즉, A의 확률은 0.1179이고 B의 확률은 0.3821이다

Z	A	B	Z	A	B	Z	A	B
1.05	.3531	.1469	1.45	.4265	.0735	1.85	.4678	.0322
1.06	.3554	.1446	1.46	.4279	.0721	1.86	.4686	.0314
1.07	.3577	.1423	1.47	.4292	.0708	1.87	.4693	.0307
1.08	.3599	.1401	1.48	.4306	.0694	1.88	.4699	.0301
1.09	.3621	.1379	1.49	.4319	.0681	1.89	.4706	.0294
1.10	.3643	.1357	1.50	.4332	.0668	1.90	.4713	.0287
1.11	.3665	.1335	1.51	.4345	.0655	1.91	.4719	.0281
1.12	.3686	.1314	1.52	.4357	.0643	1.92	.4726	.0274
1.13	.3708	.1292	1.53	.4370	.0630	1.93	.4732	.0268
1.14	.3729	.1271	1.54	.4382	.0618	1.94	.4738	.0262
1.15	.3749	.1251	1.55	.4394	.0606	1.95	.4744	.0256
1.16	.3770	.1230	1.56	.4406	.0594	1.96	.4750	.0250
1.17	.3790	.1210	1.57	.4418	.0582	1.97	.4756	.0244
1.18	.3810	.1190	1.58	.4429	.0571	1.98	.4761	.0239
1.19	.3830	.1170	1.59	.4441	.0559	1.99	.4767	.0233
1.20	.3849	.1151	1.60	.4452	.0548	2.00	.4772	.0228
1.21	.3869	.1131	1.61	.4463	.0537	2.01	.4778	.0222
1.22	.3888	.1112	1.62	.4474	.0526	2.02	.4783	.0217
1.23	.3907	.1093	1.63	.4484	.0516	2.03	.4788	.0212
1.24	.3925	.1075	1.64	.4495	.0505	2.04	.4793	.0207
1.25	.3944	.1056	1.65	.4505	.0495	2.05	.4798	.0202
1.26	.3962	.1038	1.66	.4515	.0485	2.06	.4803	.0197
1.27	.3980	.1020	1.67	.4525	.0475	2.07	.4808	.0192
1.28	.3997	.1003	1.68	.4535	.0465	2.08	.4812	.0188
1.29	.4015	.0985	1.69	.4545	.0455	2.09	.4817	.0183
1.30	.4032	.0968	1.70	.4554	.0446	2.10	.4821	.0179
1.31	.4049	.0951	1.71	.4564	.0436	2.11	.4826	.0174

Z	A	B	Z	A	B	Z	A	B
1.32	.4066	.0934	1.72	.4573	.0427	2.12	.4830	.0170
1.33	.4082	.0918	1.73	.4582	.0418	2.13	.4834	.0166
1.34	.4099	.0901	1.74	.4591	.0409	2.14	.4838	.0162
1.35	.4115	.0885	1.75	.4599	.0401	2.15	.4842	.0158
1.36	.4131	.0869	1.76	.4608	.0392	2.16	.4846	.0154
1.37	.4147	.0853	1.77	.4616	.0384	2.17	.4850	.0150
1.38	.4162	.0838	1.78	.4625	.0375	2.18	.4854	.0146
1.39	.4177	.0823	1.79	.4633	.0367	2.19	.4857	.0143
1.40	.4192	.0808	1.80	.4641	.0359	2.20	.4861	.0139
1.41	.4207	.0793	1.81	.4649	.0351	2.21	.4864	.0136
1.42	.4222	.0778	1.82	.4656	.0344	2.22	.4868	.0132
1.43	.4236	.0764	1.83	.4664	.0336	2.23	.4871	.0129
1.44	.4251	.0749	1.84	.4671	.0329	2.24	.4875	.0125
2.25	4878	0122	2.62	4956	0044	2.99	4986	0014
2.26	4881	0119	2.63	4957	0043	3.00	4987	0013
2.27	4884	0116	2.64	4959	0041	3.01	4987	0013
2.28	4887	0113	2.65	4960	0040	3.02	4987	0013
2.29	4890	0110	2.66	4961	0039	3.03	4988	0012
2.30	4893	0107	2.67	4962	0038	3.04	4988	0012
2.31	4896	0104	2.68	4963	0037	3.05	4989	0011
2.32	4898	0102	2.69	4964	0036	3.06	4989	0011
2.33	4901	0099	2.70	4965	0035	3.07	4989	0011
2.34	4904	0096	2.71	4966	0034	3.08	4990	0010
2.35	4906	0094	2.72	4967	0033	3.09	4990	0100
2.36	4909	0091	2.73	4968	0032	3.10	4990	0010
2.37	4911	0089	2.74	4969	0031	3.11	4991	0009
2.38	4913	0087	2.75	4970	0030	3.12	4991	0009
2.39	4916	0084	2.76	4971	0029	3.13	4991	0009
2.40	4918	0082	2.77	4972	0028	3.14	4992	0008
2.41	4920	0080	2.78	4973	0027	3.15	4992	0008
2.42	4922	0078	2.79	4974	0026	3.16	4992	0008
2.43	4925	0075	2.80	4974	0026	3.17	4992	0008
2.44	4927	0073	2.81	4975	0025	3.18	4993	0007

Z	A	B	Z	A	B	Z	A	B
2.45	4929	0071	2.82	4976	0024	3.19	4993	0007
2.46	4931	0069	2.83	4977	0023	3.20	4993	0007
2.47	4932	0068	2.84	4977	0023	3.21	4993	0007
2.48	4934	0066	2.85	4978	0022	3.22	4994	0006
2.49	4936	0064	2.86	4979	0021	3.23	4994	0006
2.50	4938	0062	2.87	4979	0021	3.24	4994	0006
2.51	4940	0060	2.88	4980	0020	3.25	4994	0006
2.52	4941	0059	2.89	4981	0019	3.30	4995	0005
2.53	4943	0057	2.90	4981	0019	3.35	4996	0004
2.54	4945	0055	2.91	4982	0018	3.40	4997	0003
2.55	4946	0054	2.92	4982	0018	3.45	4997	0003
2.56	4948	0052	2.93	4983	0017	3.50	4998	0002
2.57	4949	0051	2.94	4984	0016	3.60	4998	0002
2.58	4951	0049	2.95	4984	0016	3.70	4999	0001
2.59	4952	0048	2.96	4985	0015	3.80	4999	0001
2.60	4953	0047	2.97	4985	0015	3.90	49995	00005
2.61	4955	0045	2.98	4986	0014	4.00	49997	00003

표 4. t 분포표

df	단측검정에서 유의수준(a)					
	10	05	025	01	005	0005
	양측검정에서 유의수준					
	20	10	05	02	01	001
1	3.078	6.314	12.706	31.821	36.357	636.619
2	1.886	2.920	4.303	6.965	9.925	31.598
3	1.638	2.353	3.182	4.541	5.841	12.941
4	1.533	2.132	2.776	3.747	4.604	8.610
5	1.476	2.015	2.571	3.365	4.032	6.859
6	1.440	1.943	2.447	3.143	3.707	5.959
7	1.415	1.895	2.365	2.998	3.499	5.405
8	1.397	1.860	2.306	2.896	3.355	5.041
9	1.383	1.833	2.262	2.821	3.250	4.781
10	1.372	1.812	2.228	2.764	3.169	4.587
11	1.363	1.796	2.201	2.718	3.106	4.437
12	1.356	1.782	2.179	2.681	3.055	4.318
13	1.350	1.771	2.160	2.650	3.012	4.221
14	1.345	1.761	2.145	2.624	2.977	4.140
15	1.341	1.753	2.131	2.602	2.947	4.073
16	1.337	1.746	2.120	2.583	2.921	4.015
17	1.333	1.740	2.110	2.567	2.898	3.965
18	1.330	1.734	2.101	2.552	2.878	3.922
19	1.328	1.729	2.093	2.539	2.861	3.883
20	1.325	1.725	2.086	2.528	2.845	3.850
21	1.323	1.721	2.080	2.518	2.831	3.819
22	1.321	1.717	2.074	2.508	2.819	3.792
23	1.319	1.714	2.069	2.500	2.807	3.767
24	1.318	1.711	2.064	2.492	2.797	3.745
25	1.316	1.708	2.060	2.485	2.787	3.725
26	1.315	1.706	2.056	2.479	2.779	3.707
27	1.314	1.703	2.052	2.473	2.771	3.690
28	1.313	1.701	2.048	2.467	2.763	3.674
29	1.311	1.699	2.045	2.462	2.756	3.659
30	1.310	1.697	2.042	2.457	2.750	3.646

df	단측검정에서 유의수준(a)					
	10	05	025	01	005	0005
	양측검정에서 유의수준					
	20	10	05	02	01	001
40	1.303	1.684	2.021	2.423	2.704	3.551
60	1.296	1.671	2.000	2.390	2.660	3.460
120	1.289	1.658	2.980	2.358	2.617	3.373
∞	1.282	1.654	2.960	2.326	2.576	3.291

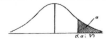

* 자유도 v와 유의수준 a에서 t값이다. 예를 들어, 자유도 10에서 유의수준이 0.05인 경우 t값은 1.812이다

표 5. F분포표

(상단의 값은 유의수준 0.05, 그리고 하단의 값은 유의수준 0.01에서의 기준치)

분자의 자유도

분모의 자유도		1	2	3	4	5	6	7	8	9	10	11	12	14	16	20	24	30	50	100	∞
1		161	200	216	225	230	234	237	239	241	242	243	244	245	246	248	249	250	252	253	254
		4,024	4,999	5,403	5,625	5,764	5,859	5,928	5,981	6,022	6,056	6,082	6,106	6,142	6,169	6,208	6,234	6,261	6,302	6,334	6,366
2		18.51	19.00	19.16	19.25	19.30	19.33	19.36	19.37	19.38	19.39	19.40	19.41	19.42	19.43	19.44	19.45	19.46	19.47	19.49	19.50
		98.49	99.00	99.17	99.25	99.30	99.33	99.36	99.37	99.39	99.40	99.41	99.42	99.43	99.44	99.45	99.46	99.47	99.48	99.49	99.50
3		10.13	9.55	9.28	9.12	9.01	8.94	8.88	8.84	8.81	8.78	8.76	8.74	8.71	8.69	8.66	8.64	8.62	8.58	8.56	8.53
		34.12	30.82	29.46	28.71	28.24	27.91	27.67	27.49	27.34	27.23	27.13	27.05	26.92	26.83	26.69	26.60	26.50	26.30	26.23	26.12
4		7.71	6.94	6.59	6.39	6.26	6.16	6.09	6.04	6.00	5.96	5.93	5.91	5.87	5.84	5.80	5.77	5.74	5.70	5.66	5.63
		21.20	18.00	16.69	15.98	15.52	15.21	14.98	14.80	14.66	14.54	14.45	14.37	14.24	14.15	14.02	13.93	13.83	13.69	13.57	13.46
5		6.61	5.79	5.41	5.19	5.05	4.95	4.88	4.82	4.78	4.74	4.70	4.68	4.64	4.60	4.56	4.53	4.50	4.44	4.40	4.36
		16.26	13.27	12.06	11.39	10.97	10.67	10.45	10.29	10.15	10.05	9.96	9.89	9.77	9.68	9.55	9.47	9.38	9.24	9.13	9.02
6		5.99	5.14	4.76	4.53	4.39	4.28	4.21	4.15	4.10	4.06	4.03	4.00	3.96	3.92	3.87	3.84	3.81	3.75	3.71	3.67
		13.74	10.92	9.78	9.15	8.75	8.47	8.26	8.10	7.98	7.87	7.79	7.72	7.60	7.52	7.39	7.31	7.23	7.09	6.99	6.88
7		5.59	4.74	4.35	4.12	3.97	3.87	3.79	3.73	3.68	3.63	3.60	3.57	3.52	3.49	3.44	3.41	3.38	3.32	3.18	3.23
		12.25	9.55	8.45	7.85	7.46	7.19	7.00	6.84	6.71	6.62	6.54	6.47	6.35	6.27	6.15	6.07	5.98	5.85	5.75	5.65
8		5.32	4.46	4.07	3.84	3.69	3.58	3.50	3.44	3.39	3.34	3.31	3.28	3.23	3.20	3.15	3.12	3.08	3.03	2.98	2.93
		11.26	8.65	7.59	7.01	6.63	6.37	6.19	6.03	5.91	5.82	5.74	5.67	5.56	5.48	5.36	5.28	5.20	5.06	4.96	4.86

(분 모 의 자 유 도)

분자의 자유도

분모의 자유도	1	2	3	4	5	6	7	8	9	10	11	12	14	16	20	24	30	50	100	∞
9	5.12	4.26	3.86	3.63	3.48	3.37	3.29	3.23	3.18	3.13	3.10	3.07	3.02	2.98	2.93	2.90	2.86	2.80	2.76	2.71
	10.56	8.02	6.99	6.42	6.06	5.80	5.62	5.47	5.35	5.26	5.18	5.11	5.00	4.92	4.80	4.73	4.64	4.51	4.41	4.31
10	4.96	4.10	3.71	3.48	3.33	3.22	3.14	3.07	3.02	2.97	2.97	2.94	2.91	2.86	2.77	2.74	2.70	2.64	2.59	2.54
	10.04	7.56	6.55	5.99	5.64	5.39	5.21	5.06	4.95	4.85	4.78	4.71	4.60	4.52	4.41	4.33	4.25	4.12	4.01	3.91
11	4.84	3.98	3.59	3.36	3.20	3.09	3.01	2.95	2.90	2.86	2.82	2.79	2.74	2.70	2.65	2.61	2.57	2.50	2.45	2.40
	9.65	7.20	6.22	5.67	5.32	5.07	4.88	4.74	4.63	4.54	4.46	4.40	4.29	4.21	4.10	4.02	3.94	3.80	3.70	3.60
12	4.75	3.88	3.49	3.26	3.11	3.00	2.92	2.85	2.80	2.76	2.72	2.69	2.64	2.60	2.54	2.50	2.46	2.40	2.35	2.30
	9.33	6.93	5.95	5.41	5.06	4.82	4.65	4.50	4.39	4.30	4.22	4.16	4.05	3.98	3.86	3.78	3.70	3.56	3.46	3.36
13	4.67	3.80	3.41	3.18	3.02	2.92	2.84	2.77	2.72	2.67	2.63	2.60	2.55	2.51	2.46	2.42	2.38	2.32	2.26	2.21
	9.07	6.70	5.74	5.20	4.86	4.62	4.44	4.30	4.19	4.10	4.02	3.96	3.85	3.78	3.67	3.59	3.51	3.37	3.27	3.16
14	4.60	3.74	3.34	3.11	2.96	2.85	2.77	2.70	2.65	2.60	2.56	2.53	2.48	2.44	2.39	2.35	2.31	2.24	2.19	2.13
	8.86	6.51	5.56	5.03	4.69	4.46	4.28	4.14	4.03	3.94	3.86	3.80	3.70	3.62	3.51	3.43	3.34	3.21	3.11	3.00
15	4.54	3.68	3.29	3.06	2.90	2.79	2.70	2.64	2.59	2.55	2.51	2.48	2.43	2.39	2.33	2.29	2.25	2.18	2.12	2.07
	8.68	6.36	5.42	4.89	4.56	4.32	4.14	4.00	3.89	3.80	3.73	3.67	3.56	3.48	3.36	3.29	3.20	3.07	2.97	2.87
16	4.49	3.63	3.24	3.01	2.85	2.74	2.66	2.59	2.54	2.49	2.45	2.42	2.37	2.33	2.28	2.24	2.20	2.13	2.07	2.01
	8.53	6.23	5.29	4.77	4.44	4.20	4.03	3.89	3.78	3.69	3.61	3.55	3.45	3.37	3.25	3.18	3.10	2.96	2.86	2.75
17	4.45	3.59	3.20	2.96	2.81	2.70	2.62	2.55	2.50	2.45	2.41	2.38	2.33	2.99	2.23	2.19	2.15	2.08	2.02	1.96
	8.40	6.11	5.18	4.67	4.34	4.10	3.93	3.79	3.68	3.59	3.52	3.45	3.35	3.27	3.16	3.08	3.00	2.86	2.76	2.65

분모의 자유도

분자의 자유도

분모의 자유도	1	2	3	4	5	6	7	8	9	10	11	12	14	16	20	24	30	50	100	∞
18	4.41	3.55	3.16	2.93	2.77	2.66	2.58	2.51	2.46	2.41	2.37	2.34	2.29	2.25	2.19	2.15	5.44	2.04	1.98	1.92
	8.28	6.01	5.09	4.58	4.25	4.01	3.85	3.71	3.60	3.51	3.44	3.37	3.27	3.19	3.07	3.00	2.91	2.78	2.68	2.57
19	4.38	3.52	3.03	2.90	2.74	2.63	2.55	2.48	2.43	2.38	2.34	2.31	2.26	2.21	2.15	2.11	2.07	2.00	1.94	1.88
	8.18	5.93	5.01	4.50	4.17	3.91	3.77	3.63	3.52	3.43	3.36	3.30	3.19	3.12	3.00	2.92	2.84	2.70	2.60	2.49
20	4.35	3.49	3.10	2.87	2.71	2.60	2.52	2.45	2.40	2.35	2.31	2.28	2.23	2.18	2.12	2.08	2.04	1.96	1.90	1.84
	8.10	5.85	4.94	4.43	4.10	3.87	3.71	3.56	3.45	3.37	3.30	3.23	3.13	3.05	2.94	2.86	2.77	2.63	2.53	2.42
21	4.32	3.47	3.07	2.84	2.68	2.57	2.49	2.42	2.37	2.32	2.28	2.25	2.20	2.15	2.09	2.05	2.00	1.93	1.87	1.81
	8.02	5.78	4.87	4.37	4.04	3.81	3.65	3.51	3.40	3.31	3.24	3.17	3.07	2.99	2.88	2.80	2.72	2.58	2.47	2.36
22	4.30	3.44	3.05	2.82	2.66	2.55	2.47	2.40	2.35	2.30	2.26	2.23	2.18	2.13	2.07	2.03	1.98	1.91	1.84	1.78
	7.94	5.72	4.82	4.31	3.99	3.76	3.59	3.45	3.35	3.26	3.18	3.12	3.02	2.94	2.83	2.75	2.67	2.53	2.42	2.31
23	4.28	3.42	3.03	2.80	2.64	2.53	2.45	2.38	2.32	2.28	2.24	2.20	2.14	2.10	2.04	2.00	1.96	1.88	1.82	1.76
	7.88	5.66	4.76	4.26	3.94	3.71	3.54	3.41	3.30	3.21	3.14	3.07	2.97	2.89	2.78	2.70	2.62	2.48	2.37	2.26
24	4.46	3.40	3.01	2.78	2.62	2.31	2.43	2.36	2.30	2.26	2.22	2.18	2.13	2.09	2.02	1.98	1.94	1.86	1.80	1.73
	7.82	5.61	4.72	4.22	3.90	3.67	3.50	3.36	3.25	3.17	3.09	3.03	2.93	2.85	2.74	2.66	2.58	2.44	2.33	2.21
25	4.24	3.38	2.99	2.76	2.60	2.49	2.41	2.34	2.28	2.24	2.20	2.16	2.11	2.06	2.00	1.96	1.92	1.84	1.77	1.71
	7.77	5.57	4.68	4.18	3.86	3.63	3.36	3.32	3.21	3.23	3.05	2.99	2.89	2.81	2.70	2.62	2.54	2.40	2.29	2.17
26	4.22	3.37	2.98	2.74	2.59	2.47	2.39	2.32	2.27	2.22	2.18	2.15	2.10	2.05	1.99	1.95	1.90	1.82	1.76	1.69
	7.72	5.53	4.64	4.14	3.82	3.59	3.42	3.29	3.17	3.09	3.02	2.96	2.86	2.77	2.66	2.58	2.50	3.36	2.25	2.13

분모의 자유도

분자의 자유도

분모의 자유도	1	2	3	4	5	6	7	8	9	10	11	12	14	16	20	24	30	50	100	∞
27	4.21	3.35	2.96	2.73	2.57	2.46	2.37	2.30	2.25	2.20	2.16	2.13	2.08	2.03	1.97	1.93	1.88	1.80	1.74	1.67
	7.68	5.49	4.60	4.11	3.79	3.56	3.39	3.26	3.14	3.06	2.98	2.93	2.83	2.74	2.63	2.55	2.47	2.33	2.21	2.10
28	4.20	3.34	2.95	2.71	2.56	2.44	2.36	2.29	2.24	2.19	2.15	2.12	2.06	2.02	1.96	1.91	1.87	1.78	1.72	1.65
	7.64	5.45	4.57	4.07	3.76	3.53	3.36	3.23	3.11	3.03	2.95	2.90	2.80	2.71	2.60	2.52	2.44	2.30	2.18	2.06
29	4.18	3.33	2.93	2.70	2.54	2.43	2.35	2.28	2.22	2.18	2.14	2.10	2.05	2.00	1.94	1.90	1.85	1.77	1.71	1.64
	7.60	5.42	4.54	4.04	3.73	3.50	3.33	3.20	3.08	3.00	2.92	2.87	2.77	2.68	2.57	2.49	2.41	2.27	2.15	2.03
30	4.17	3.32	2.92	2.69	2.53	2.42	2.34	2.27	2.21	2.16	2.12	2.09	2.04	1.99	1.93	1.89	1.84	1.76	1.69	1.62
	7.56	5.39	4.51	4.02	3.70	3.47	3.30	3.17	3.06	2.98	2.90	2.84	2.74	2.66	2.55	2.47	2.38	2.24	2.13	2.01
32	4.15	3.30	2.90	2.67	2.51	2.40	2.32	2.25	2.19	2.14	2.10	2.07	2.02	1.97	1.91	1.86	1.82	1.74	1.67	1.59
	7.50	5.34	4.46	3.97	3.66	3.42	3.25	3.12	3.01	2.94	2.86	2.80	2.70	2.62	2.51	2.42	2.34	2.20	2.08	1.96
34	4.13	3.28	2.88	2.65	2.49	2.38	2.30	2.23	2.17	2.12	2.08	2.05	2.00	1.95	1.89	1.84	1.80	1.71	1.64	1.57
	7.44	5.29	4.42	3.93	3.61	3.38	3.21	3.08	2.97	2.89	2.82	2.76	2.66	2.58	2.47	2.38	2.30	2.15	2.04	1.91
36	4.11	3.26	2.86	2.63	2.48	2.36	2.28	2.21	2.15	2.10	2.06	2.03	1.98	1.93	1.87	1.82	1.78	1.69	1.62	1.55
	7.39	5.25	4.38	3.89	3.58	3.35	3.18	3.04	2.94	2.86	2.78	2.72	2.62	2.54	2.43	2.35	2.26	2.12	2.00	1.87
38	4.10	3.25	2.85	2.62	2.46	2.35	2.26	2.19	2.14	2.09	2.05	2.02	1.96	1.92	1.85	1.80	1.76	1.67	1.60	1.53
	7.35	5.21	4.34	3.86	3.54	3.32	3.15	3.02	2.91	2.82	2.75	2.69	2.59	2.51	2.40	2.32	2.22	2.08	1.97	1.84
40	4.08	3.23	2.84	2.61	2.45	2.34	2.25	2.18	2.12	2.07	2.04	2.00	1.95	1.90	1.84	1.79	1.74	1.66	1.59	1.51
	7.31	5.18	4.31	3.83	3.51	3.29	3.12	2.99	2.88	2.80	2.73	2.66	2.56	2.49	2.37	2.29	2.20	2.05	1.94	1.81

분모의 자유도

분자의 자유도

분모의 자유도	1	2	3	4	5	6	7	8	9	10	11	12	14	16	20	24	30	50	100	∞
42	4.07	3.22	2.83	2.59	2.44	2.32	2.24	2.17	2.11	2.06	2.02	1.99	1.94	1.89	1.82	1.78	1.73	1.64	1.57	1.49
	7.27	5.15	4.29	3.80	3.49	3.26	3.10	2.96	2.86	2.77	2.70	2.64	2.54	2.46	2.35	2.26	2.27	2.02	1.91	1.79
44	4.06	3.21	2.82	2.58	2.43	2.31	2.23	2.16	2.10	2.05	2.01	1.98	1.92	1.88	1.81	1.76	1.72	1.63	1.56	1.48
	7.24	5.12	4.26	3.78	3.46	3.24	3.07	2.94	2.84	2.75	2.68	2.62	2.52	2.44	2.32	2.24	2.15	2.00	1.88	1.75
46	4.05	3.20	2.81	2.57	2.42	2.30	2.22	2.14	2.09	2.04	2.00	1.97	1.91	1.87	1.80	1.75	1.71	1.62	1.54	1.46
	7.21	5.10	4.24	3.76	3.44	3.22	3.05	2.92	2.82	2.73	2.66	2.60	2.50	2.42	2.30	2.22	2.13	1.98	1.86	1.72
48	4.04	3.19	2.80	2.56	2.41	2.30	2.21	2.14	2.08	2.03	1.99	1.96	1.90	1.86	1.79	1.74	1.70	1.61	1.53	1.45
	7.19	5.08	4.22	3.74	3.42	3.20	3.04	2.90	2.80	2.71	2.64	2.58	2.48	2.40	2.28	2.20	2.11	1.96	1.84	1.70
50	4.03	3.18	2.79	2.56	2.41	2.29	2.20	2.13	2.07	2.03	1.98	1.95	1.90	1.85	1.78	1.74	1.69	1.60	1.52	1.44
	7.17	5.06	4.20	3.72	3.41	3.18	3.02	2.88	2.78	2.70	2.62	2.56	2.46	2.39	2.26	2.18	2.10	1.94	1.82	1.68
55	4.02	3.17	2.78	2.54	2.38	2.27	2.18	2.11	2.05	2.00	1.97	1.93	1.88	1.83	1.76	1.72	1.67	1.58	1.50	1.41
	7.12	5.01	4.16	3.68	3.37	3.15	2.98	2.85	2.75	2.66	2.59	2.53	2.43	2.35	2.23	2.15	2.06	1.90	1.78	1.64
60	4.00	3.15	2.76	2.52	2.37	2.25	2.17	2.10	2.04	1.99	1.95	1.92	1.86	1.81	1.75	1.70	1.65	1.56	1.48	1.39
	7.08	4.98	4.13	3.65	3.34	3.12	2.95	2.82	2.72	2.63	2.56	2.50	2.40	2.32	2.20	2.12	2.03	1.87	1.74	1.60
65	3.99	3.14	2.75	2.51	2.36	2.24	2.15	2.08	2.02	1.98	1.94	1.90	1.85	1.80	1.73	1.68	1.63	1.54	1.46	1.37
	7.04	4.95	4.10	3.62	3.31	3.09	2.93	2.79	2.70	2.61	2.54	2.47	2.37	2.30	2.18	2.09	2.00	1.85	1.71	1.56
70	3.98	3.13	2.74	2.50	2.35	2.23	2.14	2.07	2.01	1.97	1.93	1.89	1.84	1.79	1.72	1.67	1.62	1.53	1.45	1.35
	7.01	4.92	4.08	3.60	3.29	3.07	2.91	2.77	2.67	2.59	2.51	2.45	2.35	2.28	2.15	2.07	1.98	1.82	1.69	1.53

분자의 자유도

분모의 자유도	1	2	3	4	5	6	7	8	9	10	11	12	14	16	20	24	30	50	100	∞
80	3.96	3.11	2.72	2.48	2.33	2.21	2.12	2.05	1.99	1.95	1.91	1.88	1.82	1.77	1.70	1.65	1.60	1.51	1.42	1.32
	6.96	4.88	4.04	3.56	3.25	3.04	2.87	2.74	2.64	2.55	2.48	2.41	2.32	2.24	2.11	2.03	1.94	1.78	1.65	1.49
100	3.94	3.09	2.70	2.46	2.30	2.19	2.10	2.03	1.97	1.92	1.88	1.85	1.79	1.75	1.68	1.63	1.57	1.48	1.39	1.28
	6.90	4.82	3.98	3.51	3.20	2.99	2.82	2.69	2.59	2.51	2.43	2.36	2.26	2.19	2.06	1.98	1.89	1.73	1.59	1.43
125	3.92	3.07	2.68	2.44	2.29	2.17	2.08	2.01	1.95	1.90	1.86	1.83	1.77	1.72	1.65	1.60	1.55	1.45	1.36	1.25
	6.84	4.78	3.94	3.47	3.17	2.95	2.79	2.65	2.56	2.47	2.40	2.33	2.23	2.15	2.03	1.94	1.85	1.68	1.54	1.37
150	3.91	3.06	2.67	2.43	2.27	2.16	2.07	2.00	1.94	1.89	1.85	1.82	1.76	1.72	1.64	1.59	1.54	1.44	1.34	1.22
	6.81	4.75	3.91	3.44	3.14	2.92	2.76	2.62	2.53	2.44	2.37	2.30	2.20	2.12	2.00	1.91	1.83	1.66	1.51	1.33
200	3.89	3.04	2.65	2.41	2.26	2.14	2.05	1.98	1.92	1.87	1.83	1.80	1.74	1.69	1.62	1.57	1.52	1.42	1.32	1.19
	6.76	4.71	3.88	3.41	3.11	2.90	2.73	2.60	2.50	2.41	2.34	2.28	2.17	2.09	1.97	1.88	1.79	1.62	1.48	1.23
400	3.86	3.02	2.62	2.39	2.23	2.12	2.03	1.96	1.90	1.85	1.81	1.78	1.72	1.67	1.60	1.54	1.49	1.38	1.28	1.13
	6.70	4.66	3.83	3.36	3.06	2.85	2.69	2.55	2.46	2.37	2.29	2.23	2.12	2.04	1.92	1.84	1.74	1.57	1.42	1.19
1000	3.85	3.00	2.61	2.38	2.22	2.10	2.02	1.95	1.89	1.84	1.80	1.76	1.70	1.65	1.58	1.53	1.47	1.36	1.26	1.08
	6.66	4.62	3.80	3.34	3.04	2.82	2.66	2.53	2.43	2.34	2.26	2.20	2.09	2.01	1.89	1.81	1.71	1.54	1.38	1.11
∞	3.84	2.99	2.60	2.37	2.21	2.09	2.01	1.94	1.88	1.83	1.79	1.75	1.69	1.64	1.57	1.52	1.46	1.35	1.24	1.00
	6.64	4.60	3.78	3.32	3.02	2.80	2.64	2.51	2.41	2.32	2.34	2.18	2.07	1.99	1.87	1.79	1.69	1.52	1.36	1.00

분모의 자유도

표 6. x^2분포도

DF	유의수준(α)							
V	.99	.975	.95	.90	.10	.05	.025	.01
1	0.000157	0.000982	0.00393	0.0158	2.706	3.841	5.024	6.635
2	0.02010	0.05064	0.1026	0.2107	4.605	5.991	7.378	9.210
3	0.1148	0.2158	0.3518	0.5844	6.251	7.815	9.384	11.34
4	0.2971	0.4844	0.7107	1.065	7.779	9.488	11.14	13.28
5	0.5543	0.8312	1.145	1.161	9.236	11.07	12.83	15.09
6	0.8721	1.237	1.635	2.204	10.64	12.59	14.45	16.81
7	1.239	1.690	2.167	2.833	12.02	14.07	16.01	18.48
8	1.646	2.180	2.733	3.490	13.36	15.51	17.53	20.09
9	2.088	2.700	3.325	4.168	14.68	16.92	19.02	21.67
10	2.558	3.247	3.940	4.865	15.99	18.31	20.48	23.21
11	3.053	3.816	4.575	5.578	17.28	19.68	21.92	24.72
12	3.571	4.404	5.226	6.303	18.55	21.03	23.34	26.22
13	4.107	5.009	5.892	7.042	19.81	22.36	24.74	27.69
14	4.660	5.629	6.571	7.790	21.06	23.68	26.12	29.14
15	5.229	6.262	7.261	8.547	22.31	25.00	27.49	30.58
16	5.812	6.910	7.962	9.312	23.54	26.30	28.84	32.00
17	6.408	7.564	8.672	10.08	24.77	27.59	30.19	33.41
18	7.015	8.231	9.390	10.86	25.99	28.87	31.53	34.80
19	7.633	8.906	10.12	11.65	27.20	30.14	32.85	36.19
20	8.260	9.591	10.85	12.44	28.41	31.41	34.17	37.57
21	8.897	10.28	11.59	13.24	29.62	32.67	35.48	38.93
22	9.542	10.98	12.34	14.04	30.81	33.92	36.78	40.29
23	10.20	11.69	13.03	14.85	32.01	35.17	38.08	41.64
24	10.86	12.40	13.85	15.66	33.20	36.42	39.36	42.98
25	11.52	13.12	14.61	16.47	34.38	37.65	40.65	44.31
26	12.20	13.84	15.38	17.29	35.56	38.88	41.92	45.64
27	12.88	14.57	16.15	18.11	36.74	40.11	43.19	46.96
28	13.56	15.31	16.93	18.94	37.92	41.34	44.46	48.28
29	14.26	16.05	17.71	19.77	39.09	42.56	45.72	49.59
30	14.95	16.79	18.49	20.60	40.26	43.77	46.98	50.89
40	22.16	24.44	26.51	29.05	51.89	55.76	59.34	63.69
60	37.48	40.48	43.19	46.46	74.49	79.08	83.30	88.38
80	53.54	57.15	60.39	64.28	96.58	101.9	106.6	112.3
100	70.06	74.22	77.93	82.36	118.5	124.3	129.6	135.8
120	86.92	91.57	95.70	100.6	140.2	146.6	152.2	159.0
150	112.7	118.0	122.7	128.3	172.6	179.6	185.8	193.2
200	156.4	162.7	168.3	174.8	226.0	234.0	241.1	249.4

DF	유의수준(α)							
V	.99	.975	.95	.90	.10	.05	.025	.01
	0.01	0.025	0.05	0.10	0.10	0.05	0.025	0.01
	Area in Left Tail				Area in Right Tail			

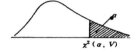

$x^2(\alpha, V)$

* 자유도 V와 유의수준 α에서 x^2값이다. 예를 들어, 자유도 21에서 α가 0.05인 경우의 x^2값은 32.67이고, 0.01인 경우의 x^2값은 38.39이다.

표 7. Pearson r의 분포도

$df=N-2$	단측검정에서 유의수준				
	.05	0.25	.01	.005	.0005
	양측검정에서 유의수준				
	.10	.05	.02	.01	.001
1	.9877	.9969	.9995	.9999	1.0000
2	.9000	.9500	.9800	.9900	.9990
3	.8054	.8783	.9343	.9587	.9912
4	.7293	.8114	.8822	.9172	.9741
5	.6694	.7545	.8329	.8745	.9507
6	.6215	.7067	.7887	.8343	.9249
7	.5822	.6664	.7498	.7977	.8982
8	.5494	.6319	.7155	.7646	.8721
9	.5214	.6021	.6851	.7348	.8471
10	.4973	.5760	.6581	.7079	.8233
11	.4762	.5529	.6339	.6835	.8010
12	.4575	.5324	.6120	.6614	.7800
13	.4409	.5139	.5923	.6411	.7603
14	.4259	.4973	.5742	.6226	.7420
15	.4124	.4821	.5577	.6055	.7246
16	.4000	.4683	.5425	.5897	.7084
17	.3887	.4555	.5285	.5751	.6932
18	.3783	.4438	.5155	.5614	.6787
19	.3687	.4329	.5034	.5487	.6652
20	.3598	.4227	.4921	.5368	.6524
25	.3233	.3809	.4451	.4869	.5974
30	.2960	.3494	.4093	.4487	.5541
35	.2746	.3246	.3810	.4182	.5189
40	.2573	.3044	.3578	.3932	.4896
45	.2428	.2875	.3384	.3721	.4648
50	.2306	.2732	.3218	.3541	.4433
60	.2108	.2500	.2948	.3248	.4078
70	.1954	.2319	.2737	.3017	.3799
80	.1829	.2172	.2565	.2830	.3568

$df=N-2$	단측검정에서 유의수준				
	.05	0.25	.01	.005	.0005
	양측검정에서 유의수준				
	.10	.05	.02	.01	.001
90	.1726	.2050	.2422	.2673	.3375
100	.1638	.1946	.2301	.2540	.3211

* 만약 검정 통계치 r이 특정 유의수준과 자유도에서 임계치보다 크거나 같으면 영가설(H_0)을 기각한다.

표 8. Spearman ρ 검정표

N	단측검정에서 유의수준			
	.05	.025	.005	.005
	양측검정에서 유의수준			
	.10	.05	.02	.002
5	.900	1.000		
6	.829	.886	1.000	
7	.715	.786	.929	1.000
8	.620	.715	.881	.953
9	.600	.700	.834	.917
10	.564	.649	.794	.879
11	.537	.619	.764	.855
12	.504	.588	.735	.826
13	.484	.561	.704	.797
14	.464	.539	.680	.772
15	.447	.522	.658	.750
16	.430	.503	.636	.730
17	.415	.488	.618	.711
18	.402	.474	.600	.693
19	.392	.460	.585	.676
20	.381	.447	.570	.661
21	.371	.437	.556	.647
22	.361	.426	.544	.633
23	.353	.417	.532	.620
24	.345	.407	.521	.608
25	.337	.399	.511	.597
26	.331	.391	.501	.587
27	.325	.383	.493	.577
28	.319	.376	.484	.567
29	.312	.369	.475	.558
30	.307	.363	.467	.549

* 검정 통계치가 표의 임계치보다 크거나 같으면 영가설(H_0)을 기각한다.

표 9. Q 분포도

MS_w 의 자유도	α	K = 비교거리								
		2	3	4	5	6	7	8	9	10
1	0.05	18.0	27.0	32.8	37.1	40.4	43.1	45.4	47.4	49.1
	0.01	90.0	135	164	186	202	216	227	237	246
2	0.05	6.09	8.3	9.8	10.9	11.7	12.4	13.0	13.5	14.0
	0.01	14.0	19.0	22.3	24.7	26.6	28.2	29.5	30.7	31.7
3	0.05	4.50	5.91	6.82	7.50	8.04	8.48	8.85	9.18	9.46
	0.01	8.26	10.6	12.2	13.3	14.2	15.0	15.6	16.2	16.7
4	0.05	3.93	5.04	5.76	6.29	6.71	7.05	7.35	7.60	7.83
	0.01	6.51	8.12	9.17	9.96	10.6	11.1	11.5	11.9	12.3
5	0.05	3.64	4.60	5.22	5.67	6.03	6.33	6.58	6.80	6.99
	0.01	5.70	6.97	7.80	8.42	8.91	9.32	9.67	9.97	10.2
6	0.05	3.46	4.34	4.90	5.31	5.63	5.89	6.12	6.32	6.49
	0.01	5.24	6.33	7.03	7.56	7.97	8.32	8.61	8.87	9.10
7	0.05	3.34	4.16	4.69	5.06	5.36	5.61	5.82	6.00	6.16
	0.01	4.95	5.92	6.54	7.01	7.37	7.68	7.94	8.17	8.37
8	0.05	3.26	4.04	4.53	4.89	5.17	5.40	5.60	5.77	5.92
	0.01	4.74	5.63	6.20	6.63	6.96	7.24	7.47	7.68	7.87
9	0.05	3.20	3.95	4.42	4.76	5.02	5.24	5.43	5.60	5.74
	0.01	4.60	5.43	5.96	6.35	6.66	6.91	7.13	7.32	7.49
10	0.05	3.15	3.88	4.33	4.65	4.91	5.12	5.30	5.46	5.60
	0.01	4.48	5.27	5.77	6.14	6.43	6.67	6.87	7.05	7.21
11	0.05	3.11	3.82	4.26	4.57	4.82	5.03	5.20	5.35	5.49
	0.01	4.39	5.14	5.62	5.97	6.25	6.48	6.67	6.84	6.99
12	0.05	3.08	3.77	4.20	4.51	4.75	4.95	5.12	5.27	5.40
	0.01	4.32	5.04	5.50	5.84	6.10	6.32	6.51	6.67	6.81
13	0.05	3.06	3.73	4.15	4.45	4.69	4.88	5.05	5.19	5.32
	0.01	4.26	4.96	5.40	5.73	5.98	6.19	6.37	6.53	6.67
14	0.05	3.03	3.70	4.11	4.41	4.64	4.83	4.99	5.13	5.25
	0.01	4.21	4.89	5.32	5.63	5.88	6.08	6.26	6.41	6.54

MS_w 의 자유도	α	κ =비교거리								
		2	3	4	5	6	7	8	9	10
16	0.05	3.00	3.65	4.05	4.33	4.56	4.74	4.90	5.03	5.15
	0.01	4.13	4.78	5.19	5.49	5.72	5.92	6.08	6.22	6.35
18	0.05	2.97	3.61	4.00	4.28	4.49	4.67	4.82	4.96	5.07
	0.01	4.07	4.70	5.09	5.38	5.60	5.79	5.94	6.08	6.20
20	0.05	2.95	3.58	3.96	4.23	4.45	4.62	4.77	4.90	5.01
	0.01	4.02	4.64	5.02	5.29	5.51	5.69	5.84	5.97	6.09
24	0.05	2.92	3.53	3.90	4.17	4.37	4.54	4.68	4.81	4.92
	0.01	3.96	4.54	4.91	5.17	5.37	5.54	5.69	5.81	5.92
30	0.05	2.89	3.49	3.84	4.10	4.30	4.46	4.60	4.72	4.83
	0.01	3.89	4.45	4.80	5.05	5.24	5.40	5.54	5.56	5.76
40	0.05	2.86	3.44	3.79	4.04	4.23	4.39	4.52	4.63	4.74
	0.01	3.82	4.37	4.70	4.93	5.11	5.27	5.39	5.50	5.60
60	0.05	2.83	3.40	3.74	3.98	4.16	4.31	4.44	4.55	4.65
	0.01	3.76	4.28	4.60	4.82	4.99	5.13	5.25	5.36	5.45
200	0.05	2.80	3.36	3.69	3.92	4.10	4.24	4.36	4.48	4.56
	0.01	3.70	4.20	4.50	4.71	4.87	5.01	5.12	5.21	5.30
∞	0.05	2.77	3.31	3.63	3.86	4.03	4.17	4.29	4.39	4.47
	0.01	3.64	4.12	4.40	4.60	4.76	4.88	4.99	5.08	5.16

표 10. *Mann*-*Whitney* *U* 검정표

$n_a n_b$	1	2	3	4	5	6	7	8	9	10	11	12	13	14	15	16	17	18	19	20
1	–	–	–	–	–	–	–	–	–	–	–	–	–	–	–	–	–	–	–	–
2	–	–	–	–	–	–	–	–	–	–	–	–	0	0	0	0	0	0	1	1
													26	28	30	32	34	36	37	39
3	–	–	–	–	–	–	0	0	1	1	1	2	2	2	3	3	4	4	4	5
							21	24	26	29	32	34	37	40	42	45	47	50	52	55
4	–	–	–	–	0	1	1	2	3	3	4	5	5	6	7	7	8	9	9	10
					20	23	27	30	33	37	40	43	47	50	53	57	60	63	67	70
5	–	–	–	0	1	2	3	4	5	6	7	8	9	10	11	12	13	14	15	16
				0	24	28	32	36	40	44	48	52	56	60	64	68	72	76	80	84
6	–	–	–	20	2	3	4	6	7	8	9	11	12	13	15	16	18	19	20	22
				1	28	33	38	42	47	52	57	61	66	71	75	80	84	89	94	93
7	–	–	0	23	3	4	6	7	9	11	12	14	16	17	19	21	23	24	26	28
			21	1	32	38	43	49	54	59	65	70	75	81	86	91	96	102	107	112
8	–	–	0	27	4	6	7	9	11	13	15	17	20	22	24	26	28	30	32	34
			24	2	36	42	49	55	61	67	73	79	84	90	96	102	108	114	120	126
9	–	–	1	30	5	7	9	11	14	16	18	21	23	26	28	31	33	36	38	40
			26	3	40	47	54	61	67	74	81	87	94	100	107	113	120	126	133	140
10	–	–	1	33	6	8	11	13	16	19	22	24	27	30	33	36	38	41	44	47
			29	3	44	52	59	67	74	81	88	26	103	110	117	124	132	139	146	153
11	–	–	1	37	7	9	12	15	18	22	25	28	31	34	37	41	44	47	50	53
			32	4	48	57	65	73	81	88	96	104	112	120	128	135	133	151	159	167
12	–	–	2	40	8	11	14	17	21	24	28	31	35	38	42	46	49	53	56	60
			34	5	52	61	70	79	87	96	104	113	121	130	138	146	155	163	172	180
13	–	0	2	43	9	12	16	20	23	27	31	35	39	43	47	51	55	59	63	67
		26	37	5	56	66	75	84	94	103	112	121	130	139	148	157	166	175	184	193
14	–	0	2	47	10	13	17	22	26	30	34	38	143	47	51	56	60	65	69	73
		28	40	6	60	71	81	90	100	110	120	130	139	149	159	168	178	187	197	207
15	–	0	3	57	11	15	19	94	28	33	37	42	47	51	56	61	66	70	75	80
		30	42	53	64	75	86	96	107	117	128	138	148	159	169	179	189	200	210	220
16	–	0	3	7	12	16	21	26	31	36	41	46	51	56	61	66	71	76	82	87
		32	45	57	68	80	91	102	113	124	135	146	157	168	179	190	201	212	222	233
17	–	0	4	8	13	18	23	28	33	38	44	49	55	60	66	71	77	82	88	93
		34	47	60	72	84	96	108	120	132	143	155	166	178	189	201	212	224	234	247
18	–	0	4	9	14	19	24	30	36	41	47	53	59	65	70	76	82	88	94	100
		36	50	63	76	89	102	114	126	139	151	163	175	187	200	212	224	236	248	260
19	–	1	4	9	15	20	26	32	38	44	50	56	53	69	75	82	88	94	101	107
		37	53	67	80	94	107	120	133	146	159	172	184	197	210	222	235	248	260	273

$n_a n_b$	1	2	3	4	5	6	7	8	9	10	11	12	13	14	15	16	17	18	19	20
20	–	1	5	10	16	22	28	34	40	47	53	60	67	73	80	87	93	100	107	114
		39	55	70	84	98	112	126	140	153	167	180	193	207	220	233	247	260	273	286

$n_a n_b$	1	2	3	4	5	6	7	8	9	10	11	12	13	14	15	16	17	18	19	20
1	–	–	–	–	–	–	–	–	–	–	–	–	–	–	–	–	–	–	0	0
																			19	20
2	–	–	–	–	0	0	0	1	1	1	1	2	2	2	3	3	3	4	4	4
					10	12	14	15	17	19	21	22	24	26	27	29	31	32	34	36
3	–	–	0	0	1	2	2	3	3	4	5	5	6	7	7	8	9	9	10	11
			9	12	14	16	19	21	24	26	28	31	33	35	38	40	42	45	47	49
4	–	–	0	1	2	3	4	5	6	7	8	9	10	11	12	14	15	16	17	18
			12	15	18	21	24	27	30	33	36	39	42	45	48	50	53	56	59	62
5	–	0	1	2	4	5	6	8	9	11	12	13	15	16	18	19	20	22	23	25
		10	14	18	21	25	29	32	36	39	43	47	50	54	57	61	65	68	72	75
6	–	0	2	3	5	7	8	10	12	14	16	17	19	21	23	25	26	28	30	32
		12	16	21	25	29	34	38	42	46	50	55	59	63	67	71	76	80	84	88
7	–	1	2	4	6	8	11	13	15	17	19	21	24	26	28	30	33	35	37	39
		14	19	24	29	34	38	43	48	53	58	63	67	72	77	82	86	91	96	101
8	–	1	3	5	8	10	13	15	18	20	23	26	28	31	33	36	39	41	44	47
		15	21	27	32	38	43	49	54	60	65	70	76	81	87	92	97	103	108	113
9	–	1	3	6	9	12	15	18	21	24	27	30	33	36	39	42	45	48	51	54
		17	24	30	36	42	48	54	60	66	72	78	84	90	96	102	108	114	120	126
10	–	1	4	7	11	14	17	20	24	27	31	34	37	41	44	48	51	55	58	62
		19	26	33	39	46	53	60	66	73	79	86	93	99	106	112	119	125	132	138
11	–	1	5	8	12	16	19	23	27	64	34	38	42	46	50	54	57	61	65	69
		21	28	36	43	50	58	65	72	79	87	94	101	108	115	122	130	137	144	151
12	–	2	5	9	13	17	21	26	30	34	38	42	47	51	55	60	64	68	72	77
		22	31	39	47	55	63	70	78	86	94	102	109	117	125	132	140	148	156	163
13	–	2	6	10	15	19	24	28	33	37	42	47	51	56	61	65	70	75	80	81
		24	33	42	50	59	67	76	84	93	101	109	118	126	134	143	151	159	167	176
14	–	2	7	11	16	21	26	31	36	41	46	51	56	61	66	71	77	82	87	92
		26	35	45	54	63	72	81	90	99	108	117	126	135	144	153	161	170	179	188
15	–	3	7	12	18	23	28	33	39	44	50	55	61	66	72	77	83	88	94	100
		27	38	48	57	67	77	87	96	106	115	125	134	144	153	163	172	182	191	200
16	–	3	8	14	19	25	30	36	42	48	54	60	65	71	77	83	89	95	101	107
		29	40	50	61	71	82	92	102	112	122	132	143	153	163	173	183	193	203	213
17	–	3	9	15	20	26	33	39	45	51	57	64	70	77	83	89	96	102	109	115
		31	42	53	65	76	86	97	108	119	130	140	151	161	172	183	193	204	214	225
18	–	4	9	16	22	28	35	41	48	55	61	68	75	82	88	95	102	109	116	123
		32	45	56	68	80	91	103	114	123	137	148	159	170	182	193	204	215	226	237

n_a\n_b	1	2	3	4	5	6	7	8	9	10	11	12	13	14	15	16	17	18	19	20
19	–	4	10	17	23	30	37	43	51	58	65	72	80	87	94	101	109	116	123	130
		34	47	59	72	84	96	108	120	132	144	156	167	179	191	203	214	226	238	250
20	–	4	11	18	25	32	39	47	54	62	69	77	84	92	100	107	115	123	130	138
		36	49	62	75	88	101	113	126	138	151	163	176	188	200	213	225	237	250	262

표 11. *Wilcoxon W* 검정기준표

N	단측검정에서 유의수준				N	단측검정에서 유의수준			
	.05	.025	.01	.005		.05	.025	.01	.005
	양측검정에서 유의수준					양측검정에서 유의수준			
	.10	.05	.02	.01		.10	.05	.02	.01
5	0	–	–	–	28	130	116	101	91
6	2	0	–	–	29	140	126	110	100
7	3	2	0	–	30	151	137	120	109
8	5	3	1	0	31	163	147	130	118
9	8	5	3	1	32	175	159	140	128
10	10	8	5	3	33				
						187	170	151	138
11	13	10	7	5	34	200	182	162	148
12	17	13	9	7	35	213	195	173	159
13	21	17	12	9	36				
						227	208	185	171
14	25	21	15	12	37	241	221	198	182
15	30	25	19	15	38	256	235	211	194
16	35	29	23	19	39				
						271	249	224	207
17	41	34	27	23	40	626	264	238	220
18	47	40	32	27	41	302	279	252	233
19	53	46	37	32	42				
						319	294	266	247
20	60	52	43	37	43	336	310	281	261
21	67	58	49	42	44	353	327	296	276
22	75	65	55	48	45				
						371	343	312	291
23	83	73	62	54	46	389	361	328	307
24	91	81	69	61	47	407	378	345	322
25	100	89	76	68	48				
						426	396	362	339
26	110	98	84	75	49	446	415	379	355
27	119	107	92	83	50	466	434	397	373

양윤권

현 성신여자대학교 스포츠레저학과 교수

전 행정안전부 국가고시(PAST) 시험위원
전 한국연구재단 인문사회 분야 문화융복합단 전문위원(PM)
국민체육진흥공단 지원사업 현장평가 전문위원
한국체육과학회지 편집위원 및 심사위원
한국연구재단 심사위원
대한스포츠융합학회지 상임이사 및 심사위원
한국체육학회 이사

스포츠
응용통계학

초판인쇄 2021년 11월 02일
초판발행 2021년 11월 02일

지은이 양윤권
펴낸이 채종준
펴낸곳 한국학술정보㈜
주   소 경기도 파주시 회동길 230(문발동)
전   화 031) 908-3181(대표)
팩   스 031) 908-3189
홈페이지 http://ebook.kstudy.com
E-mail 출판사업부 publish@kstudy.com
등   록 제일산-115호(2000. 6. 19)

ISBN 979-11-6801-166-3 93690